T0003215

HISTORIA OCULTA DE

ESTADOS UNIDOS

HISTORIA OCULTA DE
ESTADOS UNIDOS

LOS EPISODIOS DESCONOCIDOS
DE LA NACIÓN MÁS PODEROSA DEL MUNDO

JAVIER RAMOS DE LOS SANTOS

www.edaf.net

MADRID - MÉXICO - BUENOS AIRES - SANTIAGO
2022

© 2022, Javier Ramos de los Santos
© 2022. De esta edición, Editorial Edaf, S.L.U., Jorge Juan, 68 — 28009 Madrid

Diseño de cubierta: Manuel García Pallarés
Maquetación y diseño de interior: Diseño y Control Gráfico, S.L.

© Todos los derechos reservados

Editorial Edaf, S.L.U.
Jorge Juan, 68,
28009 Madrid, España
Teléf.: (34) 91 435 82 60
www.edaf.net
edaf@edaf.net

Ediciones Algaba, S.A. de C.V.
Calle 21, Poniente 3323 - Entre la 33 sur y la 35 sur
Colonia Belisario Domínguez
Puebla 72180, México
Telf.: 52 22 22 11 13 87
jaime.breton@edaf.com.mx

Edaf del Plata, S.A.
Chile, 2222
1227 Buenos Aires (Argentina)
edaf4@speedy.com.ar

Editorial Edaf Chile, S.A.
Avda. Charles Aranguiz Sandoval, 0367
Ex. Circunvalación, Puente Alto
Santiago - Chile
Telf: +56 2 2707 8100 / +56 9 9999 9855
comercialedafchile@edafchile.cl

Queda prohibida, salvo excepción prevista en la ley, cualquier forma de reproducción, distribución, comunicación pública y transformación de esta obra sin contar con la autorización de los titulares de la propiedad intelectual. La infracción de los derechos mencionados puede ser constitutiva de delito contra la propiedad intelectual (art. 270 y siguientes del Código Penal). El Centro Español de Derechos Reprográficos (CEDRO) vela por el respeto de los citados derechos.

Julio de 2022

ISBN: 978-84-414-4161-3
Depósito legal: M-10946-2022

PRINTED IN SPAIN   IMPRESO EN ESPAÑA
COFÁS

ÍNDICE

INTRODUCCIÓN

Nadie puede negar que los Estados Unidos son un gran país. Teniendo en cuenta que su superficie es cuarenta veces mayor que la del Reino Unido, su área geográfica resulta impresionante, y su diversidad aún más. Los Estados Unidos no son enormes solo en superficie, sino en todo lo que hacen: sus guerras, sus éxitos, sus antológicas meteduras de pata, su individualidad, su irrefrenable deseo de establecer tendencias, su decidida capacidad para ir contra el *statu quo* en nombre de la libertad individual, su espíritu emprendedor y su capacidad para la invención y la innovación.

Vivimos en la aldea global. Los Estados Unidos se hallan presentes en la ropa que vestimos, la comida con la que nos alimentamos, la música que escuchamos o la red por la que navegamos. Están por todas partes. Es innegable que los Estados Unidos han sido y son uno de los países más influyentes del mundo. Desde sus libros y películas y sus muchísimos inventos, los EE. UU. se han abierto paso rápidamente en la conciencia colectiva de la mayoría del mundo moderno.

Junto con la Revolución francesa, a la que preceden de manera inmediata, la guerra de la Independencia y la posterior fundación de los Estados Unidos son un hito que inaugura la Edad Contemporánea: por primera vez el ser humano podía partir de cero y establecer un «contrato social» sobre el que basar una nación que confiaba en la ley por encima de las monarquías, las iglesias y las tradiciones.

No se puede entender la historia del mundo contemporáneo sin tener en cuenta el lugar que en ella les corresponde a los Estados Unidos de América. Ni se puede conocer la marcha actual de la política norteamericana sin conocer sus antecedentes históricos.

La historia de los Estados Unidos es mucho más que franjas y estrellas. Es la suma de las vidas de toda la gente que ha vivido allí desde su creación, hace más de doscientos años, y antes de ella. Es la suma de los acontecimientos culturales, artísticos, sociales, políticos que han tenido lugar en su territorio; es la suma de sus expansiones, sus crisis económicas, de sus euforias colectivas y de su ardua lucha por los derechos humanos. Y es también la suma de todos los que han muerto por ella en exterminios, linchamientos y guerras.

Cuando los primeros colonos llegaron a los Estados Unidos y comenzaron a buscarse la vida en aquel entorno natural, tan duro y poco familiar para gentes procedentes de Europa, jamás habrían podido soñar que, algún día, esa tierra que pisaban se convertiría en uno de los países más poderosos del mundo.

La historia de Estados Unidos toma como partida la América colonial con la llegada de los primeros europeos, atraídos por la promesa del lucro económico se trata las tensiones inherentes de un país levantado sobre el trabajo de esclavos en nombre de la libertad, un país forzado a afirmar su unidad y revaluar sus unidades ante la secesión y la guerra civil.

Cuando la América colonial se enfrentó en la guerra franco-india a Francia y los británicos acudieron al rescate de sus colonias, jamás habrían podido soñar que, al cabo de pocas décadas, los americanos se revolverían contra la propia Gran Bretaña, se liberarían de sus cadenas y se declararían a sí mismos como un país independiente y con su propio concepto de sociedad.

La idea que nos ha sido legada de la independencia de Estados Unidos es la de una rebelión contenida, justa y sujeta a unos cauces ordenados, protagonizada por patriotas en defensa de sus nobles ideales frente a un imperio opresor que gozaba del monopolio de la violencia, un relato inspirador y estimulante que los fundadores hicieron todo lo posible por alimentar tras la guerra. Sin embargo, la revolución no fue solo una batalla en la que dirimir principios morales, también fue una desgarradora y encarnizada guerra civil que dio forma a la nación de maneras que tan solo hemos empezado a vislumbrar.

Aunque, en honor a la verdad, el relato tradicional de la revolución no fue tal y como nos lo han contado. Lo cierto es que los patriotas americanos persiguieron y torturaron a lealistas, los casacas rojas británicos masacraron a enemigos y violaron a mujeres, George Washington emprendió una guerra genocida contra los iroqueses... Las naciones rara vez se forjan sin derramamiento de sangre. La historia de Estados Unidos es la de un país que, pese a su exigüidad, se encuentra grabada ya en todo el mundo.

Han sido siglos de lucha. El país norteamericano ha sufrido derrotas sangrientas y tremendas victorias. Han surgido tanto héroes como villanos que se han alzado para emprender acciones inimaginables que el resto del mundo no se atrevía a encarar. A través de la revolución y la guerra civil, las protestas y la depresión, la colonización y la tragedia, desde la colonia perdida de Roanoke hasta la guerra contra el terror del terrorismo, los Estados Unidos han emergido y siguen siendo una superpotencia militar, un pionero cultural y, por encima de todo, la tierra de la libertad. El hogar de los valientes.

Reclamar una identidad en los Estados Unidos es, tanto para la nación como para el individuo, un empeño plagado de dificultades y desafíos pero con cada vez menos compromisos políticos o culturales. Comprender cómo un grupo de colonias débilmente conectadas que dependían tan profundamente de la mano de obra esclava llegó al punto de unirse para derrotar a una potencia colonial en nombre de la libertad e igualdad requiere tener en cuenta los múltiples y diversos impulsos contemporáneos que condujeron a una postura contradictoria, de los cuales no fue el menor de ellos la temprana consolidación de la relación entre conflicto e identidad del Nuevo Mundo que forjaron los colonos con respecto a los nativos de este y al poder imperial.

El imperialismo de Estados Unidos empezó con la expansión hacia el Oeste, contra los nativos americanos y la llamada doctrina del Destino Manifiesto (1845), según la cual EE. UU. estaba «destinado por Dios» a extenderse por todo el continente.

Pero la primera intervención de peso contra un gobierno extranjero sería la guerra mexicano-estadounidense (1846-1848), bajo la presidencia de James K. Polk, por la cual se produjeron las anexiones de Texas, California, Nuevo México, Arizona, Nevada, Utah, Colorado y parte de Wyoming.

Medio siglo más tarde estalló la guerra hispano-estadounidense (abril-agosto de 1898), para nosotros guerra de Cuba o Desastre del 98, bajo la presidencia de William McKinley, y luego la subsiguiente guerra filipino-estadounidense (1899-1902), que incitó McKinley y ganó su sucesor y vicepresidente, Theodore Roosevelt. Ambas supusieron para España la pérdida de lo que quedaba de su imperio colonial: Cuba, Puerto Rico, Filipinas y Guam. Esta república del Nuevo Mundo alberga hoy a más de trescientos millones de personas. Es la tercera nación más grande del mundo, tanto en términos demográficos como geográficos. Solo China e India cuentan con poblaciones mayores; solo Canadá y Rusia son físicamente más grandes. La extensión geográfica y oceánica de los Estados Unidos, con 9 826 675 kilómetros cuadrados, constituye aun así el doble de la Unión Europea.

El grueso de la población de los Estados Unidos (más del 80 %) es urbana. Y más del 80 % de dicha población declara el inglés como su primer idioma, seguido de un 10 % para el español. De esa población, la mayoría se clasifica todavía como blanca (casi un 80 %), cerca del 13 % como negra, un 4 % aproximadamente como asiática y un 15 % como hispana.

La cuestión de la clasificación étnica es algo más que una peculiaridad censal, no obstante. Tiene que ver directamente con la cuestión de la identidad nacional estadounidense, con qué significa ser «norteamericano» y qué representa la nación. Los nativos americanos, por ejemplo, que engloban menos del 1 % de la población, constituyen aun así dos millones de personas, repartidas a su vez en cientos de unidades tribales.

Estados Unidos es la economía nacional más grande del planeta en términos de producto interior bruto. En apenas doscientos años, la historia de Estados Unidos ha experimentado una evolución de vértigo: comenzó como un reducto de pequeñas colonias británicas para alcanzar a convertirse en la potencia hegemónica que es hoy día. Un desarrollo inicial marcado por batallas contra el invasor inglés, cruentas guerras civiles, confrontaciones raciales y ansias de expansión territorial. Pero también de numerosas curiosidades y anécdotas desconocidas por el gran público que recoge *Historia oculta de Estados Unidos*.

¿Sabías que los españoles fundaron la primera ciudad de EE. UU.? ¿Que una planta como el té motivó la guerra de Independencia contra los ingleses? ¿Que una rodaja de sandía propició una intervención estadounidense en Panamá? ¿Que la murciana Cartagena solicitó integrarse en el país, atraída por el imperio yanqui? ¿Que Estados Unidos tuvo un emperador? ¿Que Washington es un compendio de simbología masónica? ¿Que una buena parte de presidentes de EE. UU. se han dejado asesorar por videntes y médiums?

Historia oculta de Estados Unidos focaliza básicamente su atención en los primeros años de consolidación del país americano, en el nacimiento de una nación que estableció las bases para llegar a ser la potencia mundial, militar y económica que hoy domina el mundo. Un pasado apasionante y divertido que te invitamos a conocer desde estas líneas.

La búsqueda de su independencia como nación y las ambigüedades sobre las que se fundó conforman una buena parte de este libro, que nos acerca la intrahistoria del país más poderoso del mundo, y que continúa avanzando con los avatares que le permitieron consolidarse como imperio y ya en la era moderna, tras la Segunda Guerra Mundial, alzarse con el liderazgo del nuevo orden mundial. Sin olvidar en absoluto la enorme impronta que los españoles dejamos en aquel joven territorio, al que ayudamos a erigirse como verdadera nación.

1

LA CULTURA CLOVIS Y SUS ENIGMAS

Curiosamente, el último continente en ser habitado por la humanidad parece ser el que más debates ha suscitado sobre la llegada de sus primeros vecinos. El origen del poblamiento humano de América es una cuestión discutida hasta la saciedad. Desde 1492 se han intentado buscar explicaciones al respecto. Las primeras tesis fueron de índole religiosa: los pobladores de América habrían sido descendientes de las bíblicas Tribus Perdidas de Israel.

El hallazgo en 1932 de los primeros vestigios arqueológicos vinculados a la cultura Clovis (así llamada en referencia al lugar donde fueron localizados, en Nuevo México) revolucionó por completo la historia del continente americano. Fue el arqueólogo estadounidense Edgar Billings Howard quien sacó a la luz un espectacular yacimiento que, gracias al carbono-14, fue datado entre el 11 250 y el 10 600 antes de Cristo.

Ahí se recuperaron numerosas puntas de lanza talladas con un nivel de sofisticación técnica notable. La característica principal de estas piezas, que constituían la herramienta principal de esos primitivos norteamericanos que se dedicaban a la caza del mamut (el frecuente hallazgo de huesos de estos animales asociados a las puntas no deja lugar a dudas) y que ocuparon un territorio amplísimo, como prueban los hallazgos de piezas similares en territorio estadounidense (desde Montana hasta Florida), mexicano e incluso venezolano, es la cereza del pastel para ubicar esta labor. Únicamente se documenta un enterramiento humano vinculado a esta cultura, Anzick-1: un varón de corta edad cuyo ADN reveló parentesco con las poblaciones nativas norteamericanas de la actualidad.

La teoría más extendida para explicar la presencia de estos grupos en el continente norteamericano sugiere que la gente de la cultura Clovis llegó a América a través del estrecho de Bering (que cruzaron por el puente de

Beringia procedentes de Siberia) durante la glaciación de Würm, hace unos trece mil años, y se desplazaron luego hacia el sur. Lo hicieron caminando por el hielo que entonces unía el continente asiático con Alaska, o bien navegando. El estrecho, que separa Asia de América, tiene una profundidad que oscila entre treinta y cincuenta metros, y permitió el tránsito de seres humanos entre ambos continentes durante, al menos, diecinueve mil años.

Este trasvase de humanidad por el continente motivó la aparición de la primera cultura de hombres americanos, conocida como Clovis y que se asentó en lo que ahora es Nuevo México. Fueron creadores de una tecnología de piedra refinada y cazadores de mamuts.

Hasta hace pocos años se pensaba que los clovis eran los habitantes más antiguos de América del Norte, pero hallazgos en las cuevas Paisley (Oregón), Catus Hill (Virginia) y Gault (Texas), donde se ha documentado presencia humana hace dieciséis mil o incluso veinte mil años, desacreditan esta hipótesis. Por su parte, en el yacimiento de Meadowcroft (Pittsburgh), un abrigo rocoso, el arqueólogo James Adovasio halló utensilios líticos de entre dieciséis mil y veinte mil años de antigüedad.

Un dato que puede sustentar este argumento son los hallazgos que han ido surgiendo a lo largo del litoral americano del Pacífico, los cuales sugieren una ruta (probablemente partiendo de Asia) que discurriría bordeando las costas de dos continentes. Esta ruta coincide con la distribución de un alga marina de rápido crecimiento, llamada quelpo gigante, capaz de subsistir incluso en aguas extremadamente frías y cuya parte superior sobresale del agua y es visible. Un bosque de quelpos es uno de los hábitats más fértiles del océano que sigue la línea costera desde Asia hasta América. Todo un alimento para estos primigenios viajeros.

Se ha especulado que la caza masiva de mamuts por parte de miembros pertenecientes a la cultura Clovis fuera la causa que propiciara su extinción en la región, si bien no se cuenta con evidencias concluyentes. No obstante, la reducción de la caza, propiciada por el declive de las poblaciones de megafauna, así como la movilidad cada vez más reducida de los individuos pertenecientes a este horizonte cultural, quizás habrían precipitado procesos de diferenciación regional cada vez más notables, y son las causas más probables que justifican su desaparición. Además, para esa época se inició una miniedad de hielo conocida como Dryas Reciente. Hasta hace poco se creía que ese frío polar, que cambió totalmente el clima, la flora y la fauna de la región, había llegado de forma lenta, y luego había durado casi mil trescientos años. Pero ahora se sabe que esa miniera de hielo fue drástica. El clima se volvió helado en tan solo cuestión de meses. Resulta casi imposible adaptarse a un cambio climático tan rápido.

No obstante, un estudio pone en entredicho esta teoría. Se trata de una investigación de la Universidad de Texas A&M, que ha demostrado que todas esas piezas de punta de lanza se construyeron en apenas trescientos años. El hallazgo de este corto rango de edad para la cultura Clovis no proporciona suficiente tiempo para que los humanos colonizaran América del Norte y del Sur. ¿Por qué Clovis desapareció tan rápidamente? Los investigadores usaron el radiocarbono para fechar evidencias óseas, carbón vegetal y plantas carbonizadas de diez sitios conocidos de la cultura Clovis situados en Dakota del Sur, Colorado, Pensilvania, Ohio, Virginia, Montana, Oklahoma y Wyoming. Aunque este estudio no resta importancia a esta civilización, que resultó tan distintiva y generalizada en América del Norte.

Pero antes de la llegada de los clovis parece que ya existía presencia humana en el Nuevo Mundo. ¿La razón? El hallazgo de una pisada de humano cerca de un lago en México que prueba que el hombre ya estuvo en América entre treinta y ocho y treinta y nueve mil años atrás. En concreto, en la ciudad de Puebla, al sureste de la capital mexicana.

Este descubrimiento pone de manifiesto que los humanos pudieron haber entrado en América durante una fase menos fría dentro de la Edad de Hielo. Pero no es la única prueba. Un yacimiento de Brasil cerca del volcán Cerro Toluquilla y otro en el sur de Chile han sido datados, respectivamente, en cincuenta mil y treinta y tres mil años de antigüedad. ¿Pudo haber varias olas migratorias, por el norte y el sur del continente? Los datos, al parecer, así lo atestiguan.

Es más, otro dato reafirma esta teoría. Un estudio publicado por la revista *Nature* en 2016 expone que el corredor de Bering era impracticable en la fecha de la que datan los restos humanos más antiguos de América, por lo que los viajeros habrían muerto de inanición. Entonces, ¿cómo llegaron? Pues según esta versión, mediante balsas, navegando por el océano Pacífico desde Asia.

LAS «PECULIARES» PUNTAS DE LANZA

Cuando se habla de Clovis se hace sobre una tecnología que se caracterizaba por elaborar las puntas de lanza de sílex de forma aflautada, hechas de jaspe, pedernal u obsidiana, y su trabajo era pulcro, exquisito. Se descubrió pronto que se había expandido por casi todas las grandes planicies de lo que hoy es Estados Unidos. Los yacimientos arqueológicos englobados en esta cultura se caracterizan por aportar esas puntas de piedra y por estar repletos de restos de animales descuartizados. Principalmente, de la fauna gigante que habitaba América hace más de diez mil años: los mamuts y bisontes gigantes. Estos animales se extinguieron junto con los clovis mismos.

¿Qué tenían de especial estas puntas clovis? Eran delgadas y aflautadas, con una base cóncava, de bordes estriados o acanalados. Se creaban utilizando una técnica de percusión sobre la roca que les iba quitando trozos delgados de cada lado. Luego, mediante presión, se terminaba de dar forma y apuntalar el filo. Se cree que eran colocadas en lanzas arrojadizas, y tenían tal filo que podían atravesar la piel gruesa de los grandes animales de esa época y llegar hasta su corazón. Cuando cazaba mastodontes, la gente de Clovis probablemente clavaba el arma en el animal, rompiendo la empuñadura. La punta afilada y el antepuesto quedarían libres para causar más daño a los órganos internos, acelerando la matanza.

Clovis, con su punta de lanza lanceolada estriada distintiva, se ha localizado en las llanuras y el este de los Estados Unidos, y además resulta contemporánea con el pueblo o pueblos que confeccionaban puntas en el oeste del país y las puntas de lanza más antiguas, llamadas puntas cola de pescado (o *fishtail*), en América del Sur.

Dennis Stanford, de la Smithsonian Institution (Washington D. C.), añade, no obstante, conjeturas a esta versión oficial. En sus trabajos, se tropezó con algo sorprendente. Las puntas de lanza del pueblo de Clovis no se parecían a las de Siberia o Alaska, sino a las de la cultura solutrense, surgida en Europa occidental hace unos dieciocho mil años. Esta punta tiene forma de hoja de laurel, tallada y afilada en ambos extremos (bifaz). Si la punta de lanza de Clovis evolucionó a partir de la solutrense, ¿cómo lograron los europeos prehistóricos recorrer más de tres mil trescientos kilómetros cruzando el Atlántico en plena Edad del Hielo? Es posible que los solutrenses usasen embarcaciones de madera y piel para seguir la línea del frente glacial del Polo Norte hasta América del Norte, que unía el noroeste de Europa con el sudeste de Canadá.

Según sus estudios, tras alcanzar Norteamérica, los solutrenses bien pudieron tomar contacto con los paleoindios llegados desde Beringia. De la unión de estos dos grupos nacería la cultura Clovis.

LAS NUEVAS ARMAS FOLSOM

Trescientos años después de los clovis, en la misma zona geográfica del actual Estados Unidos surgió otra cultura con un sistema de supervivencia muy similar. Mientras que en la época del pueblo folsom (8000 antes de Cristo) el mamut ya prácticamente se había extinguido, ellos cazaban otro animal enorme, una especie de bisonte de tamaño gigante. Las lanzas de los clovis resultaban demasiado voluminosas para poder acabar con su vida.

Los folsom mejoraron el diseño de las puntas de lanza y desarrollaron un arma llamada atlatl. Con ella podían proyectar una pequeña lanza con mucha más fuerza y velocidad que usando simplemente el brazo, lo que les permitía abatir a los poderosos bisontes.

Algunos de los yacimientos donde se han hallado vestigios relacionados con esta cultura exhiben evidencias de más de cincuenta bisontes muertos, aunque la dieta folsom también incluía cabras, marmotas, ciervos y conejos. Un yacimiento folsom en Hanson (Wyoming) también reveló áreas de posibles asentamientos, aunque el original se sitúa en Folsom, en el condado Colfax (Nuevo México).

Los trabajos de los investigadores constatan que los pueblos vinculados a este tipo de cultura modificaron el diseño original de Clovis con la adición de más cantidad de trabajo y tareas de mayor dificultad a la hora de realizar las piezas, que llamaban la atención por sus cualidades estéticas. Otros pueblos contemporáneos no adoptaron dicha técnica porque, a su vez, deseaban las características estéticas de sus propias puntas.

Tras años de estudio, sabemos, por ejemplo, que los pueblos folsom acampaban muy cerca de donde se producían las matanzas de los animales, utilizando la carne, que seguramente se congelaba dado que las cacerías se producían en invierno, a medida que era necesario. Con la llegada de temperaturas más benignas, el emplazamiento era abandonado en la época de primavera. Los folsom habitaban pequeñas viviendas similares a los tipis de los posteriores indios de las llanuras y, casi con absoluta seguridad, vestían prendas de piel.

En cuanto a su organización, los grupos folsom se componían de veinte a cincuenta individuos, divididos en familias nucleares de entre cuatro y diez personas. Su principal sustento económico era la caza, que era una actividad masculina y de prestigio, aunque la recolección de plantas, actividad femenina, también formaba parte fundamental de la dieta. Eran nómadas, y su ocupación fundamental era la supervivencia diaria. El poder lo detentaba un varón cuyo carisma residía en ser el mejor proveedor. La mayor parte del año el grupo se dividía en subgrupos más pequeños, pero en algunas ocasiones se juntaban varios círculos con motivo de realizar rituales y cacerías masivas. Los grupos eran territoriales y exógamos, y se emparejaban con individuos de otros grupos. La mujer era quien se desplazaba a la residencia del marido.

Las pirámides del lago Rock

¿Esconde un tranquilo lago estadounidense bajo sus aguas pirámides? Este enigma submarino nos conduce a Estados Unidos, en concreto al lago Rock, situado al este de Madison (Wisconsin). Allí, en el año 1900, un brusco descenso en el nivel de las aguas favoreció el descubrimiento de unas sospechosas construcciones artificiales.

Resultó ser un hallazgo fortuito. Dos personas que navegaban por el lago adivinaron bajo la superficie la existencia de unas estructuras rectangulares. Pero las aguas volvieron a su cauce (nunca mejor dicho), el nivel de la superficie aumentó en varios metros y todo se olvidó.

Hasta el año 1935 no se volvió a saber nada más del asunto. Pero hubo una persona, Victor Taylor, de la universidad de Wisconsin, que se interesó por retomar el asunto. Contrató a un equipo de buceadores para tratar de averiguar si aquellas formaciones eran artificiales. Inmersión tras inmersión, los submarinistas dieron con el objetivo y hallaron restos de lo que parecía una pequeña ciudad cuyos orígenes podrían establecerse cientos o miles de años atrás.

Max Gene Nohl, investigador del Instituto de Tecnología de Massachusetts, tomó el relevo en las investigaciones y comenzó a sobrevolar el lago a baja altura. Desde la avioneta se podía vislumbrar lo que se asemejaban a formaciones geométricas que por sus líneas rectas y disposición no parecían ser fruto de la erosión. Para confirmar las sospechas, se realizaron varias inmersiones y, en efecto, dieron con los cimientos de varias construcciones e incluso con los restos de una pirámide cónica de unos diez metros de altura.

El temor al vuelco que podría dar la historiografía con este hallazgo quizá motivó que el descubrimiento fuera completamente ignorado. En 1962, la revista *Archeology* pretendió demostrar que aquellas formaciones solo podían ser obra de la naturaleza. El lago tiene diez mil años de antigüedad, y en esas fechas en América del Norte no existía civilización alguna capaz de levantar aquellas construcciones, según la versión oficial que era dogma por aquel entonces. Pero ya hemos hablado en este capítulo de que en América, en concreto la zona de Estados Unidos, se ha documentado presencia humana ya de hace veinte mil años.

En la década de los setenta del pasado siglo comenzaron a extraerse del fondo del lago numerosos restos arqueológicos y se efectuaron prospecciones con sonar que confirmaron la existencia de los monumentos. Declaraciones de arqueólogos que trabajaron allí en la revista *Skin Diver* manifestaron lo siguiente: «Las pirámides son increíbles. No deberían existir. Serían demasiado antiguas, y además estarían en un lugar donde nadie podría haberlas construido. Por lógica no deberían existir, pero la historia es lógica muy pocas veces. Y sean o no lógicas, las pirámides del lago Rock son un hecho». Es un enigma que sigue sin esclarecerse.

Mystery Hill: un auténtico monumento megalítico

En las afueras de North Salem, al norte de Boston, se localiza un emplazamiento arqueológico que sigue suscitando controversia en torno a sus orígenes y función. De la Colina del Misterio se sospecha que fue construida unos dos mil años antes de Cristo; contiene varios muros de piedra y monolitos de un metro y medio que rodean cámaras de piedra que parecen dólmenes y una lápida de cuatro toneladas y media conocida como la Mesa de Sacrificios. Podría tratase de auténtico monumento megalítico, según comparten algunos arqueólogos.

Otros expertos aún van más allá y aseguran que Mistery Hill se trataría de un complejo astronómico megalítico de cuatro mil años de antigüedad construido por la cultura nativa americana megalítica; o también podrían ser los restos del monasterio perdido de un grupo migrante de monjes irlandeses, la creación de antiguos pueblos del Medio Oriente o el trabajo malinterpretado de agricultores de los siglos XVIII y XIX. A día de hoy, nadie sabe con certeza los orígenes de este enigmático lugar.

A decir verdad, Mystery Hill tiene poco que ver con Stonehenge, excepto en que está hecho de piedra. Consiste en una serie de pequeños muros de piedra, extraños arreglos calcáreos, cámaras subterráneas y un afloramiento de granito de un acre que tiene estructuras de roca construidas sobre él que han sido talladas con ranuras, posiblemente zanjas de drenaje.

La historia del lugar resulta un poco confusa, hasta que en 1937 lo comprara el anticuario y ejecutivo de seguros William Goodwin. Este, con la idea de buscar evidencia de Vinland, o el asentamiento norteamericano de los vikingos, se mostró convencido de que el sitio fue hecho por *culdees* o monjes irlandeses que habían estado huyendo de los vikingos y lograron llegar a Nuevo Hampshire mucho antes de que Colón descubriera América. A pesar de que básicamente no hay evidencia de esto, abrió las compuertas a muchas otras interpretaciones del sitio.

En 1956, Mistery Hill se convirtió en propiedad de la familia Stone, que cambió su nombre a The American Stonehenge y comenzó a ofrecer recorridos y a vender artículos en la tienda de regalos. Más tarde, Barry Fell, biólogo marino e historiador aficionado, escribió sobre el asentamiento en su libro de 1976 *America B.C.: Ancient Settlers in the New World* que fue sitio de antiguas escrituras ogham, fenicias e ibéricas.

A pesar de todo esto, las intrigas sobre Mistery Hill continúan. Algunas de las piedras fueron allí de hecho extraídas utilizando técnicas primitivas de piedra sobre piedra; dos topógrafos de renombre avalaron una alineación de piedras que podría ser consistente con la astronomía de hace unos miles de años, y el análisis de radiocarbono apunta a que la ocupación humana del área se remonta al año 2000 a. C.

Si bien es bastante probable que el sitio sea simplemente la combinación de la habitación de los nativos americanos (de ahí la datación por radiocarbono), el uso y la construcción colonial (de ahí las estructuras de piedra) y una serie de arqueólogos aficionados con mucha imaginación, la realidad completa no la conocemos.

LA RUEDA MÁGICA DE BIGHORN

Se trata de un extraño diseño en forma de rueda sobre una superficie rocosa que tiene veinticuatro radios y veinticuatro metros de diámetro. Está enclavado a tres mil metros de altura sobre las montañas Bighorn, de Wyoming, y se encuentra rodeado de gran cantidad de piedras. Tanto el dibujo como su extraño entorno tienen un origen desconocido; tampoco se ha podido precisar cuándo ni quiénes llevaron a cabo semejante trabajo.

Lo que sí se conoce es que el dibujo se parece a los que realizaban los indios cheyenes cuando efectuaban sus danzas rituales, aunque no sabemos la finalidad exacta de esta peculiar rueda. Tal vez se trate de un observatorio astronómico rudimentario. Y es que el observador que contemple el horizonte desde el primer montón de piedras podrá ver el Sol naciente en la mañana del solsticio de verano. Otro segundo montón marcaría la puesta del astro en el mismo día.

Las ruedas presentan una sencilla composición: delgadas hileras de piedras que forman un reborde, un eje y unos cuantos radios. Pero nos hacemos una pregunta: ¿por qué necesitarían observar el cielo los indios de las llanuras? Estas gentes nómadas vivían de la caza del bisonte, no del cultivo de tierras.

EL MISTERIO DE LA COLONIA ROANOKE

ABANDONOS, imprevisiones, naufragios, falta de organización, tribus locales enfrentadas, una climatología adversa y, como telón de fondo, el conflicto entre el Imperio español de Felipe II y la Corona inglesa de Isabel I. La colonia de Roanoke, que localizamos en la actual Carolina del Norte, en los Estados Unidos, fue un intento inglés puesto en marcha en el siglo XVI para establecer un asentamiento permanente. Pero nunca más se supo. Todos los habitantes de la colonia británica desaparecieron sin dejar rastro. Un misterio pendiente de resolver.

Dado que su fundador y también gobernador, John White, fuera cartógrafo que nos legó mapas de este territorio, podría pensar el lector que localizar Roanoke resultaría sencillo. Pero nada más lejos de la realidad. La ubicación concreta del primer intento serio de Inglaterra de establecer una colonia en el actual territorio estadounidense sigue siendo todo un enigma. Pero no todo acaba ahí: lo que sucedió a sus habitantes después de 1587 es otro misterio que necesita una respuesta.

España dominaba los mares por aquella época. Las naciones que pretendían desafiar esta autoridad en las Américas, sobre todo Inglaterra, apenas tenían motivos para sentirse superiores a los españoles, ya que no estaban en posesión de la autoridad moral ni dentro ni fuera de sus fronteras en lo referente a la satisfacción de sus ambiciones expansionistas.

La política de Inglaterra de finales del siglo XVI respecto a la cuestión general de la expansión, la colonización y la conquista, la llevaba un grupo muy reducido de aristócratas protestantes aventureros del sudoeste del país como Walter Raleigh, su hermanastro sir Humphrey Gilbert y su primo Richard Grenville.

Todo comenzó en 1577, cuando Humphrey Gilbert, parlamentario, soldado y brutal colonizador de Irlanda, presentó a la reina Isabel I una propuesta que llevaba por nombre *Cómo puede su Majestad molestar al rey de España*. Con ella pretendía argumentar que la Inglaterra protestante necesitaba adoptar una postura más beligerante contra la España católica, su rival comercial y marítimo más destacado por aquella época.

Según él, los ingleses debían apoderarse de la flota pesquera española frente a Terranova, cerca de Canadá, ocupar Cuba e interceptar barcos que iban cargados de tesoros robados del continente americano. Gilbert estaba convencido de la existencia de un paso por el noroeste hacia Asia.

En 1578, Gilbert obtuvo una patente de corso para colonizar cualquier parte del globo que no fuese propiedad de ningún monarca cristiano, y finalmente organizó una expedición a Terranova en 1583, aunque pereció cuando su barco se hundió en las Azores, durante el triunfante viaje de regreso.

Un viaje de reconocimiento realizado un año después por Arthur Barlowe y Philip Adams llegó a la isla de Roanoke, frente a la costa de Carolina del Norte. Se trataba de una pequeña isla junto a la costa que parecía un buen sitio para crear un asentamiento. Desembarcaron y reclamaron para Inglaterra la posesión de las tierras, que pronto llamaron Virginia en honor a Isabel I, la Reina Virgen.

Había que tener mucho ojo, porque cerca de aquel lugar residían algunas tribus de nativos americanos. Por un lado estaban los secotan, quienes vivían un poco más al sur de la isla de Roanoke, en poblados como Secotaoc y Aquascogoc. Por otro lado estaban los croatoan, que vivían en una isla a ochenta kilómetros al sur llamada Hatteras. No obstante, los ingleses percibían a los indígenas americanos como seres inferiores culturalmente, lo que les proporcionaba «justificación» para extremos de crueldad en aras de la «civilización».

A su regreso a Inglaterra en otoño de ese mismo año junto con dos indígenas (de nombre Manteo y Wanchese) y una bolsa de perlas, el relato de los colonizadores prometía un mundo más que apto para la colonización, una tierra de nativos pacíficos y amistosos e ilimitadas riquezas naturales. Gracias a ello, se envió a Virginia una flota de siete barcos para establecer una base permanente.

Uno de los principales atractivos de la isla de Roanoke tenía poco que ver con su exuberancia natural y todo con su proximidad a los asentamientos españoles en Florida. Roanoke constituía una práctica base desde la que los barcos ingleses podían amenazar el dominio español.

La colonización proporcionaría, según las tesis inglesas, «ocupación a hombres de toda condición: artesanos, granjeros, marineros, comerciantes, soldados, capitanes, médicos, letrados, teólogos, cosmógrafos, hidrógrafos, astrónomos e historiógrafos, además de a gente anciana, lisiados, mujeres y niños». Además, se difundiría el protestantismo y, de paso, se extendería la libertad y rescataría a los pueblos indígenas no solo de los peligros del paganismo, sino también del «orgullo y la tiranía» de España.

La colonización inglesa de América produciría enormes ganancias económicas en forma de «todas las mercancías de Europa, África y Asia», proporcionaría empleo a gran número de hombres sin trabajo, además de servir «enormemente para el engrosamiento, el mantenimiento y la seguridad de nuestra Armada».

La expedición partió en abril de 1585. Pretendía desafiar la reivindicación española del territorio norteamericano, y llegó a Roanoke con la esperanza de encontrar oro, fármacos valiosos y una vía rápida hacia el Pacífico. Zarparon cinco barcos desde el puerto de Plymouth, en el sur de Inglaterra.

Pero aunque los nativos parecían pacíficos en la compañía de sus visitantes, estaba claro que no lo eran tanto. Además, hubo intensos desacuerdos personales entre dos de los líderes de la expedición, sir Richard Grenville y sir Ralph Lane. Los colonos padecieron una serie de penurias físicas: la comida era tan escasa, que una partida de exploración tuvo que matar y comerse a dos perros mastines.

Quizá lo peor de todo fue el deterioro de sus relaciones con las tribus locales. Los colonos incendiaron una aldea nativa y quemaron hasta el último maíz cosechado ese año, en represalia por el presunto robo de una copa de plata. Se enemistaron con sus anfitriones nativos al asesinar a su jefe.

Con esos avatares, se llegó a poner en duda que Roanoke fuera el lugar ideal para establecer una colonia permanente. Las entradas cerca de la isla eran demasiado estrechas para que pudieran atracar barcos más grandes, lo que hacía imposible el establecimiento de un puerto de tamaño decente.

En la primavera de 1587, White dirigió una tercera expedición integrada básicamente por londinenses de clase media, entre ellos su hija embarazada, Eleanor Dare, otras dieciséis mujeres y una docena de niños. El viaje selló el vínculo entre Inglaterra y la costa mesoatlántica de América del Norte, germen del Imperio británico y de Estados Unidos.

A partir de este punto, ya no hay certezas. Los registros históricos que nos han llegado son poco fiables e incluso contradictorios. Lo que sí podemos asegurar es que el navegante Simon Fernandes, que los había ayudado en la expedición de 1584, se negó a ir hasta Chesapeake y los llevó hasta Roanoke.

Los colonos que arribaron a la isla no encontraron a ninguno de los quince hombres que se habían quedado, y hallaron solo unos cuantos huesos humanos dispersos. Es posible que los nativos los hubieran masacrado. Luego se enterarían de que la culpable habría sido una coalición de tribus de la zona liderada por Wanchese. Mataron a varios y el resto huyó en un bote a no se sabe dónde.

La alegría pareció llegar cuando Eleanor Dare dio a luz a su hija, la primera inglesa nacida en América. Fue bautizada como Virginia. Sin embargo, las provisiones escaseaban, por lo que, en contra de su voluntad, White acordó ir a Inglaterra y regresar la primavera siguiente con más alimentos y nuevos reclutas para la colonia, pese a las muertes allí acaecidas.

Aunque zarpó el 27 de agosto de 1587 con la esperanza de regresar dentro de unos meses, la guerra contra España y otras desgracias impidieron que White volviese a América por casi tres años; no se supo nada más sobre la colonia en todo ese tiempo.

Unas letras misteriosas

El 18 de agosto de 1590, White y un grupo de marineros desembarcaron de nuevo en la isla Roanoke. Según su relato, vieron huellas recientes, pero no encontraron a nadie, y al ascender una colina se toparon con las letras «CRO» grabadas en la corteza de un árbol. Quizá se trataba de un código preacordado. Si los colonos se veían obligados a abandonar la isla, grabarían en un tronco o poste el lugar al que se dirigirían. Si añadían una cruz, significaría que la partida habría sido causada por una emergencia.

Al llegar al asentamiento abandonado, White localizó otro poste en el que en buenas letras capitales se había tallado la palabra «CROATOAN» sin cruz alguna ni rastro de tribulación. Sin embargo, este formaba parte de una empalizada de carácter defensivo que se había erigido después de que el gobernador partiera con dirección a Inglaterra, una clara señal de que los colonos se habían preparado para guarecerse de un ataque enemigo. En realidad, Croatoan era el nombre de una isla de barrera situada al sur, así como el del pueblo indígena que la habitaba: algonquinos de Carolina, aliados de los europeos recién llegados.

El plan original de los colonos era desplazarse ochenta kilómetros hacia el interior, aunque en sus escritos White deja reflejado que su intención era la de trasladarse urgentemente a Croatoan. Algunos contratiempos y el hecho de que faltaran provisiones frustraron su intención de continuar con la búsqueda.

Cuando regresó a Inglaterra, se encontró con una sorpresa: Walter Raleigh, el acaudalado patrocinador de la colonia, estaba organizando una nueva aventura en Irlanda. Como no tenía capacidad para financiar por su cuenta otra expedición marítima al Nuevo Mundo, White ya nunca más regresó. Fueron ciento quince colonos los que resultaron abandonados en una costa lejana (entre ellos, Eleanor y Virginia Dare, la hija y la nieta del propio White), y de ellos se perdió la pista para siempre.

Veinte años después los ingleses establecieron su primer asentamiento permanente en América: sería en el río James, ciento cincuenta kilómetros más al norte, en la actual Virginia. El capitán John Smith, jefe de la colonia de Jamestown, escuchó de boca de los indios que en el interior de Carolina, al oeste de las islas Roanoke y Croatoan, vivían hombres que vestían a la europea. En concreto, en unos lugares llamados Pakrakanick y Ocanahoan, que desafiaban cualquier ubicación precisa (como la misma Roanoke, ya que la erosión del norte de la isla hizo que el terreno donde probablemente se encontraba gran parte del asentamiento original sucumbiera ante la marea). Pero eran solo rumores. Las expediciones de búsqueda, sin embargo, nunca hallaron una prueba material del destino de aquellos colonos.

Ni la encontrarían en los siguientes cuatrocientos años, en los que una investigación tras otra se cerraba sin arrojar la menor luz sobre lo que sucedió en la isla Roanoke. La ausencia de pruebas dio pábulo a las especulaciones más descabelladas, a engaños y a teorías conspirativas: desde asesinatos o secuestros por parte de tribus nativas americanas o matanzas a manos de los conquistadores españoles, hasta un maremoto épico que aniquiló la colonia entera. Hipótesis más moderadas dicen que se integraron en las comunidades nativas, o que simplemente se ahogaron intentando regresar a Inglaterra en una pinaza en mal estado que había quedado en la colonia.

Otra de las teorías alternativas apunta que los colonos de Roanoke decidieron marcharse. Desmontaron algunos edificios y levantaron una nueva colonia en otra parte, aunque esa colonia no se sabe dónde pudo haber estado. Otra hipótesis habla de mestizaje, situando a los colonos y a sus descendientes en el continente. En la década de 1880, el legislador estatal de Carolina del Norte, Hamilton McMillan, mantuvo que sus vecinos indios del condado de Robeson decían ser herederos de los colonos, ya que incluían en su dialecto términos muy similares a algunos del inglés clásico y tenían apellidos de los antiguos colonos.

También se ha considerado la posibilidad (no demostrada) de que los británicos fueran predecesores de los desaparecidos saponi, del Condado de

Person, también en Carolina del Norte. De hecho, estos aborígenes hablaban inglés, conocían el cristianismo, tenían apellidos europeos y muchos presentaban rasgos propios del mestizaje. Y en el apartado de las versiones conspiranoicas, tendríamos una que dice que los colonos de Roanoke sufrieron una terrible maldición por parte de los nativos. Esta maldición les habría convertido a todos en árboles y piedras.

Pero no acaba ahí la historia. Una serie de hallazgos arqueológicos producidos en los últimos años (y un descubrimiento casual en el Museo Británico) han revelado nuevas e interesantes pistas que sugieren qué pudo pasar con los colonos tras la partida de White. Los historiadores se resignan y ya admiten que Roanoke fue algo más que un fracaso. Aquella iniciativa suponía un ambicioso programa de la Inglaterra de la reina Isabel, que se desarrolló en seis años y tres grandes viajes.

Los arqueólogos que han venido trabajando en la zona desde 2013 han descubierto objetos mezclados con piezas de los nativos americanos en el centro de un poblado. Entre los hallazgos destacan los restos de un estoque, fragmentos de cobre europeo, el cañón de un arma de fuego, un perdigón y un trozo de pizarra con su pizarrín. Se trata de uno de los pocos tesoros americanos de piezas supuestamente isabelinas, y todas han aparecido en el lugar al que el gobernador White creía que se habían dirigido los colonos perdidos.

Dos años antes hubo un avance significativo que trataba de echar luz sobre el misterio. John White había dibujado un mapa del territorio. La Fundación First Colony lo analizó y encontró algo sorprendente: en dos zonas del mapa había parches, al parecer para corregir algunas zonas. Debajo del parche del norte había un símbolo que representaba una estrella de cuatro puntas. Quizá se trataba de un fuerte. ¿Fue ocultado deliberadamente? ¿Con qué intención?

La Universidad del Este de Carolina organizó The Croatoan Project, una investigación arqueológica sobre lo acaecido en Roanoke. El equipo encargado encontró un anillo de oro, con un sello inglés, datado en el siglo XVI, armas y unas monedas en la isla de Hatteras. Se relacionó la figura del anillo (un animal parecido a un león o a un caballo) con el escudo de armas de los Kendall, y concluyeron que probablemente perteneció a un colono llamado Master Kendall, que vivió en la colonia de 1585 a 1586.

En su libro del año 2000 *Roanoke: Solving the Mistery of the Lost Colony*, la historiadora Lee Miller planteó que algunos de los supervivientes de la Colonia Perdida podrían haber buscado refugio con los chowanoke, quienes fueron atacados por otra tribu y exterminados en su conjunto.

Primeros asentamientos en Chesapeake

El establecimiento de las trece colonias británicas originarias de la América continental se desarrolló en varias fases, cada una caracterizada por su propia geografía territorial, social, económica y religiosa. A finales del siglo xvi, los primeros asentamientos se establecieron en la fragmentada y escabrosa costa de la bahía de Chesapeake, para guarecerse de los españoles.

Ya en 1670 los ingleses, respaldados por la familia real, arrebataron Nuevo Ámsterdam a los holandeses y fundaron el puerto de Charleston en lo que hoy es Carolina del Sur. El Nuevo Mundo se convirtió para ellos en una tierra de oportunidades. Los colonos ingleses se mostraban convencidos de que por ser cristianos y «civilizados» tenían derecho a apropiarse de la tierra y explotar sus recursos.

En la inmensidad del territorio norteamericano, el cristianismo protestante inglés se desarrolló a su manera, impregnado por la fascinante idea de que los nuevos pobladores de las agrestes tierras formaban parte de una especie de nuevo pueblo elegido por Dios.

Los colonos tenían la «misión divina» de hacer suyas las nuevas tierras, aunque para ello tuvieran que utilizar la violencia contra los indígenas que legítimamente las moraban, como en el caso de Israel que recoge el Antiguo Testamento.

Las posesiones británicas en América suelen clasificarse en tres categorías: las colonias de la Corona, las colonias por contrato y las colonias de propietarios. Había, en realidad, dos modelos básicos de administración: las colonias reales y las que, por concesión de la Corona, tenían un «propietario», que podía ser un individuo o una compañía.

En todas las colonias se estableció un gobierno representativo, compuesto por una asamblea y un gobernador. El juicio por jurado también se erigió como derecho irrenunciable. No obstante, y a diferencia de la castellana, la Corona británica careció de un órgano de gobierno y de una burocracia especializada para gobernar el Imperio desde Londres.

Realmente, la relación entre Londres y la América británica fue bastante distante, y su naturaleza esencialmente comercial. Sobre esta base, se constituirían trece sociedades y trece economías distintas.

John Smith y Pocahontas

Aunque nada más se supo de Roanoke, los empresarios británicos de la colonización no cejaron, y siguieron promoviendo la emigración a Virginia.

Aristócratas aventureros y trabajadores empobrecidos pensaron que podían enriquecerse rápidamente descubriendo riquezas mineras o poniendo a trabajar a los indios. Los primeros encuentros comerciales entre ingleses y nativos fueron derivando a la violencia con el paso del tiempo.

Creyendo que el comercio era la mejor forma de «civilizar» a los «salvajes», en general evitaron promover su evangelización. Al principio se hicieron esfuerzos por un pacto de convivencia armoniosa, como los del capitán John Smith, mencionado antes, que estuvo al frente de la colonia de Virginia entre 1608 y 1609, y el influyente indígena Powhatan.

La hija de este, Pocahontas, sirvió como mediadora entre su pueblo y los ingleses y, tras haberse casado con un colono, integró un grupo que en 1615 acudió ante el rey Jacobo I para solicitar apoyo para la Compañía de Virginia. Pero no tuvo mucho éxito.

En la década de 1620, muerto Powhatan y convencidos de lo nefasto de la presencia europea, los indígenas emprendieron una campaña guerrera que les resultó adversa debido a la superioridad del contingente británico.

Los ingleses también se asentaron en la colonia de Jamestown, aunque entre 1607 y 1622 solo sobrevivió el 20 % de los diez mil hombres que fueron transportados a América. Solo se salvaría Virginia gracias a la exportación de tabaco y la introducción de la esclavitud. Así, el número de colonos en Virginia pasó de trescientos cincuenta en 1616 a trece mil en 1650.

Fue el trabajo de africanos lo que hizo posible la explotación de las riquezas del Nuevo Mundo. Con el espectro de una rebelión siempre presente, la sociedad esclavista generó tensiones y duros mecanismos de control. Los amos recurrieron al miedo, a la fuerza y a la deshumanización de sus sirvientes.

Los elementos democráticos de la política colonial apuntalaron, de manera quizá algo paradójica, el fortalecimiento de una oligarquía esclavista que se erigió en defensora de las «libertades» del hombre común en contra de las transgresiones de la autoridad.

La experiencia de Chesapeake iba a resultar clave para el resto de las colonias del Sur. La falta de oportunidades y la sobrepoblación de la colonia caribeña de Barbados provocaron que un grupo de ocho aristócratas fundara las Carolinas, entre la Florida española y Virginia, en la década de 1670. En esta ocasión fue otra planta, el arroz, la que se convirtió en el gran producto de exportación de Carolina. Gracias a ello y al añil, la élite de plantadores de esta colonia se convirtió en la más rica de la América continental.

En el extremo sur del Imperio se fundó Georgia, a manos de un grupo de funcionarios, comerciantes y clérigos ingleses en tierra de indios. Los artífices del proyecto prohibieron la entrada de esclavos, ron y abogados a la colonia, y le negaron una asamblea representativa.

A Nueva Inglaterra se dirigieron miembros de la clase media, que emigraban en familia y veían en el trabajo y en la propiedad elementos constitutivos de una vida virtuosa. La unidad económica básica era la granja familiar y no había esclavos (eran demasiado costosos). En esta zona, la Iglesia comenzó a ocupar el centro de la vida social y política. Se promulgaron leyes contra la blasfemia, el adulterio, la conducta moral desordenada y la disidencia religiosa.

En 1636, Roger Williams y otros disidentes radicales fundaron Rhode Island como un espacio excepcional de libertad religiosa en el que incluso tuvieron cabida familias judías. Este mismo año el teólogo conservador Thomas Hooker fundó Connecticut.

Pero el ansia territorial británica no acababa ahí. Su afán de expansión le llevó a enfrentarse marítimamente a Holanda a mediados del siglo XVII para apropiarse de las posesiones de su contrincante en la América continental. Prácticamente sin pelear cedieron la Nueva Holanda a Gran Bretaña en el tratado de paz de 1667. Esta se convirtió en Nueva York en honor al hermano del rey, el duque de York, propietario de la colonia. Los ingleses consolidaban de esta manera su dominio de la costa atlántica de América del Norte, de Acadia hasta Florida.

La ciudad olvidada de Estados Unidos

Sus impresionantes montículos de tierra insinúan el legado de la ciudad precolombina más grande al norte de México. Y es que cuatro siglos antes de la llegada de Cristóbal Colón a América, los indios de Illinois crearon una ciudad que llegó a sostener una población de quince mil habitantes (tan poblada como las ciudades europeas contemporáneas de Praga y Londres en el siglo XII), con más de un centenar de elevaciones de tierra y un vasto radio de influencia. ¿Qué fue este lugar que hoy los estadounidenses llaman Cahokia, y qué ocurrió con él?

No sorprende por su espectacular belleza, pero sí por su tremenda inmensidad. Con sus mil seiscientas hectáreas (ochocientas noventa de las cuales son sitio histórico estatal) y ciento veinte montículos de tierra (de los cuales sobreviven ochenta), Cahokia es el yacimiento arqueológico más grande de Estados Unidos, y ha cambiado la visión que tenían los americanos de cómo vivían los indios antes de la llegada de los europeos. Hoy tiene la relevancia de estar considerado Patrimonio Mundial de la Unesco. Y con razón.

Espacio de lenguaje, arte y espiritualidad, Cahokia, a tenor de los hallazgos encontrados, fue realmente un centro cultural más que un centro comercial. Esta masiva ciudad carecía de un mercado permanente. La tesis que apunta el arqueólogo Timothy Pauketat va más allá al asegurar que Cahokia fue concebida como un espacio para tender un puente entre el mundo de los vivos y el de los muertos. «Es una ciudad construida entre el agua y la tierra seca», asegura Pauketat. Los residentes vivos se asentaron en los lugares más secos, mientras que los lugares de entierro se destinaron a los lugares más húmedos de la urbe.

Por su parte, la escritora Annalee Newitz explica en su libro *Four Lost Cities: A Secret History of the Urban Age* que Cahokia se levantó como un lugar festivo, donde sus habitantes crearon estructuras y espacios públicos dedicados exclusivamente a reuniones masivas, escenarios en los que poder disfrutar de experiencias colectivas. De ahí que establecieran una gran plaza de veinte hectáreas de extensión donde más de diez mil personas podían agruparse para llevar a cabo rituales u otro tipo de celebraciones.

Cahokia se convirtió en la culminación, y tal vez el origen, de lo que los antropólogos denominan la Cultura del Misisipi, un conjunto de comunidades agrarias que desde antes del año 1000 ocupaban el Medio Oeste y el Sudeste norteamericanos y conocieron su apogeo alrededor del siglo XIII. Los colonos europeos no dieron crédito cuando se toparon con los montículos de Cahokia (el mayor de los cuales es un coloso de tierra de diez pisos de altura, de más de seiscientos veintitrés mil metros cúbicos de tierra), pensando que era algo insólito que los amerindios pudieran haber construido algo semejante a una ciudad, por lo que simplemente la atribuyeron a alguna civilización extranjera: fenicios o vikingos, o quizás una tribu perdida de Israel.

Fruto de los trabajos y hallazgos arqueológicos, se ha ido evidenciando que Cahokia era más que un formidable apilamiento de tierra o un lugar ceremonial, como sostiene Newitz. Los arqueólogos dieron con viviendas, testimonio de que la comunidad estaba integrada por miles de personas, y muchos de esos hogares se habían construido en un plazo de tiempo brevísimo. A modo de *big bang*, parece que la ciudad surgió alrededor de 1050 prácticamente de la noche a la mañana: la población llegó de zonas próximas en tropel, levantaron casas y en muy poco tiempo se las ingeniaron para crear una infraestructura de ciudad.

Lo que una vez fue Cahokia abarca una vasta llanura de inundación conocida como *American Bottom*, que se extiende desde Saint Louis hasta una larga línea de riscos cinco kilómetros al este de la ciudad y hasta donde alcanza la vista si se mira al norte y al sur. No en vano, levantar la ciudad requirió quince millones de cestos de tierra. En la colina más alta de Cahokia, llamada el Montículo de los Monjes, se erigió un gran templo o palacio, quizás escenario de ceremonias religiosas. Desde su cima (cuya planta de cinco hectáreas supera la base de la egipcia Gran Pirámide de Keops) no solo se intuye el trabajo invertido en su construcción, sino también el posible motivo que llevó a erigir aquí la ciudad. Se trata de la estructura artificial más grande al norte de México que precede al desarrollo europeo.

Precisamente allí, uno de los hallazgos más interesantes fue el de Woodhenge, unos postes de cedro dispuestos de forma circular que funcionaban como un calendario solar. Las ruinas de Cahokia también cuentan con una empalizada protectora (de unos tres kilómetros de largo y que protegía la zona central de la ciudad de los ataques) recubierta de barro, estructuras de madera, posiblemente para su uso en astronomía, y un taller de cobre con piezas de chapa planas y martilladas.

En el Montículo 72, los arqueólogos encontraron evidencias de sacrificios humanos rituales. En concreto, los restos de cincuenta y tres mujeres y un hombre de alto rango, así como los esqueletos decapitados de cuatro hombres que quizá probaron en sus carnes el poder de la autoridad. Un hallazgo que desmentía la creencia de que los nativos americanos vivían en comunidades igualitarias sin las jerarquías, a menudo mantenidas por la fuerza bruta, que definían otras muchas civilizaciones. ¿Da este testimonio fe de que Cahokia fuera un imperio como las civilizaciones mesoamericanas meridionales? En el enigma está la respuesta.

Se desconoce cómo acabó sus días Cahokia, una ciudad fantasma cuando Colón arribó a América. Las causas que determinaron su fin están por desentrañar. Pero tenemos algunas pistas. La ciudad vivió su auge durante una fase climática de especial bonanza y entró en declive más o menos cuando el tiempo empezó a ser más frío, más seco y menos predecible. Para una comunidad agrícola que dependía de cosechas regulares, el cambio de las condiciones pudo ser desde preocupante hasta catastrófico.

LA ISLA DONDE NO SE HABLA INGLÉS AMERICANO

Lógico y natural resulta que el lector considere que en Estados Unidos solamente se habla inglés americano. Sin embargo, existe una isla en Carolina del Norte con un dialecto particular, el *hoi toider*. El resultado es una mezcolanza del inglés isabelino, el irlandés y el escocés de principios de 1700 aderezada con gotas de jerga pirata. Nada menos.

Su aislamiento durante casi dos siglos (la isla se ubica a cincuenta y cuatro kilómetros de la costa) ha propiciado, entre otras causas, que se conserve esta particular lengua. A Ocracoke solo se puede llegar en barco. Por ello se convirtió en refugio de piratas. William Howard fue uno de ellos. A las órdenes del conocido pirata Barbanegra en el barco La Venganza de la Reina Ana, abandonó sus quehaceres antes de que llegara la batalla final del corsario en el año 1718.

Howard se estableció en Ocracoke junto a otros expiratas y comenzó a construir una comunidad con conductores de botes que vivían en la isla y ayudaban a los barcos mercantes a sortear los bancos de arena en el área. Una tribu nativa de Carolina del Norte también interactuó con los primeros pobladores. La tribu Woccon había establecido puestos de caza y pesca en la isla, que llamaron Woccocock. Pero con el paso del tiempo, los errores ortográficos y las malas pronunciaciones derivaron hasta convertirse en Wokokon, Oakacock y Okercock. A la versión actual de Ocracoke se llegó a mediados del siglo XVIII. Así que había una mezcolanza: nativos americanos, marinos ingleses y piratas de varias procedencias en un solo lugar.

Se trata el único dialecto estadounidense «que no se identifica como estadounidense. Es fascinante. Puedes encontrar pronunciación, estructuras gramaticales y vocabulario en Ocracoke que no hay en ningún otro lugar de América del Norte», ha asegurado Walt Wolfram, profesor de la Universidad Estatal de Carolina del Norte.

Una de las características que llaman la atención del dialecto de Ocracoke es el cambio del sonido «i» a «oi», por lo que dicen *hoy* en lugar de *high* ('alto'). De esta manera, se llega al nombre de hoi toider: es decir, cómo los o'cockers, habitantes de Ocracoke, dicen *high tide* ('marea alta').

Por desgracia, son cada vez menos los lugareños que mantienen este dialecto. En una isla de casi un millar de habitantes, menos de la mitad habla hoi toider completo. La isla cuenta con electricidad desde 1938 y el servicio de ferry recién fue inaugurado en 1957. Pero no hay supermercados y la vida nocturna es mínima.

LAS BRUJAS DE SALEM

En 1700, las colonias de Norteamérica se disponían a entrar en un cambio de era. Uno de los ejemplos serían los juicios por brujería de Salem de 1692: fueron una respuesta a presiones más modernas y al inestable entorno de Massachusetts a finales del siglo XVIII. Y es que el extremismo religioso de los puritanos colonos de Nueva Inglaterra desencadenó uno de los procesos por brujería y satanismo más sonados de la historia.

Aunque parecía que por aquel entonces todo transcurría con normalidad en una pequeña aldea de aquel estado del este de los Estados Unidos, llegó el año 1692 y con él, las catástrofes para las colonias americanas de Nueva Inglaterra. Los elevados impuestos, el duro invierno, los ataques piratas a los comerciantes y la viruela causaron estragos.

Salem se encontraba dominado por las convicciones religiosas: los feligreses llevaban una vida dedicada a la ayuda y a la oración y cada uno de ellos era vigilado por su vecino, para que nadie se apartara del camino marcado por la Iglesia. Para aquellos hombres y mujeres educados en el rígido mundo puritano, la culpa de todo la tenía el demonio. Los vecinos se atacaban mutuamente y se saldaban algunas viejas rencillas que obviamente no tenían nada que ver con la religión.

La creencia en la brujería y la intervención mágica era común tanto en Gran Bretaña (que ejercía la soberanía en los territorios americanos) como en las colonias americanas durante esta época.

La histeria que se desató en Salem llevaba ya unos cuantos años gestándose. Aquí, varias jovencitas se reunían a escuchar las fantásticas historias que les contaba Tituba, la esclava del reverendo Samuel Parris. Las más jóvenes e impresionables del grupo, Elisabeth, hija del reverendo, de nueve años, y Abigail Williams, su sobrina, de once, empezaron a sufrir convulsiones. Lloraban sin razón, adoptaban posturas increíbles, lanzaban gritos y sonidos irreconocibles y se hacía difícil controlar su fuerza. Sus ataques histéricos y sollozos, insoportables para la mente de un severo cura, inspiraron a las chicas de más edad.

Ann Putnam, Elisabeth Hubbard, Mary Walcott, Mary Warren, Elisabeth Proctor, Mercy Lewis, Susan Sheldon y Elisabeth Booth, «las ocho perras brujas», como las llamó un acusado durante el juicio por brujería al que fueron sometidas, empezaron también a sufrir ataques. Decían que unos espectros las atormentaban, y convirtieron en chivos expiatorios a las personas que más antipatías despertaban en la comunidad.

Los jueces, convencidos de que el demonio andaba por medio, se valieron de los testimonios de las chicas y acusaban a todos los que ellas señalaban como brujos. La situación llegó a ser muy tensa e insostenible porque ya casi nadie de la aldea parecía estar a salvo, hasta que el gobernador de Massachusetts intervino y disolvió el tribunal de Salem que, para entonces, había juzgado ya a más de doscientas personas y condenado y ejecutado a catorce mujeres y cinco hombres acusados de brujería.

Con el fin de buscar una explicación, el 29 de febrero las jóvenes fueron interrogadas por los magistrados Jonathan Corwin y John Hartorne. Ante la presión de las jueces, las chicas decidieron culpar a tres mujeres de Salem: Parris Caribe, una antillana sirvienta de los Parris; Sarah Good, una mendiga sin hogar; y Sarah Osborne, una mujer mayor que vivía en la indigencia.

Treinta y una personas en Massachusetts fueron procesadas y condenadas a muerte. De ellas, diecinueve fueron ahorcadas, dos murieron en prisión, una murió por traumatismo, dos lograron posponer la ejecución alegando estar embarazadas y al final consiguieron el indulto, otra escapó de la cárcel, y cinco confesaron y salvaron su vida. La pobre esclava Tituba fue encarcelada a perpetuidad sin juicio. La principal instigadora, Ann Putnam, declaró: «Lo hice todo sin querer, engañada por Satanás».

La respuesta a los juicios por brujería de Salem confirmaba una reacción más amplia contra la autoridad eclesiástica de la élite, que se manifestó en 1699 con la fundación de la Iglesia de Brattle Street de Boston, la primera iglesia que prescindió totalmente de la idea de que solo los elegidos de Dios tenían derecho a formar parte de ella.

La locura que se desató en Salem vino influida por el proceso por brujería mejor documentado de Inglaterra, el de Bury St. Edmunds en 1662. Sobre todo, en cómo lo condujo uno de los juristas ingleses más prestigiosos de mediados del siglo XVII: el juez del Tribunal Supremo Matthew Hale. Educado en el más estricto puritanismo, su parte más oscura la encontramos en este juicio: Hale no castigó el perjurio, omitió la recapitulación de las pruebas y encauzó al jurado hacia donde él quiso, pues creía firmemente en las brujas. En el proceso, aceptó las pruebas presentadas por niños de cinco a siete años, por un cazador profesional de brujas e incluso las pruebas espectrales de un testigo. Hacia el final, uno de los jueces auxiliares, llamado Keeling, descubrió que los niños habían mentido. Hale hizo caso omiso sobre ello y envió a la horca a dos ancianas. Si la fe no hubiera ofuscado su razón, quizá el horror de Salem ni hubiera sucedido.

Ha habido varios estudios que han intentado explicar, teniendo en cuenta los testimonios dados en los juicios, qué podía ocurrir con todas aquellas jóvenes que se pensaba que estaban poseídas por el diablo o bajo el influjo de una bruja. Algunas investigaciones apuntan, por ejemplo, a enfermedades mentales, situaciones de abuso constante de los niños, la influencia del sistema de creencias de la época, hasta tal vez casos de ergotismo, una enfermedad causada por la ingesta de cornezuelo, un hongo del centeno y de otros cereales.

Muchos años después de que tuvieran lugar todos estos acontecimientos, la ciudad de Salem, ubicada en el condado de Essex, sigue siendo conocida como la Ciudad de las Brujas. Salem recibe más de un millón de visitantes al año, que provienen de todo el mundo. Esta urbe concentra una gran parte de los lugares históricos del estado de Massachusetts, además de museos, actividades culturales y restaurantes y locales para el ocio.

Resulta imprescindible visitar el Museo de las Brujas, donde el viajero se encontrará con un espectáculo de luz y sonido, así como figuras de tamaño real que personifican la historia y los juicios que se vivieron en la zona, examinando los estereotipos y mitos de la brujería en el siglo XVII y su terrible consecuencia: la caza de brujas.

LA VAMPIRA DE RHODE ISLAND

La antigua Nueva Inglaterra, en la costa del Atlántico, fue escenario de supuestas actividades vampíricas. Uno de los casos más destacados tuvo como protagonista a Mercy Brown a finales del siglo XIX en Exeter, Rhode Island. La explicación más plausible achaca a una epidemia de tuberculosis la causa de la mayoría de muertes, pero la sociedad de aquella época pensaba que había detrás un vampiro.

Todo comenzó en 1883 con la muerte de Mary Eliza, madre de Mercy, al parecer por tuberculosis. Tres años después haría lo propio la primogénita de seis vástagos, Mary Olive, mientras que otro de los hijos, Edwin, enfermó en 1891 con extraños síntomas: asfixia, pesadillas y ahogos. Finalmente se recuperó, pero cuando regresó de Colorado Springs, se encontró con el óbito de su hermana Mercy.

La dureza del suelo en la época de invierno imposibilitó que Mercy fuera enterrada en el cementerio de Chestnut Hill, por lo que su cuerpo fue guardado en una cripta. Una noche de marzo de 1892 una comitiva, que incluía a varios familiares de nuestra protagonista, entró allí para que el doctor Harold Metcalf maniobrara con el cuerpo y pudiera dilucidar las causas de la muerte.

Cuando realizaba la autopsia, al extraer el corazón y el hígado, una cierta cantidad de sangre goteó del cadáver, y las gentes de lugar pensaron que se trataba de una no muerta, por lo que se decidió quemar el cuerpo. Las cenizas se mezclaron con agua para crear un tónico que se dio a beber al enfermo Edwin, como un esfuerzo por resolver su enfermedad y detener la influencia de los no muertos. El joven murió dos meses después. Lo que quedó del cuerpo de Mercy fue enterrado en el cementerio de la iglesia bautista en Exeter después de ser profanado.

Y no tardaron en atribuir a Mercy la muerte de varias niñas pequeñas durante los meses en que estuvo su cadáver encerrado en la cripta del camposanto.

El escritor irlandés Bram Stoker en un viaje a Estados Unidos al parecer conoció el caso, y entre sus pertenencias tenía recortes de periódico relacionados con el mismo, por lo cual algunos suponen que los hechos le sirvieron en parte de inspiración para su famosa novela *Drácula* (1897).

JAMES BROWN, EL VAMPIRO DE MASSACHUSETTS

Si hablamos de vampiros, la costa este de Norteamérica parece que fue un lugar propenso para que el mito naciera y se desarrollara por todo el orbe planetario. La historia que ahora nos ocupa parte en mayo de 1866, cuando un barco ballenero salió del puerto de Boston rumbo al océano Índico. Entre los miembros de la tripulación se encontraba James Brown, un joven de Guayana que trabajaba en cocina y hacía gala de un carácter problemático.

Las desavenencias no tardaron en aparecer. Brown discutió con un compañero, al que acusó de comentarios racistas hacia su persona. Después de este enfrentamiento, a la mañana siguiente este último no apareció entre la tripulación, por lo que se decidió organizar un grupo para buscarlo. Finalmente hallaron su cuerpo, muerto, y a su lado a Brown, quien literalmente se encontraba chupando la sangre del cadáver. Rápidamente varios grumetes lo redujeron con la intención de ahorcarlo en cubierta, pero la intervención del capitán impidió la ejecución. Finalmente fue llevado a tierra y en noviembre de ese año se lo juzgó y condenó a muerte.

Pero el presidente de Estados Unidos, Abraham Lincoln, decidió conmutar su pena por la de cadena perpetua. Brown fue trasladado a la prisión estatal de Massachusetts, donde no mostró un comportamiento muy diferente del que había resultado sentenciado, llevándose por delante la vida de algún recluso y varios vigilantes, por lo que se le trasladó de nuevo, esta vez a un psiquiátrico en Washington. Allí permaneció tres años confinado hasta su muerte.

EL ESTRANGULADOR DE BOSTON

Sin salir de una de las ciudades con más historia de los Estados Unidos, repasamos la crónica negra de Boston con el desgarrador suceso ocurrido a mediados del pasado siglo XX que recuerda los atroces crímenes de Jack el Destripador en Londres, pero en este caso en la costa este americana. Entre el 14 de junio y el 31 de diciembre de 1962, ocho mujeres murieron asesinadas con el mismo *modus operandi*: estranguladas con una media o corpiño. Todas fueron violadas.

Nadie resultó acusado de manera oficial de haber acabado con la vida de aquellas mujeres. Sin embargo, el presunto asesino tenía nombre y apellidos para la Justicia: Albert Henry DeSalvo. Fue condenado a cadena perpetua. Pasó a la historia como el Estrangulador de Boston.

Su atormentada infancia marcaría su personalidad. Su padre, alcohólico irredento y brutal, lo golpeaba. Por si fuera poco, obligaba su hijo a mirarlo mientras se acostaba con prostitutas en su propia casa. No tardaría nuestro protagonista en delinquir y en disfrutar torturando animales.

Con la excusa de la Gran Depresión, el padre vendió a Albert como esclavo (y a su hermana menor) a un granjero de Maine. Pareció enmendar su destino cuando ingresó en el Ejército, se casó y tuvo dos hijos.

Pero comenzaron a darse los crímenes. Mientras la policía investigaba, Albert fue detenido por violación de domicilio y robo. Aunque al principio reconociera los crímenes, luego, tajante, se desdijo. Lo recluyeron en un psiquiátrico. Bajo hipnosis por los expertos William Bryan y John Bottomly, DeSalvo confesó los trece asesinatos.

Lo sentenciaron a cadena perpetua en 1967. Seis años después fue hallado muerto a puñaladas en la enfermería de la cárcel. Aunque las dudas en torno a la autoría de DeSalvo de aquellos horrendos crímenes permanecen en el alero. La prueba de ADN en el cuerpo de Mary Sullivan, la última víctima del estrangulador, determinó que el semen hallado en la cama... no era de nuestro protagonista. Además, él no fumaba y dos de sus víctimas tampoco... ¿Por qué entonces se encontraron colillas con signos de haber sido apagadas muy poco antes en la escena del crimen?

REVOLUCIÓN Y CONSTITUCIÓN

La planta que cambió el curso de la historia

LA guerra de los Siete Años que había mantenido contra Francia básicamente abonó el terreno para la crisis entre la Corona británica y sus colonias americanas. Inglaterra ganó la contienda, pero la victoria había resultado muy costosa, ya que las arcas del Imperio quedaron esquilmadas. Ante esta tesitura, el gobierno británico se vio obligado a crear nuevos impuestos, y por qué no, pensó que hacer contribuir al erario a las colonias americanas, que apenas pagaban impuesto alguno, podría ser una solución.

Corría el año 1765 y Londres decidió establecer nuevos impuestos, que los americanos consideraron abusivos y contra los que protestaron con vehemencia. La situación era muy tensa a principios de la década de 1770, sobre todo en Massachusetts, donde tuvieron lugar la Matanza de Boston (1770) y el Motín del Té (1773).

El 5 de marzo de 1770 amaneció frío. El soldado Hugh White hacía su guardia frente al edificio de Aduanas. Era consciente de los altercados que se venían produciendo en la ciudad, pero lo que desconocía era que él mismo se iba a convertir en el desencadenante del incidente más violento de todos.

Un puñado de hombres comenzaron a insultarlo y a burlarse del soldado. Al principio aguantó estoico, hasta que no pudo más. Uno de los compañeros de White utilizó la culata de su mosquete para golpear en la cabeza a uno de los exaltados. Los colonos le reprimieron con piedras y el asunto se salió de madre. La turba, cada vez más numerosa, se lanzó enfurecida hacia los militares británicos, y derribaron a uno de ellos. Los soldados comenzaron a disparar pese a no recibir órdenes, y llegó el caos. Se produjo un baño de sangre, con cinco colonos muertos y la huida de los militares. El sentimiento antibritánico se extendió por todo Boston y empezó a consolidarse. Fue la punta del iceberg.

Si hablamos de la regulación de la venta del té por aquel entonces, cuyo consumo había adquirido un importante valor simbólico (al tratarse de un producto habitual entre la población), resultó particularmente polémica. Jorge III, para apoyar a la Compañía de las Indias Orientales, que estaba al borde de la quiebra, le permitió vender té directamente en América, sin pagar la tasa del 25 % que normalmente cubría cuando se subastaba en Londres, antes de distribuirlo al resto del Imperio.

Esta medida reducía el precio a los consumidores americanos, pero dejaba fuera del negocio a los comerciantes que vendían el popular producto en América, donde el mercado estaba dominado por el té holandés, que se importaba ilegalmente.

En las distintas colonias los impuestos británicos provocaron reacciones de movilización y protesta, que cada vez eran más radicales. Así, en septiembre de 1773, en Boston, los «Hijos de la Libertad», disfrazados de indios mohawk y bajo la dirección de Samuel Adams, abordaron uno de los barcos de la Compañía y lanzaron el cargamento de té al mar como acción propagandística.

Allí atacaron a la tripulación de tres buques que se encontraban atracados y arrojaron al mar todos los cargamentos de té que portaban los barcos. El simbólico episodio pasó desde entonces a convertirse en uno de los hitos clásicos de todo el proceso emancipador norteamericano.

Según el historiador Dirk Hoerder, el Comité de Correspondencia de Boston (formado hacía un año para organizar acciones antibritánicas) «controló desde un inicio las acciones multitudinarias contra el té». Los asaltantes decidieron que el té no podía venderse, ni siquiera descargarse en Boston; o bien se lanzaba por la borda, o bien se devolvía a Gran Bretaña mientras la injusta ley siguiera minando la economía local.

El grupo lo componían unos ciento treinta hombres, que se deshizo de trescientos cuarenta y dos cofres de té, un cargamento que, a día de hoy, estaría valorado en más de un millón de dólares. A la luz de los faroles se veían volar por millones las hojas de té, y cada una de ellas representaba el dinero que tanto la Compañía Británica de las Indias Orientales como la Corona británica estaba perdiendo irremediablemente. Pese al estruendo de las salpicaduras y de los gritos de guerra, no se produjo ni el más mínimo intento de detenerlos. No hubo heridos y, con aquel acto, ya habían dejado clara su postura: los impuestos británicos se habían acabado.

El monarca Jorge III, que mostró su exasperación por la insubordinación americana, tomó varias medidas tajantes: cerró el puerto, clausuró los gobiernos municipales, que eran la columna vertebral de la política en Nueva Inglaterra, y nombró a un militar, Thomas Gage, gobernador de Massachusetts. Las colonias percibieron estos actos punitivos como una afrenta colectiva y su protesta se articuló de manera compleja e institucional.

UNAS LEYES RESTRICTIVAS DE DERECHOS

Las Leyes Coercitivas de 1774 (*Coercive Acts*, llamadas por los colonos Leyes Intolerables) pretendían hacer entrar en vereda a Massachusetts, pero en vez de ello provocaron una reacción unida de todas las colonias contra la Corona británica. Ya no era una simple cuestión de recaudación de impuestos o de control económico, sino de control, a secas.

Las Leyes Coercitivas cerraron el puerto de Boston, trataron de poner a toda la colonia de Massachusetts bajo un control real más estricto, eliminaron a efectos prácticos la amenaza de juicios contra funcionarios reales al establecer que estos serían juzgados en Inglaterra, y propusieron una aplicación más rigurosa de la Ley de Acuartelamiento.

Según los colonos, en América el gobierno imperial podía imponer aranceles (impuestos «externos»), pero no impuestos «internos»: ni gravámenes directos (como el del timbre) ni al consumo. Solamente las asambleas coloniales podían imponer impuestos de este tipo, pues representaban a los contribuyentes y gastaban, bajo el ojo fiscalizador de sus compromisarios, en cosas que interesaban a los colonos.

Además, los americanos alegaron que, dado que no estaban representados en el Parlamento, toda imposición a las colonias se hacía sin el consentimiento de los contribuyentes. Equivalía, pues, a un robo. «Sin representación no hay contribución» fue el grito de insurrección que surgió de las calles de Boston.

Miles de soldados británicos enviados por Jorge III llegaron a la ciudad para reprimir los disturbios. Hasta algunos comerciantes y tenderos que vendían productos ingleses sufrieron las represalias de los ciudadanos, furiosos con los gobernantes británicos.

Este fue el contexto en el que las trece colonias británicas de Norteamérica pasaron por fin de ser una colección de jurisdicciones independientes sin apenas comunicación mutua en 1763 a una agrupación casi cohesionada que, para 1776, fue capaz de equiparar sus diferencias con la Corona británica a la «causa de toda la humanidad».

El germen de la independencia

Para aunar las protestas de todas las colonias se organizó en septiembre de 1774 en Filadelfia el Primer Congreso Continental (compuesto por representantes de casi todas las colonias), en el que, sin ser un éxito, se tomaron decisiones importantes. Creó la Asociación Continental, un acuerdo de no importar, exportar o consumir productos ingleses, para presionar a las firmas comerciales inglesas a fin de que estas, a su vez, presionaran al Parlamento de Londres.

También confeccionó un memorial de agravios que iba dirigido al rey de Gran Bretaña (creían que el culpable era el Parlamento británico, no el rey), donde se exponían las quejas de los colonos. Los representantes de las colonias decidieron que se volverían a reunir en la primavera siguiente si el rey no respondía a sus peticiones. Este no contestó y, así, en 1775 se reunió el Segundo Congreso Continental, que organizó un ejército, y el 4 de julio de 1776 se firmó la Declaración de Independencia, que debía legitimar las acciones de los insurgentes americanos, transformando las colonias rebeldes en Estados libres e independientes.

Solo a través de la separación de Gran Bretaña podían llegar a ser seguras las colonias. Era hora de separarse. Pero los disturbios no finalizaron, se encarnizaron. No hacía mucho del Motín del Té cuando John Malcom, un funcionario de aduanas que trabajaba para el Imperio británico en Boston, se enzarzó en una disputa con un zapatero por maldecir a un niño pequeño que le había embestido con su trineo. Al caer la noche, un grupo de individuos se reunió delante de su casa. El exmilitar se asomó con dos pistolas cargadas amenazando con matar a un buen número de los presentes. El gentío no se amedrentó y terminó irrumpiendo en el edificio.

La venganza estaba servida. Después de ser apaleado y golpeado, el cuerpo de Malcom fue untado con brea caliente, sobre la que se espolvorearon y pegaron numerosas plumas. La arrebatada multitud subió al funcionario británico a un carro, le colocó un dogal al cuello y lo paseó por las calles de Boston entre azotes y amenazas de cortarle las orejas. El hombre se rindió y maldijo a su rey, Jorge III, como se le reclamaba. Antes de quedar en libertad, fue obligado a beber una ingente cantidad de té, hasta que se puso pálido.

Boston: la ciudad combativa

Nadie duda de que Boston fue uno de los focos enconados de resistencia contra el invasor inglés. Antes del Motín del Té ya dio muestras de su combatividad. En 1713, una falta severa de alimentos provocó la alarma de la gente influyente de la ciudad en la Asamblea General de Massachusetts. Los comerciantes exportaban grano al Caribe porque el beneficio que sacaban allí era mayor.

El 19 de mayo, unas doscientas personas se manifestaron en el parque de Boston. Hicieron frente al comerciante Andrew Belcher, irrumpieron como un elefante en una cacharrería en sus almacenes buscando grano y mataron a tiros al teniente gobernador cuando intentó mediar.

Entre los años 1730 y 1740, los vecinos de Boston protestaron por los precios impuestos por los comerciantes y destrozaron el mercado público de Dock Square. Los ciudadanos de Boston también se manifestaron contra el reclutamiento forzoso que se llevaba a los hombres para el servicio naval. Llegaron a rodear la casa del gobernador, maniataron al *sheriff*, encerraron a su ayudante y tomaron por la fuerza la casa donde se reunía el Tribunal General. Cuando se ordenó a la milicia que redujera a los manifestantes, esta no salió, y el gobernador tuvo que huir.

En 1777 hubo una contrapartida femenina del Tea Party de Boston, descrita por Abigail Adams en una carta a su marido John:

> Un comerciante eminente, rico y miserable (es soltero) tenía unas 500 libras de café en su almacén que se negaba a vender al comité por seis chelines la libra. Unas mujeres (unos dicen cien, otros más) se juntaron con un carro y baúles, marcharon hacia el almacén, y exigieron las llaves. Él se negó a dárselas. Con esto una mujer lo cogió del cuello y lo echó en el carro. Al ver que no tenía salida, les dio las llaves cuando volcaron el carro, abrieron el almacén, sacaron el café ellas mismas, lo colocaron en los baúles y se alejaron. Una multitud de hombres lo observaron todo atónitos, espectadores silenciosos de toda la transacción.

EL TEA PARTY

Las elecciones presidenciales de los Estados Unidos de 2012 vieron la irrupción de un movimiento ultraconservador o de extrema derecha integrado en gran parte en el Partido Republicano, con una estructura no centralizada y en el que no había líderes. Se trata del Tea Party, cuyos miembros se reclaman herederos del Motín del Té de Boston y de los Padres Fundadores.

El Tea Party tuvo un papel determinante durante los años del gobierno de Barack Obama (2009-2017), al que se enfrentaron duramente para obstaculizar algunas de sus propuestas más ambiciosas, como la reforma sanitaria.

Reflejo claro de un escenario político muy polarizado, los integrantes del Tea Party (en su mayoría hombres blancos y de clase media) hicieron todo lo posible por boicotear la agenda del primer presidente afroamericano.

El movimiento, según les gusta recordar a sus miembros, fue una contestación inmediata al enorme paquete de gasto impulsado por la administración Obama.

Desde las altas esferas del Partido Republicano se pensaba, no sin razón, que el Tea Party podía representar una amenaza más que una oportunidad. Era útil cuando organizaba protestas contra Obama, pero si lograba hacer suyo el partido podía condenar a este a la derrota política. El Tea Party fue demasiado conservador.

VIRGINIA: LA MADRE DE ESTADOS

Junto a Boston, Virginia se convirtió originalmente en una de las cunas y corazones de la revolución americana. Constituyó el primer asentamiento blanco permanente en América del Norte (1607) y la primera colonia real (1624). Muchos investigadores se refieren al desembarco en Nueva Inglaterra del Mayflower, en 1620, para fechar el origen de la nación. Pero por el sur, Virginia «fue el comienzo del tiempo en Norteamérica», como señala Javier Redondo Rodelas en su obra *Presidentes de Estados Unidos*. De ahí que se la conozca como Madre de Estados, porque su territorio original se dividió para fundar las Carolinas, Kentucky y Tennessee.

Con capital en Richmond, fue admitida en la Unión el 25 de junio de 1788 y recibe su nombre por la reina Isabel I de Inglaterra, quien, al no haber contraído nunca matrimonio, era conocida como la Reina Virgen.

El primer presidente de Estados Unidos, George Washington, natural de Virginia, junto con otro ilustre compatriota, George Mason, redactó un acuerdo de no importación de productos británicos. El lugar ha visto nacer hasta ocho presidentes (Washington, Thomas Jefferson, James Madison, James Monroe, William Henry Harrison, John Tyler, Zachary Taylor y Woodrow Wilson), todos de los siglos XVIII y XIX, salvo uno, y de los cinco primeros cuatro de ellos nacieron en su territorio.

Su historia comenzó hace miles de años con el asentamiento geográfico establecido por los indios americanos. Los colonos ingleses no llegaron hasta establecerse en Jamestown en 1607.

El espíritu de rebeldía y el sentimiento revolucionario de Virginia no tardaron en aparecer. Lo hicieron poco después de que terminara la guerra franco-india, en 1763, cuando el gobierno local se enfrentó al británico en el caso de la llamada *Parson's Cause* ('Causa de los Predicadores'), ya que consideró abusivo el incremento de los salarios del clero anglicano. Varias subidas de impuestos más (como la Ley del Timbre o la Ley del Azúcar) y otro tipo de leyes coercitivas encendieron los ánimos de los virginianos, que se echaron a la calle en contra de estas medidas.

La Convención de Virginia aprobó un boicot a la importación de productos británicos, y escogió a delegados para el Congreso Continental. Con la llegada de 1776, en concreto el 15 de mayo, la quinta Convención de Virginia declaró su independencia del Imperio británico, que contribuyó decisivamente a la redacción de la Constitución de Estados Unidos.

Nueva York y sus bandas de maleantes

La Gran Manzana era en el periodo colonial una especie de reino feudal. Los holandeses, dueños de los territorios, habían establecido un sistema de alquileres a lo largo del río Hudson, con enormes fincas, donde los barones controlaban por completo la vida de los arrendatarios.

Bajo el mandato del gobernador Benjamin Fletcher, se concedió el 75 % del territorio de la ciudad a unas treinta personas, y el gobernador regaló medio millón de acres a un amigo a cambio de un alquiler simbólico de treinta chelines. De 1730 a 1740 comenzó a aumentar la demanda de instituciones para recluir a los muchos mendigos que vagaban a diario por sus calles.

Entre los siglos XVII y XVIII, la rivalidad marítima entre neerlandeses e ingleses no acabó hasta que estos últimos vencieron en América del Norte. El rey de Inglaterra Carlos II donó a su hermano, el duque de York, esta tierra, que fue rebautizada como «Nueva York» en honor a él. En 1785, el Congreso Continental se instaló en Nueva York, que se convirtió en la capital provisoria de los Estados Unidos.

Pero llegaron los problemas. La fuerte emigración de Irlanda a la zona este de Estados Unidos, sobre todo a Nueva York, a mediados del siglo XIX, dio lugar a que surgiera una «protomafia» irlandesa y, con el tiempo, a otra rival de origen inglés. Sus batallas fueron épicas.

El barrio de Five Points se convirtió en la década de 1840 en el epicentro de la actividad delictiva de una ciudad cuyo desordenado crecimiento y alborotada grandeza tuvieron su reverso oscuro en los barrios bajos. Gracias al drenaje de un estanque, este distrito del Bajo Este de Manhattan (Lower East Side) se había levantado como un enclave cenagoso y maloliente, deficientemente urbanizado. Hasta cinco calles confluían en su espacio central; de ahí su nombre. Mientras, Paradise Square era el lugar de esparcimiento de los habitantes del barrio, lo que significaba, entre otras cosas, que allí proliferaban las tabernas; la mayoría, clandestinas.

En una de ellas, se organizó la primera banda de gánsteres organizada de la ciudad: los Cuarenta Ladrones. Liderada por Edward Coleman, este era un tipo un tanto peculiar: pegaba a su mujer cuando no traía dinero a casa, y un día acabó con su vida. Por tal motivo fue llevado a prisión y ahorcado el 12 de enero de 1839. A los Cuarenta Ladrones les hizo la competencia la banda conocida como Kerryonians, cuya diversión preferida era atacar a los neoyorquinos de origen inglés. Este clan compartió espacio con otras organizaciones mafiosas que se establecieron en Five Points, como Dead Rabbits, Shirt Tails o Plug Uglies.

Al tiempo emergieron otras bandas que se reivindicaban como «americanos nativos». Descendientes de ingleses, su elemento cohesionador era el odio hacia los extranjeros recién llegados. Se hacían llamar los Bowery Boys, Atlantic Guards, American Guards o True Blue Americans. Del odio se pasó a la inquina, y algunas de las batallas que enfrentaron a estas bandas de Nueva York se convirtieron en épicas. Las mayores refriegas duraban varios días y dejaban un amplio reguero de muertos.

Los políticos de la ciudad se acercaron a estas bandas para defender sus intereses. De esta manera, el Partido Demócrata se apoyó en los irlandeses, y el Partido Nativo Americano en los autóctonos. En época de elecciones municipales los matones de las respectivas bandas movilizaban a sus fieles.

En julio de 1863 tuvo lugar la mayor revuelta habida hasta entonces en Nueva York. Dejó dos mil muertos y ocho mil heridos debido al descontento del llamamiento del presidente Lincoln para reclutar ciudadanos que combatieran en la Guerra Civil. Ante tal caos, varios regimientos del Ejército hubieron de volver a Nueva York para tratar de sofocar el conflicto.

Al lector o a la lectora, al leer estas líneas, seguro que le viene a la cabeza la película de Martin Scorsese *Gangs of New York* (2002). Basada en la obra del periodista Herbert Asbury, el filme recoge la evolución de las bandas de maleantes en la Gran Manzana durante ciento veinticinco años, en una gran investigación histórica. En la película, Daniel Day-Lewis interpreta al histórico Bill Pool el Carnicero (aunque se le cambia el apellido a Cutting), mientras que Leonardo DiCaprio da vida a un personaje imaginario, hijo de un ficticio líder de los Dead Rabbits asesinado por Poole.

Los padres fundadores de los Estados Unidos no fueron revolucionarios

A todos los padres fundadores de Estados Unidos les corría sangre británica por las venas. Eran descendientes de segunda o tercera generación y leales a la corona de Jorge III. Por todo eso se explica bien por qué los padres fundadores de la nación no fueron revolucionarios.

Los líderes de la Revolución americana que firmaron la Declaración de Independencia en 1776 pudieron ser varios: los cincuenta y un firmantes del tratado, los cuarenta ponentes que redactaron luego la Constitución o, más en concreto, el núcleo central de los siete dirigentes más destacados. Junto a George Washington, cabe citar al estadista, escritor, inventor y científico Benjamin Franklin; el economista, abogado y primer secretario del Tesoro, Alexander Hamilton; el político y jurista John Jay, y los que serían respectivamente segundo, tercer y cuarto presidente de Estados Unidos: John Adams, Thomas Jefferson y James Madison.

Su lealtad para con los ingleses hizo que ambas partes lucharan juntas frente a la otra gran potencia por aquellos tiempos, la francesa, que ocupaba algunos territorios en suelo americano. La guerra de los Siete Años (1754-1757) abrió una nueva era de relaciones entre las colonias y la metrópoli. Las consecuencias de esta contienda precipitaron la guerra de Independencia de las colonias americanas.

Norteamérica se convirtió en el centro neurálgico de la guerra de los Siete Años, sobre todo en lo que respecta a la rivalidad francesa y británica. Ambas potencias lucharon por sus posiciones al otro lado del Atlántico, no por sus alianzas continentales. Duró doce años en Norteamérica.

La guerra empezó en Pontiac, y terminó con una clara victoria británica. Con el Tratado de París (1763), los franceses perdieron Canadá y la mayor parte de sus colonias en América. La Luisiana se la cedieron a España, e Inglaterra se quedaba prácticamente sola en el norte del continente.

La guerra de los Siete Años fue la primera experiencia militar para los colonos, al servicio de la Corona británica, pero generó una incipiente conciencia nacional. Hasta entonces, las distintas colonias habían colaborado poco y competido entre ellas. Se miraban con recelo, y sus vínculos con Londres eran mucho más intensos que con sus vecinas. Se trataba de un esquema colonial diseñado para la sumisión por separado, no para la defensa mutua.

No obstante, la victoria inglesa iba a suponer el comienzo del fin de la presencia británica en Norteamérica. La contienda finalizó en 1763, y a partir de ese momento el Parlamento británico comenzó a exprimir con impuestos a los colonos. Ya en 1755 la Cámara de Representantes había decidido eliminar el pago de tasas al tabaco. La intensificación de la política imperial comenzaba a generar una sensación compartida de agravio y un sentido común de identidad «americana».

El rey Jorge III se vio obligado a hacer dos cosas: aumentar los ingresos del Gobierno (sin subir los impuestos en Inglaterra tras la guerra) y estabilizar los espacios más vulnerables del Imperio. A lo largo de poco más de diez años, Londres promulgó una serie de medidas congruentes con el diseño de una nueva política imperial. Estas, sin embargo, representaron para los colonos de la América continental actos de agresión y expoliación.

Nueve colonias se reunieron en el Congreso de la Ley del Timbre, que aprobó una declaración de derechos y agravios de las colonias. Esta ley obligaba a los consumidores a pagar una contribución sobre casi todo el papel que utilizaban (documentos, periódicos, calendarios, naipes…). Fue el antecedente de la unión de las colonias. Pero Inglaterra aprobó nuevos aranceles e impuestos.

Además, los colonos consideraron peligrosa la integración del Canadá francés al Imperio. La convivencia entre los militares y una población civil crispada dio pie a confrontaciones que provocaron escándalo, como la «Masacre de Boston» de 1770, en la que murieron cinco civiles durante una refriega que enfrentó a unos manifestantes enardecidos que insultaron, escupieron y arrojaron bolas de nieve a unos soldados, que dispararon en medio de la confusión y el desorden. Sin embargo, la medida más dolorosa para los colonos fue la que cerraba el acceso a las tierras del Oeste. Sin un Oeste que poblar, América dejaba de ser la tierra de oportunidades por excelencia.

Hasta que se sintieron asfixiados por el control inglés y dijeron basta. Nacía un sentimiento que justificaba un reclamo común y, eventualmente, la ruptura con el Imperio. Nos han vendido la unidad de las colonias como una armoniosa coalición para vencer juntas al enemigo inglés. Pero la realidad fue bien distinta. Estas, según parece, eran sociedades compuestas por clases en conflicto. Por lo tanto, el país no «nació libre», sino que nació esclavo y libre, criado y amo, arrendatario y terrateniente, pobre y rico. En consecuencia, las autoridades políticas tenían que actuar a menudo «de forma ruidosa y, a veces, violenta», según el historiador Gary Nash, quien aclara: «Los brotes de disturbios marcaron el último cuarto del siglo XVII, derrocando los gobiernos establecidos de Massachusetts, Nueva York, Maryland, Virginia y Carolina del Norte».

Inglaterra apuró para tratar de evitar el conflicto. Aprobó que las colonias que se mantuviesen leales al Imperio quedarían eximidas de los impuestos. Pero ya era demasiado tarde.

COMIENZA LA BATALLA

Todo dio inicio la noche del 18 de abril de 1775, cuando el jinete Paul Revere realizó un viaje para advertir del avance de las tropas británicas hacia Lexington y Concord y el arsenal que allí había. Los británicos avanzaban a paso ligero formando batallones, y las casacas rojas que vestían brillaban a la luz de los escasos faroles que, de vez en cuando, las iluminaban. Por delante de ellos, una serie de valientes jinetes cabalgaban como el viento para llevar la terrible noticia a sus compañeros rebeldes.

Los colonos blancos no se transformaron de la noche a la mañana en estadounidenses. La galopada de Revere, aparte de ser todo un símbolo, no deja lugar a la duda de que la Revolución consistió en un levantamiento espontáneo de los colonos norteamericanos en una respuesta conjunta contra la opresión británica. La Declaración de las Causas y Necesidades que nos Obligan a Tomar las Armas, emitida por el Congreso Continental en 1775, reconocía que había sido la experiencia colonial, en buena medida, la que había llevado a la situación en que se encontraban.

La creencia estadounidense en la importancia de una ciudadanía armada, por tanto, tuvo su origen en el periodo colonial. No obstante, la confrontación militar con uno de los ejércitos más poderosos del periodo, no era algo que tomarse a la ligera. La población británica superaba a la de las colonias por más de tres a uno, y las capacidades militares de Gran Bretaña tanto en el mar como en tierra eran formidables.

Samuel Ward, exgobernador de Rhode Island y uno de los delegados del Congreso Continental, daba su opinión de que los británicos pretendían «convertirnos a nosotros y a nuestros descendientes en sus esclavos». Para las colonias en particular, sufriendo como estaban bajo «unos ministros dignos de servir a Nerón», solo había una decisión que tomar.

El conflicto era inevitable, y no tardó en llegar. El primer encuentro entre los ejércitos tuvo lugar el 19 de abril de 1775 en Lexington (Massachusetts). Cuando la avanzadilla de unos doscientos cuarenta soldados británicos llegó a Lexington, los rebeldes estaban preparados para recibirlos. Una milicia de setenta y siete hombres se había reunido pacíficamente en el parque de la ciudad, con el objetivo de dejar clara su fuerza y determinación.

En ese momento se escuchó un disparo, que sembró el caos entre las filas de soldados. Asustados, los británicos realizaron una descarga contra los milicianos, y las balas disparadas por los mosquetes alcanzaron de lleno a los rebeldes agrupados. Los colonos devolvieron el fuego, y con ese intercambio se inició la Revolución americana.

El 15 de junio de 1775, George Washington fue nombrado por el Segundo Congreso Continental comandante en jefe de las colonias unidas, no tanto como una consecuencia de su experiencia militar como sí por el hecho de que fuera virginiano. Eso fomentaría la unidad colonial. Resultó ser toda una elección inspirada.

La batalla de Bunker Hill, una de las más importantes de la Revolución, tuvo lugar dos días después en Breed's Hill. La apuesta de los británicos para expulsar de Boston a los americanos fue un fracaso total, y solo sirvió para elevar la moral de los rebeldes y convencerlos de que podrían expulsar a los británicos del continente, que ya reclamaban como propio.

La guerra de la Independencia

La guerra formal comenzó cuando, en marzo de 1776, William Howe, comandante en jefe de las fuerzas británicas en América, desembarcó en Nueva York con treinta mil hombres. Pero Washington logró, hábilmente, arrebatar a Howe dos de sus posiciones más expuestas: Trenton (diciembre de 1776) y Princeton (enero de 1777), en Nueva Jersey, con lo que el ejército británico tuvo que abandonar la ribera del río Delaware.

El 2 de julio de 1776 el Congreso rompió todos los lazos con Inglaterra y declaró que los Estados de Norteamérica «eran, y debían serlo de derecho, estados libres e independientes». Así lo aprobaron doce delegaciones. El 4 de julio se leyó la Declaración de Independencia. Tras la firma, la batalla alcanzó su punto culminante.

El conflicto se transformó en una guerra, la de la Independencia, que se prolongó durante algo más de ocho años (1775-1783). Enfrentó a la metrópoli inglesa con las llamadas Trece Colonias de la costa este: de norte a sur, Massachusetts, Nuevo Hampshire, Rhode Island, Connecticut, Nueva York, Pensilvania, Nueva Jersey, Delaware, Maryland, Virginia, Carolina del Norte, Carolina del Sur y Georgia.

Numéricamente, los patriotas estadounidenses eran mayoría. De una población de unos tres millones de colonos en la época, solo medio millón, se estima, se alinearon con la causa británica. La suya fue una posición ingrata a medida que avanzó el conflicto, ya que la revolución fue tanto una guerra civil como una por la independencia colonial.

Todos los estados implementaron juramentos de lealtad que combinaban la renuncia a la Corona británica con un compromiso de fidelidad al propio estado. Los castigos por no adherirse a la causa independentista eran fuertes, desde la confiscación de propiedades hasta el exilio y, en ocasiones, la muerte.

La Revolución (apenas un 16 por ciento de la población básica de las colonias en total) constituyó un periodo decisivo para colonos y británicos, patriotas y nacionalistas, negros y blancos.

Durante la primavera de 1776 las cosas comenzaron resultando prometedoras para los americanos, pero en el otoño de 1777 se habían puesto francamente feas para el bando rebelde, aunque todo cambió tras las dos batallas de Saratoga.

Los americanos no hubieran podido ganar la guerra sin el apoyo de Francia (enemiga natural de los ingleses), al que se sumó, avanzada la contienda, el de España, primero de forma clandestina y luego abierta. El conde de Gálvez, virrey de Nueva España, y el comerciante Diego María de Gardoqui (más tarde, nuestro primer embajador en Estados Unidos) aportaron armas, suministros, barcos y hombres al flanco sur de la lucha revolucionaria contra los británicos, contribuyendo a decisivas victorias americanas.

Entre septiembre y octubre de 1777 los patriotas lograron un triunfo singular en la batalla de Saratoga, en las proximidades del río Hudson, lo que reactivó sus posibilidades y elevó su moral. Esta victoria tuvo implicaciones profundas. Un potente ejército americano, a las órdenes del general Horatio Gates, bombardeó duramente a las tropas británicas, situadas en campo abierto, utilizando la cobertura de un denso bosque.

Las tropas inglesas, que constaban de casi ocho mil militares regulares, mercenarios alemanes y milicianos, no fueron capaces de soportar el contraataque de catorce mil regulares y milicianos estadounidenses al mando de George Washington, obtenidos tras una leva de voluntarios que hizo en 1775. Hubo ochocientos muertos estadounidenses y mil seiscientas bajas inglesas, así como seis mil ingleses prisioneros. Los británicos se vieron obligados a rendirse. Era el principio del fin.

EL NACIMIENTO DE UNA NACIÓN

Benjamin Franklin se aprovechó de la situación para negociar que Francia reconociera la nueva nación y la apoyara de forma abierta. España se uniría a esta alianza, mientras que Rusia se declaró neutral.

En agosto de 1780, en Camden, Carolina del Sur, el inglés Cornwallis destruyó el ejército americano capitaneado por Horatio Grates, el héroe de Saratoga, pero sus tropas se dispersaron por la costa. El primero se vio obligado a atrincherarse en el puerto de Yorktown, en la bahía de Chesapeake, donde no pudo resistir el embate por mar y tierra de tropas americanas y francesas. Finalmente, se rindió en octubre de 1781.

Todavía se produjeron algunas escaramuzas navales y terrestres contra lealistas británicos, pero la guerra había terminado, y todo el mundo lo reconoció.

El 3 de septiembre de 1783 se firmó el Tratado de París. Inglaterra conservaba Canadá y España recuperaba gran parte de Florida y algún territorio en el golfo de México. Contra todo pronóstico, el general Washington había ganado la guerra a la Armada imperial británica. Francia consumaba su venganza. Las fronteras de la nueva nación americana llegarían hasta el Misisipi al oeste, al paralelo 31 al sur y al norte hasta lo que es hoy frontera con Canadá.

Una minoría significativa, alrededor de sesenta mil personas, abandonaron su hogar y se dirigieron a Canadá, el Caribe o Gran Bretaña para seguir siendo súbditos del rey y miembros del Imperio. También tomaron camino del exilio aquellos pueblos indios que, como los mohawks, habían tomado partido por Gran Bretaña durante la Revolución, y los esclavos que huyeron de sus amos para luchar bajo las banderas británicas.

El nacimiento de Estados Unidos a través de su revolución o guerra de la Independencia se ha vendido como un triunfo de la libertad contra la tiranía, una especie de lucha romántica frente a la brutalidad inglesa. Sin embargo, historiadores como Holger Hoock, miembro de la Royal Historical Society, ponen este mito en duda.

Según él, el conflicto arrastró por igual a estadounidenses y británicos, a patriotas y lealistas, en lo que fue «una auténtica guerra civil». «Para defender la Revolución contra sus enemigos internos, los patriotas recurrieron habitualmente a la violencia y el terror, a las amenazas y el acoso, a la violencia física, la tortura y los linchamientos ocasionales», asegura Hook. Los datos lo revelan: en la guerra de la Independencia murieron diez veces más estadounidenses per cápita que en la Primera Guerra Mundial, y casi cinco veces más que en la Segunda Guerra Mundial.

Los linchamientos públicos entre los propios compatriotas eran algo habitual. Arrastradas muchas veces por turbas, las víctimas podían ser arrojadas a los ríos o estanques de los pueblos, donde les lanzaban arenques para que se los comieran; ser azotadas hasta que les rompían las costillas, o «colocadas sobre un bloque de hielo para que les helase la fe en su equivocada lealtad».

En su libro *Las cicatrices de la independencia*, Hook asegura que los rebeldes estadounidenses pusieron en marcha un aparato propagandístico para cargar a los británicos con la responsabilidad de muchas de las brutalidades de la guerra, como la destrucción de la localidad de Norfolk, obra de sus soldados y no de los cañones enemigos.

UN PUEBLO ESCOGIDO POR «MANDATO DIVINO»

Los Padres Fundadores de los Estados Unidos creyeron que, al redactar la Declaración de Independencia, simplemente estaban defendiendo su decisión de separarse de Gran Bretaña. En realidad, lo que habían hecho era proclamar una visión, una que comprometía a su progenie inmediata y a las múltiples generaciones que vendrían detrás a hacer realidad un ideal en el que estos colonos tal vez creyeran, pero bajo cuyos términos indudablemente nunca vivieron.

La soberanía, que en Europa residía en los monarcas, se depositó en el pueblo y, además, se distribuyó entre los estados componentes de la Unión y el poder federal en una balanza que oscilaría en las siguientes décadas.

Los Padres Fundadores, todos ellos cristianos protestantes creyentes, se sentían como los «profetas» que tenían que dirigir los designios de la nueva «nación elegida». Por ejemplo, los fundadores del estado de Maryland estaban convencidos de que aquel lugar era el paraíso descrito en el Génesis. Y los de Georgia pensaron que esa tierra se la había entregado el mismo Dios, porque se encontraba en el mismo paralelo que Palestina.

El sistema político americano nació *ex novo*. No erradicó la monarquía, solo se separó de ella. Tampoco acabó con la aristocracia, pues no existía en ninguna de las trece colonias británicas que proclamaron su independencia en 1776.

La postura de los Fundadores fue sintetizada a todos los efectos por el clérigo neoinglés Jeremy Belknap, quien sostenía que debía «mantenerse como un principio que el gobierno emana del pueblo; pero este ha de aprender que no es capaz de gobernarse a sí mismo». Lo que los Fundadores deseaban era lo que se denomina una democracia indirecta, en la que los ciudadanos eligen representantes en vez de votar directamente en todos los asuntos. Los representantes disponibles, se daba confiadamente por hecho, saldrían de la élite.

Y es que los Padres Fundadores quisieron una república, no una democracia. Para los constituyentes, «república» significaba un gobierno basado en leyes, con el poder limitado para impedir que la libertad estuviera en riesgo; mientras, «democracia» equivalía a la tiranía de la mayoría manipulada por la demagogia.

El modelo político trazado por los Fundadores era bastante enrevesado. Se estructuraba sobre la premisa de una separación de poderes, o de «controles y equilibrios», tanto horizontal, entre gobierno federal y estado, como vertical, entre las diversas ramas de gobierno: la ejecutiva (presidente), la legislativa (el Congreso) y la judicial (el Tribunal Supremo).

La asamblea legislativa federal se dividió en dos cámaras, a fin de tranquilizar a los estados pequeños: el Senado representaría a los estados, cuyos parlamentos elegirían a los senadores, y la Cámara de Representantes al pueblo.

En origen, la nación estadounidense no reconocía estamentos, solo distinguía entre propietarios y no propietarios (aunque todos los hombres libres podían poseer tierras). He aquí la lacra que acompañó durante un siglo a la democracia más antigua y avanzada del planeta, dividida entre hombres libres y esclavos.

El modelo institucional de los Estados Unidos no diferencia entre comunes y lores, es decir, no distingue entre los elegidos por el pueblo y los designados por el rey en razón de los privilegios de que gozan. En una república (en teoría) solo hay poderes, funciones, autoridad y estatus conferidos a órganos, instituciones o personas de acuerdo a lo establecido en las leyes. Por lo que el derecho al voto estaba vinculado a la propiedad. Solamente eran los suficientemente responsables para votar, se argüía, los dueños de bienes raíces, cuyas tierras los arraigaban a la comunidad y los comprometían con el orden, el bienestar de la comunidad y la defensa de la propiedad.

Los Padres Fundadores se preocuparon más de cerrar o afianzar el modelo de organización territorial, que era el primer motivo de fractura entre los delegados de la Convención y entre los estados, que de apuntalar lo relativo a las relaciones entre poderes.

LA CAMPANA DE LA LIBERTAD

Nunca una campana tuvo tanto que ver con el origen de una nación. Símbolo de los Estados Unidos, representa la independencia americana, la abolición de la esclavitud, los derechos civiles o las libertades en general. Nos desplazamos hasta Filadelfia para conocer la historia de la Campana de la

Libertad (*Liberty Bell*), que adquirió protagonismo cuando los abolicionistas, en su intento por extinguir la esclavitud, la adoptaron como icono en 1839.

Fue adoptada como símbolo de unión entre los estados tras la guerra de Secesión, viajando por todo el país. Con un peso de casi mil kilogramos y un perímetro de 3,7 metros, tiene grabada una cita de la Biblia que dice tal que así: «Pregonaréis la libertad en toda la tierra y a todos sus moradores».

Pese al paso del tiempo, hoy luce con el mismo brillo que antaño en el Liberty Bell Center, dentro del Independence National Historic Park. Está protegida por un cristal, frente al Independence Hall, escenario donde tuvo lugar la escritura de la Constitución de los Estados Unidos. Un 8 de julio de 1776, desde su torre, se leyó por primera vez la Declaración de Independencia a cargo de John Nixon.

El lugar que alberga la campana y sus alrededores forman parte de la historia primigenia de Estados Unidos como nación. En Filadelfia se conservan la Betsy Ross House, donde se confeccionó la primera bandera de Estados Unidos, y la Declaration House, donde Thomas Jefferson, delegado del Congreso, redactó la Declaración de Independencia.

ESCLAVITUD: UN MODO DE VIDA

Un punto negro de la Declaración de Independencia y posterior Constitución fue el tema del esclavismo. La Carta Magna establecía que «todos los hombres son creados iguales», pero esta afirmación no dejaba de aparecerse en momentos inconvenientes para incomodar a los republicanos blancos.

Al buscar una salida de compromiso entre los que se oponían a la esclavitud y sus defensores, la Constitución dejó a la nueva nación entre dos aguas y a las generaciones futuras con la tarea de decidir, exactamente, cómo resolver su indefinición.

La esclavitud nunca significó un concepto abstracto o un recurso retórico en el discurso colonial del siglo XVIII, sino una manera de vivir para un número cada vez mayor de colonos.

En las colonias inglesas de América la esclavitud pasó rápidamente a ser una institución estable, la relación laboral normal entre negros y blancos. Junto a ella, se desarrolló un sentimiento racial especial (odio, menosprecio, piedad o paternalismo) que acompañaría la posición inferior de los negros en América durante los trescientos cincuenta años siguientes.

Los virginianos de 1619 necesitaban desesperadamente mano de obra para cultivar suficiente comida como para sobrevivir, para cultivar el trigo de la subsistencia y el tabaco para la explotación. No podían obligar a los indios a trabajar para ellos, como había hecho Colón. Los ingleses eran muchos menos.

La respuesta estaba en los esclavos negros. Suponía algo natural considerar a los negros que se importaban como esclavos, aunque la institución de la esclavitud no se regularía hasta varias décadas después. En 1619 ya se había transportado a un millón de negros de África a América del Sur y el Caribe, a las colonias portuguesas y españolas, para trabajar como esclavos.

Los primeros en dominar el comercio de esclavos fueron los holandeses, y luego los ingleses. Algunos americanos de Nueva Inglaterra se apuntaron al negocio, y en 1637 el primer barco negrero americano, de nombre Desire, zarpó de Marblehead. En 1800 ya se habían transportado entre diez y quince millones de negros como esclavos a las Américas.

Al sur de los estados limítrofes de Delaware, Maryland, Virginia y Kentucky, el algodón imperó desde 1815 hasta 1861, y el principal soporte de su trono fue la esclavitud. Casi el 60 % de los esclavos de los Estados Unidos, en 1850, trabajaban el algodón.

Desde el principio, los negros importados se resistieron a la esclavitud en las condiciones más difíciles, bajo pena de mutilación o muerte. Las insurrecciones organizadas fueron contadas. Su negación a la sumisión se manifestaba más a menudo con la huida.

Quienes eran dueños de los esclavos idearon un sistema complejo de control, y poderoso, con el fin de mantener el abastecimiento de mano de obra y su estilo de vida, un sistema psicológico y físico a la vez. A los esclavos se les enseñaba lo que era la disciplina, y se les recordaba continuamente el concepto de su propia inferioridad.

Tanto esclavitud como libertad resultaban conceptos resbaladizos para la nueva nación. Hasta cerca de 1822, la clase de los plantadores se avergonzó de la esclavitud, pero más tarde adoptó la teoría de que la esclavitud era positiva, sancionada por la historia y la Biblia.

Los republicanos planteaban la libertad como un concepto esencialmente cívico y social, dependiente de una ciudadanía activa e informada, que el Estado podía defender, pero también destruir. Con la retirada progresiva del sufragio a los negros libres, estos apenas tenían cabida en el discurso republicano.

Republicanos y liberales defendían la propiedad como un derecho sobre las personas; en pocas palabras, que debían tener esclavos. Según sus argumentos, unos hombres habían nacido para reinar y otros para obedecer. La opresión que los colonos habían padecido de los ingleses se tornaba ahora a su favor para ejercerla contra la que consideraban población esclava, los no blancos.

La Norteamérica de finales del siglo XVIII era, al igual que Gran Bretaña, enormemente desdeñosa hacia las culturas no blancas, desdeñosa, de hecho, de que el concepto mismo de cultura fuese atribuido a cualquier pueblo que no fuese blanco. La Ley de Naturalización de 1790 establecía que solo podía considerarse la nacionalización de «personas blancas libres». Esto se modificó con los años.

Para los Padres Fundadores, paladines de la libertad americana (muchos de ellos dueños de esclavos), la esclavitud había sido un fenómeno incómodo, arcaico y moralmente condenable. Consideraban que aunque no podían escapar de ella inmediatamente, la institución estaba «naturalmente» en vías de extinción.

La esclavitud y el algodón mantuvieron en el Sur una sociedad rural casi feudal. De las quince ciudades más grandes en 1860, tan solo una (Nueva Orleans) quedaba en el Sur. Solo la recién creada República de Vermont, que se unió a Estados Unidos en 1793, en la que no había ni esclavos ni registro público de la propiedad, abolió la esclavitud.

La opresión da lugar a revueltas

Las revueltas de esclavos en los Estados Unidos no fueron tan frecuentes ni tenían las proporciones que se desarrollaban en lugares como las islas del Caribe y en América del Sur. La que probablemente fue la rebelión más orquestada tuvo lugar en Nueva Orleans en 1811. Cuatrocientos o quinientos esclavos se unieron después de un levantamiento en la hacienda de un tal Manuel Andry. Armados con cuchillos de caña, hachas y palos, hirieron a Andry, mataron a su hijo, y empezaron a manifestarse, en un grupo cada vez más grande, de hacienda en hacienda. Les atacaron tropas del Ejército estadounidense y de la milicia, murieron sesenta y seis esclavos y otros dieciséis fueron fusilados por un pelotón de ejecución.

La Ley del Esclavo Fugitivo, aprobada en 1850, fue una concesión a los estados sureños a cambio de la admisión en la Unión de los territorios mejicanos conquistados en la guerra (sobre todo, California) como estados libres de esclavitud. La ley facilitaba a los negreros la captura de antiguos esclavos, o simplemente, la captura de negros acusados de huir.

En 1870, seguidamente a la aprobación de la Decimocuarta Enmienda de 1868, se revisó la ley para permitir la naturalización de los afroamericanos:

«Todas las personas nacidas o naturalizadas en los Estados Unidos, y sujetas a la jurisdicción de los mismos, son ciudadanos de los Estados Unidos y del estado en el que residan». Aunque en la práctica resultó menos atinado.

Con el tiempo, los lazos que unían la esclavitud con las colonias del Norte se debilitaron, a la vez que los del Sur se iban reforzando. En consecuencia, la distinción entre negro y blanco pasó con excesiva rapidez a ser sinónima de la diferencia entre esclavitud y libertad. Conforme la América británica fue madurando y estabilizándose, se fue estrechando también la posición intermedia entre esclavitud y libertad en el Sur, dejando menos margen de maniobra para los negros y obligando a los blancos a mantener un sistema que, en términos económicos, beneficiaba a un número de personas relativamente pequeño pero que, desde el punto de vista social y cultural, definía cada vez más el modo de vida blanco. El Sur, en definitiva, podía poseer esclavos como si fuesen propiedades y aun así contarlos como personas.

El comercio de esclavos interior, justo antes de iniciarse la guerra de Secesión, movía en total aproximadamente a ochenta mil esclavos y unos sesenta millones de dólares anuales. A los esclavos vendidos se les separaba de amigos y familiares, con suma crueldad si se trataba de sus parejas e hijos, y eran enviados al Sur bien en barcos de vapor o encadenados unos a otros.

Tales esclavos soportaban una terrible transición desde los pequeños regímenes esclavistas de los estados sureños septentrionales a las mucho más grandes, duras e impersonales plantaciones trabajadas por esclavos de estados como Misisipi.

La esclavitud desempeñaba un papel integral en la estructura económica y social de la nación, un sistema mucho más complejo que la simple explotación de una mano de obra negra por propietarios blancos en las plantaciones del Sur. Tras la Decimotercera y Decimocuarta Enmiendas, los afroamericanos fueron completamente aceptados como parte constituyente del «pueblo», al menos desde el punto de vista legal. La esclavitud había sido por fin abolida, pero la mentalidad racista que la había apoyado resultó ser más resistente.

El espía español que resultó clave para la independencia de EE. UU.

Su figura ha pasado casi desapercibida para buena parte de los historiadores. Sin embargo, este alicantino de Petrer, que conjugó sabiamente las facetas de comerciante, contrabandista, espía y diplomático, fue uno de los personajes más relevantes en el éxito de la rebelión de las Trece Colonias americanas contra Inglaterra en el siglo XVIII. Esta es la historia de Juan de Miralles, un espía español en la independencia de los Estados Unidos de América.

Miralles llegó a este mundo un 23 de julio de 1713 en la localidad petrelense. Nacido en el seno de una familia de origen galo, las referencias históricas de su juventud son escasas. Se dedicó al oficio de comerciante y, tras amasar una pequeña pero no despreciable fortuna de ocho mil quinientos pesos en España (quizás gracias al comercio con esclavos), nuestro protagonista embarcó rumbo a La Habana en 1740. En la capital cubana, el alicantino comenzó a desarrollar sus negocios, exportando mercancías como azúcar o tabaco en dirección a Cádiz, al tiempo que actuaba como representante de empresas británicas establecidas en San Agustín de la Florida o Jamaica. Se hizo un nombre y amplificó su negocio con la compraventa de navíos, el tráfico de esclavos, la adquisición de propiedades y la exportación de todo tipo de productos, actuando como un auténtico contrabandista.

Después del estallido en 1776, España decidió limitarse a recoger información sobre el devenir de los acontecimientos, y de forma especial sobre las intenciones de Inglaterra respeto a las posesiones españolas. Juan de Miralles fue reclutado para ejercer como espía. Y destacó como pocos. En la Navidad de 1778, el alicantino pudo entrar en contacto con los personajes más destacados de la futura nación estadounidense, entre los que sobresalía el que más adelante iba a convertirse en el primer presidente del nuevo país, George Washington. Forjaron amistad, y Miralles impulsó su entusiasmo por la causa independentista, que llegó a abrazar como casi propia.

La Corona española comenzó a enviar ayuda a las colonias rebeldes. Nuestro país aspiraba a conseguir el apoyo de los rebeldes para recuperar los territorios de las dos Floridas, afianzar sus posesiones en ambas orillas del Misisipi, y volver a tomar posesión de Menorca y Gibraltar, que estaban en manos inglesas. La estrecha relación de Miralles con Washington se afianzó aún más, y las conversaciones para organizar un ataque conjunto contra las posesiones británicas en la Florida fueron en aumento. Esa fue la razón que llevó al pretelense a dirigirse en 1780 hasta Morristown, donde el americano tenía su cuartel general, un viaje del que Miralles no regresaría con vida.

Aquel invierno había sido muy duro, y el trayecto mermó la delicada salud de Miralles, que ya contaba con sesenta y siete años de edad. Washington, a su llegada a Morristown, lo alojó en su residencia e hizo que lo atendieran sus médicos personales. Pero una pulmonía acompañada con vómitos de sangre acabó con su vida el 28 de abril de ese mismo año.

Su funeral recibió honores de Estado. Juan de Miralles fue considerado un héroe de la patria, y la ceremonia estuvo presidida por el mismo Washington. Quizás sin la ayuda de este petrelense la independencia de los Estados Unidos no habría llegado a materializarse jamás.

La Constitución más antigua del mundo

En mayo de 1776, mientras George Washington defendía Nueva York del asedio inglés, los representantes de las colonias en el Segundo Congreso Continental tomaron una decisión irreversible: separarse de la Gran Bretaña. Con la intención de justificarse ante sus compatriotas y ante el mundo entero, llegaron a una conclusión: publicar una proclamación solemne, cuya elaboración quedó a cargo de un comité de cinco representantes. Se trataba de la Declaración de Independencia: redactada en lo esencial por Thomas Jefferson y aprobada el 4 de julio de 1776, sintetizó para los anales de la historia los principios de la Revolución americana.

Fue firmada por los representantes de las trece colonias que tenía Reino Unido en la costa este de América del Norte (de norte a sur eran: Massachusetts, Nuevo Hampshire, Rhode Island, Connecticut, Nueva York, Pensilvania, Nueva Jersey, Delaware, Maryland, Virginia, Carolina del Norte, Carolina del Sur y Georgia).

Revolucionarios de todo el mundo leyeron con avidez su párrafo inicial: «Sostenemos que las siguientes verdades son evidentes: que todos los hombres son creados iguales; que Dios les ha dotado de algunos derechos inalienables, entre ellos la vida, la libertad y la búsqueda de la felicidad; que los gobiernos se han erigido para asegurar esos derechos; y que cuando algún gobierno los destruye, el pueblo tiene el derecho de alterar o abolir el gobierno e instituir uno nuevo».

Sin embargo, el uso de la frase «todos los hombres son creados iguales» seguramente no pretendía referirse a las mujeres. Su inclusión no era ni remotamente posible. Eran políticamente invisibles. Y aunque las necesidades prácticas conferían a las mujeres cierta autoridad en su ámbito doméstico, ni siquiera se las tomaba en cuenta a la hora de otorgar derechos políticos.

La primera constitución de los tiempos modernos, republicana, federal, con separación de poderes, basaba su autoridad en el consentimiento de los ciudadanos. Son principios que en la actualidad parecen normales, pero para un mundo dominado por monarcas absolutos, que ocupaban el poder por mandato divino, el experimento de los americanos parecía inaudito, y muchos creían que no podría funcionar.

El medio para lograr esos fines iba a ser un gobierno del pueblo, para el pueblo y ejercido por el propio pueblo, un gobierno que actuaría para los gobernados y con su consentimiento. Los mandatarios del pueblo serían escogidos por sufragio popular, y serían responsables ante la voluntad de la mayoría del pueblo. Aunque ello constituía en cierta medida el ejercicio de la soberanía popular ya conquistado en Inglaterra en aquella época, el concepto norteamericano del gobierno absolutamente popular era revolucionario en términos de los gobiernos que prevalecían en todo el mundo.

Aunque entró en vigor el 21 de junio de 1788 (fue adoptada en su forma original el 17 de septiembre de 1787, y precedió a las ideas ilustradas de la Revolución francesa), los estados de Carolina del Norte y Rhode Island se negaron a refrendarla y a formar parte de la Unión hasta que no se incluyera la Carta de Derechos.

La novedosa Constitución estadounidense ponía el poder ejecutivo en manos de un presidente, elegido indirectamente por los ciudadanos de los diferentes estados. Precisamente, este apartado suscitaba controversia. En contra de los federalistas, que cantaban las loas de la nueva Carta Magna, los antifederalistas deploraron la creación de un gobierno «consolidado», alejado de la gente y que seguramente abusaría de su poder. Se quejaron de la excesiva autoridad que el texto concedía al presidente, de que no incluyera una declaración de derechos, del predominio de los intereses comerciales y financieros y de la pérdida de autonomía de los estados.

Aunque la tradición de establecer un presidente para la nueva nación no era exactamente «nueva», ya que había formado parte de la organización interna del Congreso Continental (realmente, el primer gobierno de los Estados Unidos) desde antes de la Revolución americana. De hecho, se sucedieron siete presidentes de este congreso entre 1774 y 1781.

Samuel Huntington, presidente del Congreso durante la introducción de los Artículos de la Confederación y la Unión Perpetua (base previa a la Carta Magna), se pudo haber convertido en el primer presidente de EE. UU. por defecto. Pero debido al delicado estado de salud, le sucedió Thomas McKean y luego John Hanson. Pero fueron presidentes bajo los Artículos, que otorgaron una unión flexible entre los diferentes estados, mas no los poderes de un gobierno central fuerte bajo el paraguas de la Constitución.

Como requisitos previos, la Carta Magna exige a un presidente los de ser ciudadano de Estados Unidos por nacimiento, tener treinta y cinco años de edad y haber residido en la nación al menos catorce años.

Una Carta Magna exigua

Sorprende por su brevedad. La Constitución estadounidense es singularmente corta. Apenas cuenta con un preámbulo, siete artículos y veintisiete enmiendas. Estas son disposiciones añadidas e introducidas mediante un proceso regulado en el propio texto constitucional. Su sentido es adaptar la Constitución a los tiempos y cambios generacionales. Las enmiendas se entienden desde una doble perspectiva: como mecanismo de complemento o como mecanismo de reforma. Se las conoce como *Bill of Rights*, el conjunto o carta de derechos.

Las diez enmiendas que constituyen la Carta de Garantías Individuales son la roca sobre la cual se asientan las libertades individuales, celosamente guardadas en los Estados Unidos durante más de siglo y medio. Llama la atención, o no tanto, la segunda, que garantiza el derecho del pueblo a tener armas. O la séptima, que preserva el derecho al juicio por jurado en los juicios en que se ventilen cantidades que excedan de los veinte dólares.

La Constitución del país de las barras y estrellas destaca por una estructura bastante sencilla. Se divide en artículos y secciones. En el artículo I se regula el poder legislativo (Cámara de Representantes y el Senado); el II recoge la rama ejecutiva y regula la figura del presidente de los Estados Unidos de América. El cargo (que también menciona la figura del vicepresidente) se elige cada cuatro años de la siguiente manera: cada estado designa, en función de sus leyes, un número de electores igual al número de senadores y representantes que les corresponda en el Congreso. Cada elector tiene un voto. Casi todos los estados (excepto Maine, con cuatro electores, y Nebraska, que tiene cinco), conceden todos sus votos electorales al candidato que obtiene la mayoría de los sufragios.

Existen estados muy decisivos en la carrera electoral. Por ejemplo, California (de mayoría demócrata), ya que dispone de cincuenta y cinco compromisarios. También Texas (más republicana), que aporta treinta y ocho, o Nueva York (veintinueve), Florida (veintinueve)… Se consideran estados decisivos en cada elección los que tienen asignado un número alto o medio de electores.

La Enmienda 12, que se introdujo en 1804, separó la elección del presidente de la del vicepresidente. George Clinton (1739-1812) fue el primer segundo espada del Gobierno, primero con Thomas Jefferson (1743-1826) y luego con James Madison (1751-1836). El presidente ha de contar con dos terceras partes de los votos emitidos en la Cámara de Representantes y con el apoyo de la mayoría de los estados.

El artículo III regula la composición y funciones del poder judicial. Por su parte, el IV obliga a los estados a reconocer las leyes de los demás estados y se confiere a los ciudadanos los mismos derechos, privilegios e inmunidades. De manera sucinta, el artículo V regula el proceso de enmiendas, el VI ratifica el principio de legalidad y el VII señala brevemente que «la ratificación de las convenciones de nueve estados será suficiente para el establecimiento de esta Constitución entre los estados que la ratifiquen».

La Constitución americana es la ley suprema de los Estados Unidos y una de las primeras, si no la primera, del todo democrática y republicana. El texto original, muy breve, es sin duda la Constitución federal más antigua que se halla en vigor actualmente en el mundo, y muchos afirman que es sin más el texto constitucional vigente más longevo. Algunos alegan que ese título le corresponde a los Estatutos de la República de San Marino (1600), pero es cuestionable que se trate propiamente de una constitución.

UN ELEFANTE Y UN ASNO

Las primeras elecciones populares de la historia de Estados Unidos fueron las de 1828, ganadas por Andrew Jackson (1767-1845). En veintidós de los veinticuatro estados los ciudadanos eligieron en votación directa a los miembros del Colegio Electoral, comprometidos a votar por candidatos concretos.

El lector quizá no sepa que un elefante y un asno son los símbolos, respectivamente, del Partido Republicano y del Partido Demócrata. El culpable es el dibujante de origen alemán Thomas Nast (1840-1902), considerado uno de los padres de la caricatura política en Estados Unidos. Nast, durante su trabajo en la revista *Harper's Weekly*, abordó sistemáticamente todos los asuntos, por espinosos que fueran: la Guerra Civil, la Reconstrucción, la inmigración y, claro está, la rivalidad entre los dos grandes partidos políticos.

De esta forma, en una caricatura llamada «Third Tam Panic» (1874), sobre los rumores en torno a un tercer mandato del republicano Ulysses S. Grant, ridiculizó al diario prodemócrata *New York Herald* pintándolo como un asno envuelto en la piel de un león, y al votante republicano dibujándolo como un torpe elefante a punto de despeñarse por un barranco. La imagen se hizo popular y los partidos acabaron adoptando esa animalesca simbología.

Partidos de todo pelaje

Además de demócratas y republicanos, existen en Estados Unidos partidos de larga historia que siguen presentándose a las elecciones, aun cuando el sistema (mayoritario y no proporcional) les prive de representación en las instituciones federales (no así siempre en las locales).

Entre los llamados «terceros partidos», destacan el Partido Libertario (fundado en 1971 y cuyo programa se basa en la reducción del poder del Estado en todos los ámbitos), el Partido de la Constitución (1991), el Partido de la Reforma (1995) y el Partido Verde (1996). También sigue existiendo el Partido Comunista, creado en 1919, aunque no se presente a nivel nacional desde hace varias convocatorias. Este último sufrió persecución policial por parte del FBI en los años anteriores a 1941 y en la Guerra Fría.

En 1828 se fundó el Partido Antimasónico, cuyo fin primordial, como bien indica su nombre, era prohibir la masonería por su carácter secreto, contrario a una sociedad republicana y abierta. Tuvo escaños en la Cámara de Representantes y gobernadores en varios estados.

Como reacción a la inmigración de irlandeses católicos, surgió en los años cincuenta del siglo XIX el Partido Nativo Americano. Sus miembros se mostraban convencidos de que existía una conspiración papista para apoderarse de Estados Unidos.

Una existencia fugaz tuvo el Partido Populista, o Partido del Pueblo, que nació en 1892 para agrupar a los granjeros empobrecidos, a los partidarios del papel moneda y de la plata y a reformistas de todo tipo. Pretendía la nacionalización de los ferrocarriles, telégrafos y teléfonos, así como la imposición de un impuesto sobre la renta de carácter proporcional.

El Partido Socialista Americano tuvo su puesta de largo en su congreso de 1901. Desde ese momento, participó en todas las elecciones presidenciales hasta 1956, con sus propios candidatos o como parte de una plataforma más amplia.

Cómo controlar al presidente

Ningún presidente en la historia de los Estados Unidos ha sido depuesto tras el proceso de censura o juicio político, también conocido como *impeachment*. Richard Nixon dimitió antes de que se incoara el proceso, mientras que Andrew Johnson y Bill Clinton sí sufrieron el proceso, pero salieron airosos, aunque su imagen pública quedó malherida. El primero no pudo presentarse a la reelección, y Clinton, por su parte, quedó estigmatizado tras su *affaire* con Monica Lewinski.

El *impeachment* es una muestra política que prueba la superioridad del Congreso sobre la Presidencia. La Cámara de Representantes puede poner en marcha un juicio político al presidente en cualquier momento; a continuación, el Senado vota sobre las acusaciones y, si las aprueba por una mayoría cualificada, se destituye al jefe del Estado.

El burro español de George Washington

A George Washington (1732-1799) se lo conoce como el héroe de la independencia de los Estados Unidos. La historia nos dice de él que dirigió con tesón la lucha por la emancipación de las colonias británicas de América del Norte, y al término de la guerra fue elegido presidente del nuevo país que se acababa de formar. Fue el primero y más grande de los presidentes de Estados Unidos.

La contienda contra el invasor convirtió a Washington en el hombre más popular en las antiguas colonias. Un poeta americano lo presentaba como «el mejor y mayor hombre que el mundo ha conocido nunca», y añadía que «si el mundo viviera en una era de idolatría, sería adorado como un dios». En su funeral (1799), Henry Lee, uno de sus antiguos compañeros de armas, lo ensalzó como «el primero en la guerra, el primero en la paz y el primero en el corazón de sus compatriotas, fue insuperable en las escenas humildes y entrañables de la vida privada: piadoso, justo, humano, templado y sincero; uniforme, digno y dominante, su ejemplo fue tan edificante para todos a su alrededor, como lo fueron los efectos de este ejemplo duradero».

En el resto del mundo su fama no era menor. Thomas Jefferson, el autor de la Declaración de Independencia, contaba que durante su estancia en Europa en todas partes le preguntaban por él. El rey de España, Carlos III, se apresuró a enviarle dos asnos españoles de la mejor raza en cuanto se enteró de que estaba interesado en adquirir uno.

El 12 de noviembre de 1784, a través del ministro americano en España, William Carmichel, y mediante la gestión del conde de Floridablanca, Washington solicitó al monarca español «el asno de la mejor raza» para aumentar la yeguada local. Era conocida la fama de los asnos españoles como descendientes de las recuas de mulos que introdujeron en la Península los invasores árabes, a los que atribuían facultades engendradoras de prodigio. Pero la ley no permitía exportarlos, por eso se tuvo que mover los hilos al máximo nivel.

Los traductores se hicieron un lío: se entendió «mulo» donde decía «asno», y Washington acabó recibiendo dos buenas mulas de parte del rey. Finalmente, el general escribió una carta al conde de Floridablanca, el 19 de diciembre de 1785, agradeciendo el regalo de dichas mulas y otro burro para su granja de Mount Vernon (Virginia).

El elegido fue un garañón, de miembros robustos, corvas firmes y pecho grueso, con frente abierta, rasgos grandes y orejas enfiladas sobre su testuz. Procedente de Zamora, el asno era de piel negra y cabeza abultada, de cinco años, verga afilada y cola corta. Todo un semental.

Fue Pedro Téllez, un labriego zamorano con fama de bebedor, quien emprendió un viaje a pie acompañado de su esposa desde la ciudad castellana hasta Bilbao en compañía del susodicho borrico. El empresario Diego de Gardoqui asumió el encargo como propio.

El propio Téllez debía entregar el burro en Mount Vernon, y Washington adoctrinó a sus hombres para que pusieran especial cuidado en que el labriego no bebiera en exceso desde Nueva Jersey a Virginia.

El 6 de diciembre de 1785 el general estadounidense recibió el semental. Al verlo, quedó asombrado por sus condiciones glandulares. Según testimonios, el garañón español se arrancó con un rebuzno imperial cuando contempló a la primera yegua. Y el asno cumplió con su cometido mientras pudo, aunque su gloria como semental fue corta. Durante un viaje a Carolina del Sur en 1793, bajó sus prestaciones y se temió por su muerte. Tal y como estaban las cosas, y ante la posible incapacidad de cumplir con sus servicios como semental, George Washington decidió que el burro español se quedase en Carolina del Sur, donde vivió el resto de sus días, ya sin el estrés de tener que estar dando la talla día tras día, hasta que murió en julio de 1796. Sin temor a equivocarnos, podemos decir que muchos de los burros y mulas que existen en Estados Unidos en la actualidad descienden de este gran burro español.

Lo cierto es que el mulo quizá deba ser considerado el más importante entre los animales de un ejército, ya que sobre él recaía todo el peso de la logística en el desplazamiento. Es un cruce, de origen muy antiguo, entre un asno y una yegua, que da un animal estéril. De una prolongada selección surgió un animal de constitución fuerte y robusta y más resistente a las enfermedades.

En términos de velocidad, marcha, capacidad de carga, resistencia a la fatiga y modestas exigencias alimentarias en comparación con otros animales de carga, como el buey, el caballo o el asno, todo son ventajas en este extraordinario cuadrúpedo. Puede recorrer unos 5 km/h, transportar alrededor del

30 % de su peso y come el 75 % de la ración de un caballo. Su resistencia al cansancio le permite marchar de diez a doce horas seguidas y cubrir de cuarenta a ochenta kilómetros al día.

Junto a la del burro, otra anécdota vincula a Washington con la cultura española. El estadounidense pasó el verano de 1787 en Filadelfia, presidiendo la Convención Federal que se afanaba ya por cuatro meses en la redacción del texto de la Constitución de los Estados Unidos. El 17 de septiembre, Washington se despidió de sus compañeros y pagó veintidós chelines a un librero por un ejemplar de *La historia y aventuras del ingenioso hidalgo don Quijote de la Mancha*. El ejemplar de la traducción al inglés de Tobias Smollett que compró se había publicado en Londres un año antes, un libro que ocuparía un puesto con mayúsculas en su biblioteca de Mount Vermont.

El padre de la nación

Nacido el 22 de febrero de 1732 en una hacienda del condado de Westmoreland (Virginia), en una familia aristocrática de medio rango, George Washington fue educado por su padre y su hermano mayor. No recibió mucha formación, pero sí se le enseñó un oficio: la agrimensura, rama de la topografía que mide superficies, lo que le proporcionó un gran conocimiento del terreno de su colonia natal de Virginia.

Ya desde pequeño pareció encarnar el modelo de virtud estadounidense. Una anécdota ilustra su carácter: siendo niño, recibió un hacha como regalo. Como no podía ser menos, el joven Washington utilizaba su herramienta para cortar toda maleza y arbusto que se le pusiera por delante... hasta que un día, de un fuerte hachazo se llevó por delante un pequeño cerezo. Cuando su padre llegó a casa, recriminó a su hijo la acción, y Washington, reconociendo la gravedad de su acción, respondió con valentía: «No puedo mentir, papá. Sabes que no puedo decir una mentira. Lo corté con mi hacha». Asombrado por la honestidad de su vástago, el enfado del padre se transformó en orgullo.

George Washington era muy alto (medía casi 1,90 metros, una estatura inusual para la época), de cabello pelirrojo y usaba dentadura postiza (empezó a perder dientes muy joven; al llegar a presidente, solo le quedaba uno); si a eso le añadimos que tenía la cara picada por la viruela, es fácil de entender que no pasara inadvertido. Prudente, sobrio y a veces temperamental, podía dominar sus impulsos, pero no disimular: no era especialmente simpático, aunque mostraba un jugoso sentido del humor.

Aunque bautizado en la Iglesia anglicana, se consideraba deísta y promovió la tolerancia hacia católicos, judíos, musulmanes y ateos. En 1752 se hizo masón de la logia de Fredericksburg, y lo siguió siendo hasta la muerte.

En 1759, contrajo nupcias. La afortunada fue Martha Dandridge Custis, una viuda adinerada que ya tenía dos hijos de un anterior matrimonio, y ambos fijaron su residencia en Mount Vernon. A lo largo de toda su vida, Washington trabajó enconadamente para aumentar el tamaño y mejorar la productividad de sus cinco granjas de Mount Vernon. La unión le convirtió en el hacendado más rico del estado de Virginia, y probablemente de las trece colonias. Los biógrafos apuntan que una tuberculosis sufrida durante la juventud dejó estéril a George y, por este motivo, la pareja nunca tuvo hijos comunes. A pesar de ello, él ejerció de padre de los tres hijos que Martha había engendrado de su anterior matrimonio.

Tanto sus padres como él más tarde tuvieron esclavos negros, y su postura al respecto fue ambigua: tras la Revolución, en varias cartas (1786, 1788) se manifestó a favor de abolir la esclavitud, pero en público no dijo nada al respecto. En sus últimas voluntades emancipó a sus esclavos para cuando muriera su esposa.

Teniente coronel de la milicia en Virginia desde 1754, luchó del lado del Imperio británico contra franceses y nativos en la guerra franco-indígena hasta 1758. Pero nunca obtuvo, muy a su pesar, el reconocimiento formal de Londres ni consiguió entrar en la Armada británica. De todos modos, no guardó rencor a Inglaterra. Ese año dejó el ejército y pasó los siguientes dieciséis como hacendado e iniciándose en política hasta que, imbuido de las ideas de Montesquieu, encabezó la guerra de la Independencia (1775-1783), que culminaría en la fundación de Estados Unidos.

Al mando de las tropas rebeldes, Washington tomó parte en el sitio de Boston, tras el cual obligó a los británicos a replegarse, en marzo de 1776. Con la desgraciada muerte de su hermanastro, George Washington aprovechó un puesto vacante de oficial de la milicia de Virginia tras pedirlo y que se lo concedieran. En agosto de ese año, el Ejército británico lanzó un importante ataque destinado a tomar Nueva York. Washington le hizo frente en la batalla de Long Island, en la que fue derrotado, y el enemigo consiguió tomar la ciudad.

Ya en 1781, gracias al apoyo de Francia, Washington obtuvo una trascendental victoria en Yorktown, en la que obligó a la rendición a un ingente contingente de tropas británico. No obstante, y tras años de guerra, los fondos de los americanos comenzaron a escasear. Entre los soldados acampados en

Newburgh (cerca de Nueva York) existía un descontento por no haber cobrado la paga, y empezaron los conatos de rebelión. Si el ejército se sublevaba, los estadounidenses volverían a ser vulnerables ante un eventual ataque británico.

Pero de nuevo emergió la figura del general. George Washington se mostró como un excelente orador cuando arengó a sus tropas el 15 de marzo de 1783 y les recordó los elevados objetivos e ideales de la revolución, así como los sacrificios que él mismo había hecho por alcanzarlos. Parte de su discurso lo reproducimos en estas líneas:

> Si mi conducta hasta hoy no os ha demostrado que soy un fiel amigo del Ejército, mi declaración de tal amistad resultaría en este momento tan sutil como impropia. Sin embargo, yo fui de los primeros en embarcarme en la causa de nuestra patria común. Nunca he dejado de estar a vuestro lado, salvo cuando he sido llamado por el deber público. He sido un compañero constante, a la vez que testigo de vuestras desventuras y, ciertamente, no de los últimos en sentir y reconocer vuestros méritos.
>
> Al tiempo que os doy estas garantías, y me comprometo de la manera más inequívoca a ejercer todas las acciones que estén en mi mano para mediar en vuestro favor, os ruego, caballeros, que no adoptéis medida alguna que, examinada con serenidad a la luz de la razón, pueda menoscabar la dignidad y menguar la gloria que habéis alcanzado hasta este momento. Os pido que mantengáis la prometida fe en vuestro país y que pongáis toda vuestra confianza en la pureza de las intenciones del Congreso.

EL ÚNICO INDEPENDIENTE

Washington es el único presidente americano independiente, aunque los partidos como tales estaban aún por formarse. Los primeros fueron creados por las facciones rivales de sus más cercanos colaboradores: el secretario del Tesoro, Hamilton, fundó en 1792 el Partido Federalista, y el secretario de Estados, Jefferson, el Partido Demócrata-Republicano ese mismo año.

Nuestro protagonista nunca quiso el poder, y renunció a él varias veces: cuando en 1783 Gran Bretaña reconoció Estados Unidos como república independiente, Washington disolvió su ejército, se despidió de sus soldados y rechazó seguir como comandante en jefe; en 1789, aceptó a regañadientes ser el primer presidente tras recibir el 100 % de votos del Colegio Electoral (el único en la historia); en 1797, se negó a un tercer mandato.

Como todos los revolucionarios, Washington odiaba las divisiones políticas y era enemigo de lo que hoy llamamos partidos políticos. Los principios revolucionarios, el «espíritu del 76», deberían ser únicos y aceptados por todos. Pero, al inclinarse claramente por un poder federal fuerte, se enfrentó a los partidarios de la primacía de los estados.

Estos, dirigidos por Thomas Jefferson, empezaron a organizarse, dando origen a una facción política que pronto fue conocida como antifederalista, por oposición a los otros, que eran federalistas. Al tener el nombre una connotación negativa, prefirieron autodesignarse como «republicanos» y con el paso del tiempo, «demócratas»: son el Partido Demócrata de hoy día, el partido político más antiguo de los que hoy existen.

La popularidad de Washington se explica asimismo por la actitud que mostró a la conclusión de la guerra. En lugar de perpetuarse en el poder, entregó su bastón de mando y se retiró a su hacienda de Mount Vernon, alejado del mundanal ruido, convencido de que pasaría allí el resto de su vida disfrutando de su bien merecido descanso. Sin embargo, su misión no había terminado. Unos años después, sus compatriotas volvieron a recurrir a él, esta vez para salvar el país de la inestabilidad política.

Una de las características más definitorias de la política de Washington fue su determinación a la hora de demostrar que no era un dirigente egoísta, y que su objetivo era ayudar al pueblo y preocuparse por él, no explotarlo en su propio beneficio; al contrario que los reyes y reinas del Viejo Mundo, que amasaban todas las riquezas que podían y procuraban llenar sus cofres en lugar de alimentar a su pueblo, Washington al principio ni siquiera aceptó recibir un salario. En 1789 el Congreso aprobó un sueldo para Washington de veinticinco mil dólares anuales, pero él se lo redujo a la mitad, temeroso de que la República imitase el dispendio de las cortes europeas. Tampoco aceptó tratamientos más elevados que el austero *Mr. President* ('Señor Presidente') que sigue utilizándose de modo oficial hoy día.

Washington solo viajó una vez al extranjero. Fue en 1751; el destino, Barbados, en el Caribe, adonde acompañó a su hermano Lawrence, tuberculoso, con la esperanza de que el clima caribeño le hiciese mejorar. No fue así: Lawrence murió al año siguiente, el mismo en que George entró en la milicia (1752), y para colmo este contrajo viruela en el viaje, lo que le dejó marcado de por vida.

Luces y sombras

No todo en torno a la figura del primer presidente de Estados Unidos fue de color de rosa. También tuvo sus contradicciones. Uno de sus principales dilemas fue la esclavitud. Con apenas once años, Washington heredó diez esclavos: cuando murió poseía ciento veintitrés, aunque en sus tierras trabajaban más de tres centenares, algunos propiedad de su mujer y otros alquilados a otros terratenientes.

El héroe americano fue un hombre de su tiempo que nació en un ambiente donde la esclavitud era aceptada y tolerada; por ello no parece haber tenido escrúpulos morales al respecto hasta bien entrado en edad. En algún momento al término de la guerra se convenció de que la esclavitud era contraria al «espíritu del 76», pero rehuyó hablar del tema en público, quizá porque temía que destruyera la federación tan difícilmente lograda.

Al hablar en privado de liberar a sus propios esclavos, descubrió que sus amigos y familiares no estaban del todo convencidos, por lo que decidió actuar a través de su testamento. En él ordenó que a la muerte de su mujer se liberara a todos sus esclavos, estipulando, además, que los jóvenes debían ser adiestrados en un oficio, y debía cuidarse de los viejos y los incapaces de trabajar. Al contrario que Jefferson o Madison, Washington no era un pensador, y rara vez habló o escribió contra la esclavitud: pero fue el único de los virginianos que liberó a sus esclavos.

El fracaso más rotundo de Washington como presidente fue su intento de resolver uno de los dos grandes problemas (junto a la esclavitud) que la Revolución americana había dejado pendientes: la política hacia las tribus indias. Washington había tratado con ellas desde la guerra franco-india, y las consideraba como naciones independientes y soberanas con las que el gobierno de los Estados Unidos podía firmar tratados de igual a igual. Aunque esta política de conciliación fue mantenida por sus inmediatos sucesores, a la larga la presión demográfica de los colonos europeos la hizo imposible.

No fue el único presidente que se quedó sin dientes, pero sí fue el primero. En 1795 había perdido la última pieza y se defendía con las dentaduras postizas que fabricó el doctor Joseph Greenwood con plomo, incisivos superiores de caballo o asno e inferiores de vaca.

A la muerte de Washington, acaecida el 14 de diciembre de 1799 a causa de una laringitis aguda, Napoleón Bonaparte, que lo admiraba, decretó diez días de luto en Francia.

George Washington se ha convertido en símbolo de Estados Unidos casi tanto como su bandera. El presidente fundador aparece en el billete de un dólar y en la moneda de ¼ de dólar, y ha sido el más reproducido en los sellos postales de su país a lo largo de su historia. Tres universidades llevan su nombre, lo mismo que cientos de calles en ciudades y pueblos de la geografía americana. Asimismo, la Marina tiene en servicio un portaaviones nuclear llamado USS George Washington, y hay veintidós estatuas de bronce a él dedicadas diseminadas por América y Europa, una de ellas en Londres (en Trafalgar Square, frente a la National Gallery) y otra en el Federal Hall (Wall Street, Nueva York), lugar de su primera toma de posesión como presidente de los recién creados Estados Unidos de América.

LA VISIÓN SOBRENATURAL DEL GENERAL

Washington fue un insólito personaje con una peculiar fe. Estaba convencido de que la providencia guiaba sus pasos. En 1777 padeció un extraño fenómeno paranormal que cambió su percepción. Fue Anthony Sherman, uno de sus hombres de confianza, quien dio cuenta pormenorizada del suceso en julio de 1859.

Al parecer, todo sucedió a media tarde, en un momento en que el general estadounidense decidió retirarse brevemente a su tienda para descansar, en pleno conflicto bélico contra los ingleses. Cuando se despertó del letargo, su rostro parecía desencajado. Según comentó tiempo después Sherman, Washington presenció dentro de la tienda la aparición de una mujer vestida con un traje radiante que le mostró, sobre un cuadrado muy luminoso, cómo sería la evolución de las colonias americanas en los dos siglos venideros.

La espectral dama le previno de tres grandes peligros: el primero alertaba de las dudas que se cernían sobre la revolución de las colonias británicas en Norteamérica; el segundo le fue mostrado en forma de alegoría, haciéndole ver cómo una nube negra procedente de África amenazaba con desestabilizar la nueva nación; el tercero parece no haberse cumplido: tres nubes negras procedentes de África, Asia y Europa amenazaban con arrasar Estados Unidos; miles de hombres armados invadirían el país... y cuando todo parecía perdido, una luz comenzaría a brillar sobre el firmamento, dando pie a los descendientes de Washington a vencer en la batalla.

Thomas Jefferson: el hombre de las mil caras

Su epitafio dice mucho del personaje que ocupa estas páginas. Quiso ser recordado para la posteridad tal que así: «Autor de la Declaración de Independencia estadounidense, del Estatuto de Virginia para la libertad religiosa, y Padre de la Universidad de Virginia». Pero lo cierto es que el tercer presidente de los Estados Unidos fue mucho más: un hombre polifacético que consiguió vacunar contra la viruela a doscientos esclavos, así como un prolífico inventor que descubrió o mejoró, entre otras excelencias, un sistema criptográfico de cifrado, el sillón giratorio, una máquina para hacer macarrones y la cama empotrable.

La historia le ha reservado un lugar entre los grandes hombres de América. Sin embargo, no figura entre los presidentes más destacados de la nación. Mientras la reputación de Washington y Franklin se mantiene intacta a lo largo del tiempo, el juicio sobre Jefferson depende de los ciclos de la historia. Y eso que fue un hombre extraordinariamente culto, que ejerció además de arquitecto y filósofo, que duplicó de forma aparentemente pacífica el territorio de los Estados Unidos y que impregnó el país de los ideales de la Revolución francesa que aún perduran hoy.

Thomas Jefferson (1743-1826) oculta una personalidad desconocida. Hace pocos años, su ADN desveló que este mandatario de la incipiente nación, ardiente defensor de la separación de las razas, mantuvo una relación sentimental con una esclava negra, veintiocho años más joven que él, llamada Sally Hemings (que además era hermanastra de su mujer), con la que tuvo al menos un hijo (se especula que tuvo otros cinco con ella). En el otoño de 1802, la prensa federalista publicó el romance. Todavía no había muerto su esposa. Sin embargo, el escándalo no afectó mucho a su popularidad, y nuevamente salió elegido presidente. Cuatro de sus vástagos llegaron a edad adulta y Jefferson les dio carta de libertad a todos. Pero no a Hemings, que continuó como esclava hasta la muerte del que fuera presidente.

El hombre que dirigió la nación de 1801 a 1809 se mostró contradictorio en algunos aspectos. Firme partidario del comercio abierto, se negó a que dicha libertad se aplicara a las relaciones con Haití, en pleno proceso de independencia de Francia. Estaba en contra de la riqueza, pero él era rico, tanto que se construyó una finca de ensueño, Monticello. Quería la igualdad, pero era propietario de esclavos.

La moralidad de Jefferson respecto a la esclavitud está en entredicho. Por un lado, predicaba sus ideas antiesclavistas a los cuatro vientos: «El comercio entre amo y esclavo es una perpetuación de la existencia de la más bulliciosa de las pasiones, del más incesante despotismo por un lado, y de la sumisión más degradante por el otro. Nuestros hijos lo ven y aprenden a imitarlo». Mientras estaba en el poder, procuró evitar o limitar la esclavitud, ya que creía que ese era el deber moral del Estado, aunque se encontró con la negativa de los congresistas de los estados del Sur, que creían que esto debía ser una decisión de cada estado. Por otro lado, en más de una ocasión declaró que creía que la gente de raza blanca era superior a la de raza negra debido a sus dotes «tanto de la mente como del cuerpo».

Jefferson no fue un hombre feliz. Quizá disimulaba su timidez y luego su tristeza con su cinismo y ese punto de acidez en la palabra y el esbozo de su media sonrisa. Era muy sensible a las críticas. Cautivador en la distancia corta, su discurso perdía vigor y seguridad ante auditorios concurridos.

Cuando su esposa falleció, nuestro protagonista cayó víctima de una honda melancolía que lo acompañó hasta su muerte. La desaparición de su compañera no fue la única tragedia que padeció en vida. A los dos años perdió a la pequeña cuyo parto había provocado la muerte de su mujer, que falleció a los veinticinco años, en 1804, cuando dio a luz su segunda niña.

Como un hombre del Renacimiento

Thomas Jefferson derrochó inquietudes desde bien temprano. De joven, había días en que estudiaba quince horas. Por fin, en 1762, obtuvo la licencia para practicar la abogacía. Le gustaban la filosofía, las ciencias, la arquitectura y, sobre todo, inventar. Tocaba bien el violín, montaba a caballo y tenía buen paladar para el vino (durante sus años en la Casa Blanca se dejó diez mil dólares en caldos).

En 1779 fue nombrado gobernador de su estado y cuatro años más tarde retornó al Congreso Continental como delegado de Virginia y, de alguna manera, comenzó su carrera presidencial. A partir de entonces fue embajador en Francia, secretario de Estado y vicepresidente. Lideró el Partido Demócrata-Republicano.

A Jefferson se le debe la culminación de la Declaración de Independencia de los Estados Unidos. Se había basado para su redacción en el artículo 1 de la Constitución de Virginia, la Declaración de Derechos de la misma colonia, de George Mason. Logró que la Declaración fuera su propio programa político. Incluso George Washington le incluyó en su primer gabinete como secretario de Estado.

Su gran mérito fue arrebatar el corazón económico de los Estados Unidos a los federalistas en 1800, lo que le resultó de gran ayuda para catapultarle a la presidencia. Jefferson describiría su llegada al poder como una «revolución». Estaba convencido de que su visión política había sido ratificada por una abrumadora mayoría de los estadounidenses. Su entusiasmo era sin duda exagerado: había derrotado al presidente John Adams en una elección muy reñida, que este hubiera ganado de no haberse contado a las tres quintas partes de los esclavos en los estados del Sur.

El 4 de marzo de 1801 Jefferson tomó posesión y pronunció su discurso inaugural. Fue el primer presidente en hacerlo en la Casa Blanca. Pretendía devolver a los estados la sencillez y la virtud republicanas. Llegó andando y no a caballo a su mansión presidencial; en las celebraciones sustituyó las mesas rectangulares por las redondas para evitar las presidencias; prescindió de la carroza, rituales y boato y abrió las puertas de la Casa Blanca a las demandas de la gente.

Su acceso a la presidencia daría comienzo a tres décadas de dominio republicano, no inquietado por ningún partido rival. Con su mandato se inauguró una era de estabilidad notable. A nivel doméstico, el Partido Federalista, que se formó en 1787 más para contener el poder que para impulsar la ratificación de la Constitución, no resistió los embates democratizadores de sus opositores. Desapareció con el nuevo siglo, y todos los candidatos a presidente se proclamaron republicanos.

Defensor de la Revolución francesa

Por otra parte, casi veinticinco años de guerra en Europa, aparejados a la transformación de la relación de Estados Unidos con su antigua metrópoli, constituyeron una coyuntura política y económica excepcionalmente favorable para el desarrollo de la joven república norteamericana. En un contexto tan favorable, los estadounidenses abrazaron el ideal jeffersoniano de una nación de granjeros dinámicos e independientes, libres de interferencia gubernamental, volcados hacia la expansión territorial.

Jefferson se convirtió en un enfervorizado defensor de la Revolución francesa. Incluso justificó los excesos del Terror. Vio en sus ideales la pureza de la revolución, inacabada o interrumpida en América. Las buenas relaciones de Jefferson con Francia le permitieron comprar Luisiana a precio de saldo (por quince millones de dólares, quedando además incluidos el Valle del Misisipi y Nueva Orleans) e incorporar poco menos de un tercio de territorio nuevo a los Estados Unidos.

Durante su mandato tuvo lugar un acontecimiento singular, conocido como uno de los duelos más famosos de la historia de América. El 11 de julio de 1804, las dos alas de la política americana se enfrentaron en un duelo. El vicepresidente Aaron Burr, demócrata-republicano, disparó y mató a Alexander Hamilton, antiguo secretario del Tesoro y líder del Partido Federalista. El duelo fue la culminación de una rivalidad política y personal que venía de lejos y que tuvo su cúspide en las elecciones de 1800, cuando Hamilton usó su poder para favorecer a Jefferson como presidente de los Estados Unidos y relegó a Burr al cargo de vicepresidente.

Ambos se habían retado con anterioridad en varios duelos con terceros, de los que habían salido victoriosos. Era una práctica común de la época. El Partido Federalista se quedó sin un líder, lo que se tradujo en veinticinco años de poder demócrata-republicano. Burr fue acusado de asesinato en dos estados, y aunque más tarde los cargos fueron retirados, tuvo que retirarse para siempre de la vida política.

No todo fue de color de rosa en el periplo de nuestro protagonista. En marzo de 1809 Thomas Jefferson abandonó la Casa Blanca con una deuda de veinticuatro mil dólares (cuando murió, ascendía a 107 274), circunstancia que muestra su nula capacidad para administrar su propio patrimonio. Regresó a Monticello, se dedicó a sus plantas y a escribir cartas. En su haber: en 1825 fundó la universidad de Virginia.

Y es que a Jefferson no se le recuerda por sus logros como presidente, sino por sus ideas, que supo defender incluso cuando su conducta las traicionaba. Sus más acérrimos detractores le vieron como un frívolo afectado de simplicidad, un espíritu ambicioso e ignorante de las consecuencias que podría acarrear el que la mayoría creyera a pies juntillas lo que decía.

Jefferson dijo adiós a la vida el 4 de julio de 1826. Había perdido la consciencia dos noches antes. Apenas despertó un momento, a primera hora del amanecer del día 3, para preguntar: «¿Hoy es 4?». El médico le respondió: «Pronto lo será».

Un enamorado de la arqueología

Una faceta no muy conocida del tercer presidente de los Estados Unidos fue la pasión que sintió por la ciencia. De hecho, son muchos los que le consideran el padre de la arqueología norteamericana. Después de una afrenta dialéctica con el naturalista francés Georges Louis Leclerc respecto a los orígenes del continente americano, Jefferson se mostraba convencido de que los mamuts podrían seguir vivos en el interior de su país. Por ello, financió una expedición con el fin de hallar «fósiles vivientes». Como es lógico, no se encontró nada relacionado, salvo una enorme costilla en la orilla del río Yellowstone en Montana, que debió de pertenecer a un dinosaurio del Cretácico Superior.

En sus trabajos utilizó un incipiente método científico, de nombre «excavación de trinchera», consistente en que la estratigrafía de un túmulo funerario de nativos americanos, antes de que se llamara así a sus diversas capas geológicas, era fundamental para determinar la antigüedad de los huesos que iba localizando. Los que estaban a más profundidad tenían más antigüedad.

El hecho de que tuviera esclavos sirvió a Jefferson para probar el éxito de la vacuna contra la viruela. La inoculó a cerca de ochenta trabajadores de su propiedad (dos centenares, en total) y, tras las garantías obtenidas, la población blanca aceptó la vacunación, que protegería contra la enfermedad a muchos soldados durante la guerra de Independencia.

La lengua española enamoró a Jefferson, de tal manera que el presidente estadounidense leía a sus hijas, cada noche, varias páginas del *Quijote* en nuestro idioma, como ponen de manifiesto The Hispanic Council y las *Memorias* de John Quincy Adams. Aprendió la lengua cervantina durante su estancia en París como embajador. Y también se consideraba un amante de las gestas que alcanzaron personajes del pasado hispano como Cristóbal Colón o Hernán Cortés.

EL PRESIDENTE DEFENSOR DE LA TIERRA HUECA

Es una teoría disparatada como pocas aquella que cree en la Tierra Hueca, o lo que es lo mismo: que dentro de nuestro planeta existen civilizaciones subterráneas muy evolucionadas de seres llamados «intraterrestres». Los defensores de esta tesis propugnan que existen dos aperturas, una en cada polo, que son custodiadas y mantenidas en secreto por algunos gobiernos del mundo, así como un sistema de galerías destinado a comunicar lugares distantes a través del subsuelo.

Creada al parecer por el jesuita y erudito Athanasius Kircher en el siglo XVII, la creencia en la Tierra Hueca tiene en los últimos años bastantes adeptos y ha copado protagonismo en los medios de comunicación. Pero fue en 1829 cuando todo un presidente de los Estados Unidos se mostró convencido por esta teoría. De hecho, John Quincy Adams (dirigente del país entre 1825 y 1829) financió una expedición al Polo Sur de Jeremiah N. Reynolds, un editor de periódicos, profesor, explorador y autor estadounidense que se convirtió en un defensor influyente de las expediciones científicas.

Al obtener el apoyo de los miembros del gabinete del sexto presidente de los Estados Unidos, y hablar ante el Congreso, Reynolds logró completar una expedición nacional en busca de la confirmación de su hipótesis.

Reynolds consiguió la financiación de fuentes privadas, y la expedición zarpó de la ciudad de Nueva York. Al encontrar mucho peligro, la comitiva llegó a la costa antártica y regresó al norte, pero en Valparaíso (Chile) la tripulación se amotinó, lo que dio al traste con la expedición. Asimismo, el nuevo presidente del país, Andrew Jackson, se opuso al proyecto y fue impedido su financiamiento.

No existe mucho consenso sobre si Quincy Adams realmente creía en la teoría de la Tierra Hueca. Pero como naturalista entusiasta, sí se mostraba a favor de que una misión así podría descubrir nuevos misterios en un rincón poco explorado de la Tierra hasta el momento.

La teoría de la Tierra Hueca ha tenido sus seguidores, y entre ellos científicos de prestigio. Edmund Halley (1656–1742), conocido por haber calculado la órbita de un cometa que pasa cerca de la Tierra cada setenta y seis años y que lleva su nombre, a finales del XVII decidió dejar de mirar al cielo y fijarse en lo que tenía bajo sus pies, y planteó la teoría de que la Tierra estaba hueca y poblada. Desarrolló la idea de que la Tierra estaba formada por cuatro esferas huecas concéntricas, separadas por atmósferas y cada una con sus propios polos magnéticos, y que la esfera interior estaría poblada de vida.

Un salvaje insociable

John Quincy Adams (11 de julio de 1767-23 de febrero de 1848) fue el primer presidente hijo de otro presidente (John Adams, el segundo de la historia del país) y el primero que ocupó el cargo sin haber ganado unas elecciones. Él mismo se definía así: «Soy un hombre de modales reservados, frío, austero. Mis enemigos políticos dicen que soy un sombrío misántropo; mis enemigos personales, un salvaje insociable. Conociendo los verdaderos defectos de mi carácter, no tengo la capacidad de reformarlo». Toda una declaración de intenciones.

Una de las cuestiones más enrevesadas que tuvo que afrontar como presidente fue la de las tarifas aduaneras. Las importantes sumas que se cobraban contribuyeron a restaurar las finanzas federales, amenazadas por la guerra de 1812-1815. Pero aun así, los bajos salarios de la mano de obra que trabajaba con las mercancías importadas de Europa no hicieron sino aumentar los derechos de entrada, sin obtener el efecto deseado. Los derechos sobre los productos extranjeros, que eran del 20 %, se elevaron al 36 %.

A John Quincy Adams se le acusó de haber vendido a una muchacha de nacionalidad estadounidense al zar de Rusia cuando era embajador de

Estados Unidos en San Petersburgo, y también de tener un harén, como si fuera un turco.

Adams perdió la reelección frente a Andrew Jackson, que realizó una de las campañas más sucias de la historia. De la misma manera que hizo su padre, nuestro protagonista no asistió a la toma de posesión de su sucesor. Retornó a Washington en 1831 como representante de Massachusetts, cargo que desempeñó hasta su muerte.

JOHN ADAMS, EL PIONERO DE LA SAGA

Nos centramos ahora en la figura del progenitor de Quincy. John Adams fue elegido presidente luego de que George Washington se retirase al cumplir dos mandatos, algo que entonces no era el límite legal, como ahora, sino solo el de su paciencia para la gran división política que siguió a la independencia y la organización propia de las excolonias de Gran Bretaña. Ese periodo de dos mandatos se convirtió en la referencia hasta el cambio constitucional; sin embargo, Adams gobernó uno solo, de 1797 a 1801, con Thomas Jefferson como vicepresidente.

Adams, uno de los líderes de la revolución independentista, fue un «destacado filósofo político», según la Casa Blanca. Abogado de formación, graduado en Harvard, sirvió como diplomático y fue un escritor apasionado, algo que permitió reconstruir mucho de aquel periodo mediante sus diarios y su correspondencia. Durante su gobierno vivió en tensión con otro miembro del Partido Federalista, Alexander Hamilton, y los republicanos lo acusaron de despotismo.

Nació en 1735 en Massachusetts y allí murió, en el retiro, en 1826; él y su esposa fueron los padres de John Quincy Adams, e iniciadores de una dinastía política. Mientras, su padre, que también se llamaba John, pertenecía a la cuarta generación de descendientes de Henry Adams, un galés que dejó atrás su país natal en busca de una nueva vida en América. Era puritano, y su situación en suelo inglés a finales del siglo XVIII era evidentemente incómoda. La disgregación de la Iglesia católica en Inglaterra y la fundación de la Iglesia anglicana en 1533 provocaron la aparición de muchas variantes religiosas, entre ellas los puritanos.

Estos se declaraban enemigos no solo de los papistas y la Iglesia, sino también de la propia Iglesia anglicana, cuyo jefe supremo era el rey. Creían tener una religión más pura y austera que la del Estado y clamaban contra el lujo despótico de los obispos. Pedían fervientemente la abolición del episcopado. La posibilidad de empezar una nueva vida en las Américas, lejos de los ojos del soberano y donde la tierra era más barata, era francamente atractiva.

Abandonaron Inglaterra en grandes barcos en los que pasarían casi dos meses de travesía. Iban con la intención de originar una nueva sociedad, de la que sus valores serían el origen y para la cual Dios los había elegido. La herencia puritana de Henry Adams pesó profundamente sobre la actitud y la vida de John Adams.

EL NACIMIENTO DE UNA NACIÓN

La cara oculta de Abraham Lincoln

DE Abraham Lincoln sabemos muchas cosas. Que fue presidente de los Estados Unidos de América de 1861 a 1865, que nació un 12 de febrero de 1809 en Hardin County (ahora, Larue, Kentucky)...

...Y que murió asesinado en 1865 durante una representación teatral. Su asesino, John Wilkes Booth, un actor simpatizante de los Estados Confederados del Sur, le descerrajó un tiro en la cabeza que acabaría con su vida pocas horas después. Este final trágico le ha convertido en un icono político de la historia de su país.

La historia le recuerda por dos hechos fundamentales: haber restaurado la unidad federal de la nación norteamericana al vencer a los Estados Confederados del Sur en la guerra de Secesión (1861-1865) y, sobre todo, por abolir la esclavitud. Además, fue el primer presidente de Estados Unidos que salió elegido por el Partido Republicano y jugó un papel decisivo en la definitiva conquista del Oeste con la aprobación de diversas leyes que facilitaban la colonización.

No obstante, y pese a lo mucho que se ha estudiado su figura, Abraham Lincoln es un personaje que encierra todavía muchos misterios. Existe un Lincoln que pudo haber sido homosexual; un Lincoln espiritista que vivió la guerra de Secesión entre apariciones y visiones premonitorias; hay hasta un Lincoln cazavampiros, que eleva el mito hasta situarlo a la altura de un superhéroe de ficción (se trata de una fantasía, una ingeniosa adaptación de la novela de Seth Grahame-Smith que se atiene en parte a la verdad histórica).

Para empezar, unos cuantos enigmas se ciernen sobre su asesinato. Detrás de la persona que acabó con la vida de Lincoln, como detrás de la que acabó con John Fitzgerald Kennedy, existen unos poderes oscuros que van más allá de los meramente ejecutores del crimen. Hay ese poder en la sombra del que hablan algunos autores.

Comencemos por el principio. El 15 de abril de 1865 (Viernes Santo), acudió al Teatro Ford, junto con su esposa, para ver la representación de *Nuestro primo americano*. Pese a que estaba amenazado, nadie podía imaginarse que allí acabarían con la vida de Lincoln.

Los hechos se sucedieron casi de manera vertiginosa. En el tercer acto de la obra, John Wilkes Booth, de veintisiete años, abrió la cortina del palco donde estaba sentado el presidente de los Estados Unidos y gritó: «¡Así siempre a los tiranos! ¡El Sur es vengado!». Le bastó un disparo. A continuación cayó escaleras abajo, atravesó el escenario y se rompió una pierna. Al día siguiente, Lincoln falleció. Diez días después del luctuoso hecho, Booth fue reducido junto a un compinche en Bowling Green (Virginia). Murió en el tiroteo.

Resulta llamativo que, un día antes de ser atacado, el presidente norteamericano tuviera un sueño que le dejó inquieto. Ya le había ocurrido en dos ocasiones y las cosas no habían salido bien. Esta tercera iba a tener un desenlace fatal.

Y es que si hay un sueño premonitorio famoso, exceptuando el de los idus de marzo de Julio César, sin duda alguna es el de Abraham Lincoln. Muy bien documentado, lo conocemos gracias al testimonio del abogado Ward Hill Lamon, amigo suyo, quien en 1880, quince años después del atentado contra la vida del presidente, publicó el contenido del sueño que Lincoln le contó y que tuvo lugar el 14 de abril de 1865, solo un día antes de su muerte.

Previamente, el día 9, el general confederado Robert E. Lee se había rendido a las tropas del Ejército del Potomac del general Ulysses S. Grant en Appomattox Court House, cuando vio que era imposible continuar la lucha. Según los informes, el resto de las unidades del Sur, que aún peleaban a lo largo y ancho de los destrozados estados rebeldes, iban desertando y abandonando el combate.

Lincoln estaba seguro de que todo estaba llegando a su fin después de cuatro terribles años, pero había algo que empezaba a preocuparle: algo que no formaba parte de su trabajo diario, pero que un hombre inteligente e intuitivo como él sabía intuir. Y ese algo cristalizó en un sueño tan siniestro, tan real, tan impactante, que decidió contárselo esa mañana a su esposa Mary Todd:

> Parecía reinar un silencio de muerte a mi alrededor cuando oí sollozos ahogados, como si alguien estuviese llorando. Me pareció que me levantaba de la cama y descendía por las escaleras. En el piso de abajo, rompían el silencio las mismas tristes lamentaciones, pero no se veía a nadie que

llorara. Vagué de habitación en habitación seguido siempre por los mismos murmullos de duelo, que salían a mi encuentro por todos los lugares por donde pasaba. Había luz en todas las habitaciones, todos los muebles y objetos me resultaban familiares, pero ¿dónde estaban aquellas personas que se quejaban como si se les partiera el corazón? Yo estaba intrigado y alarmado. ¿Cuál podía ser el significado de todo aquello? Decidido a encontrar la causa de una situación tan misteriosa y chocante, continué avanzando y entré en el salón del Este. Me encontré con una sorpresa sobrecogedora. Delante de mí, en el centro, se elevaba un catafalco en el que reposaba un cadáver con el rostro cubierto, amortajado y rodeado de adornos fúnebres. A su alrededor, varios soldados montaban en guardia, totalmente desolados.

—¿Quién ha muerto en la Casa Blanca? —pregunté a uno de los soldados.

—El presidente —me contestó—. Lo ha matado un asesino.

Entonces, un clamor de lamentos y lágrimas se levantó entre los asistentes... *¡Y me desperté!*

Premonición o no, lo cierto es que diez horas después del sueño, Booth atentó contra su vida a las 10:15 horas de la noche. Lincoln no murió al instante. Permaneció en coma hasta las 7:22 horas de la mañana del 16 de abril. Vivió nueve horas y siete minutos más. Su cadáver fue velado en el Salón Este, en un catafalco como en el del sueño, con un número de soldados similar y un grupo de gente que le lloró de la misma manera que él había soñado.

Coincidencias con Kennedy

¿Qué es la «Lista Lincoln-Kennedy»? Se trata de una leyenda urbana o teoría conspiranoica estadounidense, de origen desconocido, que apareció publicada por primera vez en 1964 y que hoy sigue circulando por Internet. Consiste en una serie de supuestas y asombrosas coincidencias (dieciséis en origen, pero luego la lista ha ido creciendo más) entre ambos presidentes asesinados, muchas de las cuales fueron desmentidas o relativizadas por el divulgador científico Martin Gardner. Algunas de las más destacadas son totalmente ciertas:

- Lincoln fue elegido presidente en el año 1860; J. F. Kennedy en 1960.
- Los dos fueron el segundo hijo de sus padres.
- Los nombres de Lincoln y Kennedy contienen cada uno de ellos siete letras.

- Ambos fueron sucedidos en el cargo por un demócrata sureño apellidado Johnson (Andrew en el primer caso y Lyndon en el segundo) nacido en un año acabado en ocho (1808 y 1908).
- Tanto al uno como al otro les dispararon en la cabeza (aunque a Lincoln a quemarropa y a Kennedy desde lejos), en presencia de sus respectivas esposas y en viernes.
- Lincoln sufrió su atentado en el Teatro Ford; Kennedy, en un coche Lincoln de la marca Ford.
- Los nombres completos de sus asesinos tienen quince letras cada uno: John Wilkes Booth y Lee Harvey Oswald.
- Booth disparó a Lincoln en un teatro y luego se escondió en un almacén; Oswald disparó a Kennedy desde un almacén y luego se escondió en una sala de cine.
- Ambos homicidas fueron asesinados antes de comparecer en un juicio.
- Ambos estaban con sus esposas en el momento de los atentados y ninguna de ellas resultó lesionada, y ambas sostuvieron las cabezas de sus esposos cuando se encontraban heridos de muerte.
- Ambas autopsias fueron practicadas por personal médico militar y ambos mandatarios fueron sepultados en ataúdes de caoba.
- Las esposas de ambos perdieron un hijo viviendo en la Casa Blanca.
- Lincoln tenía un secretario de apellido Kennedy.
- Kennedy tenía una secretaria de apellido Lincoln.

CON BRUSCOS CAMBIOS DE HUMOR

Abraham Lincoln pasó una infancia difícil en una granja cerca de Springfield (Illinois). Huérfano de madre desde muy pequeño, asistió a la escuela rural y realizó diversos oficios, entre ellos el de viajante de comercio por el río Misisipi, lo que le permitió conocer de cerca la realidad de los esclavos negros.

Empezó a manifestar gran inquietud por aprender, pero nunca recibió una educación convencional. Como él mismo escribiría: «Yo ignoraba muchas cosas. Sabía leer, escribir y contar, y hasta la regla de tres, pero nada más. Nunca estudié en un colegio o una academia. Lo que poseo en materia de educación lo he ido recogiendo aquí y allá, bajo las exigencias de la necesidad».

Después de participar en la guerra contra los indios en 1832, decidió dedicarse a la política en las filas del Partido Whig con el escaso bagaje de su honradez y los libros que leía por su cuenta. En 1834 fue elegido diputado del estado de Illinois, escaño que mantuvo hasta 1842, en cuatro legislaturas. Un año después perdió a su novia, que murió en vísperas de la boda, y en 1837 se hizo abogado.

Desmañado, tímido y torpe, Lincoln sin embargo se mostraba como un hombre repleto de tesón, aunque bipolar, con cambios bruscos de humor que al parecer se suavizaron desde que contrajo nupcias con Mary Todd en 1842.

En 1846, Lincoln ganó la elección para diputado en el Congreso Federal, y desde su escaño en Washington se opuso a la guerra contra México y apoyó a los abolicionistas en 1849. Sin abandonar ese año, dejó por un tiempo la política y regresó a Springfield para ejercer como abogado, pero en 1854 su indignación contra la Ley de Kansas-Nebraska, que propugnaba la implantación de la esclavitud en los estados del Noroeste, le devolvió a la primera línea con un famoso discurso.

Llegó 1856 y con él su ingreso en el recién constituido Partido Republicano para dirigir una intensa campaña antiesclavista contra el candidato demócrata al Senado Stephen Douglas, quien a pesar de todo ganó. Por fin, en 1860, Lincoln fue elegido presidente de la nación, lo que provocó la insurrección de los esclavos y la secesión de los estados del Sur, que se constituyeron en confederación independiente, incluso antes de su entrada en funciones a principios de 1861.

Lincoln intentó por todos sus medios evitar la confrontación civil pero, al no conseguirlo, proclamó la emancipación de los esclavos en todos los estados (1863) y finalmente condujo a los unionistas hasta la victoria.

Cuando Richmond (Virginia), capital confederada, fue por fin conquistada, Lincoln fue allí a sentarse detrás del escritorio de Jefferson Davis, el presidente del Sur, para decir simbólicamente a la nación que la Constitución tenía autoridad sobre toda ella. Fue saludado en la ciudad como un héroe por los esclavos liberados; uno diría: «Sé que soy libre porque he visto la cara de Padre Abraham y lo he sentido».

Reelegido en 1864, estableció un programa de reconstrucción nacional tras la rendición de Lee. Fue un presidente muy reformista y modernizador, que durante su mandato (1861-1865), a pesar de la guerra, hizo progresar la economía nacional a través de políticas fiscales, bancarias y de empleo. Pero, sobre todo, fue bajo su liderazgo cuando el «caballo de hierro» conoció su gran expansión como medio de conectar el país de costa a costa y, con ello, como motor de progreso.

El presidente de más envergadura

Lincoln (1,93 metros) era cinco centímetros más alto que George Washington. O sea, el presidente más alto de la historia de América. Y el más importante y reconocido por sus compatriotas. Eso sí, también fue el primer máximo dirigente nacido fuera de las Trece Colonias que originalmente dieron lugar a Estados Unidos. El doctor Abraham Gordon propuso en 1962 que Lincoln podría haber sufrido el síndrome de Marfan, que explicaría su mandíbula pequeña y sus extremidades desproporcionadas.

Cuando comenzó la guerra de Secesión, el presidente ya usaba gafas, tenía con frecuencia las manos y los pies fríos, dolores agudos de cabeza y ofrecía síntomas de fatiga. Lincoln murió asesinado, pero unos cuantos estudios médicos rigurosos concluyeron hace décadas que hubiera fallecido pronto. Tenía problemas de corazón.

Lo peor era su tristeza. Dijo que si su propia amargura se distribuyera equitativamente entre todos los habitantes del globo terráqueo, «no habría un solo lugar feliz en el mundo». En el plano íntimo era un ser profundamente inestable. Era lo que hoy llamaríamos ciclotímico, maníaco-depresivo o bipolar. No contribuyó a atenuarlo su matrimonio con Mary Todd en 1842. Muchos dudaban de que los prometidos se amaran. Lo cierto es que la pareja no fue feliz.

En plena guerra de Secesión, Mary Todd gastó veintisiete mil dólares en fiestas. Es más, al parecer no escondía sus simpatías por la causa del Sur, con el único fin de trastornar a su marido. Le sacaba de quicio y le parecía admirable al mismo tiempo.

La crisis del matrimonio se agravó con la muerte del hijo de ambos, Willie, a los doce años debido a una fiebre tifoidea. La desgracia persiguió a Mary: tras la rendición confederada, vio cómo asesinaban a su marido y sobrevivió envuelta en su profunda aflicción a la muerte del pequeño Tad, en 1871 (con dieciocho años). Perdió la cabeza, y falleció en 1882.

De quien sí estuvo realmente enamorado Lincoln fue de Ann Mayes Rutledge, a la que conoció en Illinois y que murió con tan solo veintidós años víctima de una epidemia de tifus, pero hay controversia al respecto. Según unos, estuvo tan enamorado de ella que su muerte lo hundió y lo llevó incluso a pensar en el suicidio; según otros, su relación fue simplemente una buena amistad.

Pese a mostrar este entusiasmo por las féminas, de Lincoln también se dice que tenía un lado homosexual. La esposa de un asesor del presidente escribió en su diario personal en 1821 lo siguiente: «Hay un soldado devoto del presidente, conduce con él y cuando la señora no está en casa, duerme con él. ¡Qué cosas!». Este soldado respondía al nombre de David Derickson, guardaespaldas de la Casa Blanca. Asimismo, en 1926 el historiador Carl Sandburg menciona a uno de los supuestos amantes de Lincoln, Joshua Fry Speed, de quien dice que tenía «una veta lila y partes blandas como las violetas de mayo», una expresión de tipo coloquial para sugerir su homosexualidad.

Ambos (Lincoln y Speed) compartieron techo y alcoba durante cuatro años en Springfield (Illinois) en la década de 1830, y no solo sería al parecer por los rigores financieros que padecían, sino por el gran «afecto» que se profesaban.

No tan antiesclavista

Algunos claroscuros en la vida de nuestro protagonista: Lincoln siempre tuvo claro que su objetivo era restaurar la Unión, no liberar a los esclavos (como así reconoció al escribir al editor del *New York Tribune* en 1862). Otra cosa es que detectara en un momento determinado que la emancipación podía suponer el tiro de gracia a los confederados. Es decir: la emancipación de los esclavos fue una herramienta, no un fin en sí misma. El editor de sus obras completas, Roy Basler, señaló que antes de 1854 «apenas» se refirió a la esclavitud. De hecho, en el primer año y medio de guerra marginó la cuestión de la esclavitud.

En uno de sus discursos como aspirante a la Casa Blanca se manifestó en contra de conceder el derecho al voto a los negros, así como de permitirles su presencia en los jurados, ni acceder a cargos públicos ni consentir matrimonios interraciales. «Y hasta que no puedan vivir así, mientras permanezcan juntos, debe haber la posición superior e inferior y yo, tanto como cualquier otro, deseo que la posición superior la ocupe la raza blanca», manifestó en un discurso en Charleston. Pero en cualquier caso, la esclavitud era inmoral, según él.

Lincoln no era un abolicionista radical. Siempre abordó la cuestión esclavista de forma realista. No fue elegido con un programa que incluyera la supresión de la esclavitud. Al contrario, su postura pragmática defendía que la manera correcta de acabar con ella era comprar los esclavos a los propietarios sureños, compensándoles económicamente.

Se oponía a la esclavitud, pero no podía ver a los negros como a sus iguales, de modo que su actitud reflejaba constantemente una idea: liberar a los esclavos para devolverlos a África.

Tan solo cuando la Guerra Civil se recrudeció, aumentaron las bajas, creció la desesperación por ganar la contienda y las críticas de los abolicionistas amenazaron con deshacer la frágil coalición que respaldaba a Lincoln, este empezó a actuar contra la esclavitud.

Durante la guerra de Secesión hubo dos proclamaciones previas sobre la emancipación de los esclavos: la primera, el 30 de agosto de 1861, por el general John C. Frémont, que liberó a los esclavos de Misuri; la segunda, el 9 de mayo de 1862, cuando el general David Hunter declaró libres a los esclavos de Florida, Georgia y Carolina del Sur. Ambas fueron anuladas por Lincoln y sus promotores fueron defenestrados.

El 4 de marzo de 1865 pronunciaría su segundo discurso inaugural, en el que tenía en mente la reconstrucción de una nación devastada por la Guerra Civil. Reproducimos algunos pasajes de uno de los alegatos que han pasado a la historia; un discurso que puso de manifiesto que Lincoln no quería el Sur devastado como consecuencia de su secesión:

> Las dos partes se declaraban contrarias a la guerra, pero una de ellas haría la guerra antes de permitir que la nación sobreviviera y la otra aceptaría la guerra antes de dejarla perecer; y así llegó la guerra.
>
> Si suponemos que la esclavitud en Norteamérica es un escándalo y que, por la providencia de Dios, es forzoso que venga, y admitiendo que, habiéndose prolongado más allá del tiempo fijado por Dios, Él desea ahora ponerle fin, y que Él ha enviado esta terrible guerra como castigo para aquellos que fueron causa del escándalo, ¿debemos interpretar esta suposición como tergiversación de aquellos divinos designios que los creyentes en el Dios vivo le han asignado siempre?

Una vez en el poder, a muchos de los esclavos liberados durante la contienda se los alistaba en el Ejército; la mayoría para hacer trabajos de limpieza. La Decimotercera Enmienda declaraba libres a los esclavos, pero no garantizaba en absoluto su igualdad política ni la prohibición de formas legales de discriminación. Fueron la Decimocuarta y la Decimoquinta Enmiendas las que permitieron al Gobierno federal y al Tribunal Supremo acabar con las legislaciones segregacionistas en los años sesenta del siglo xx.

Abraham Lincoln es el presidente que aparece retratado en el billete de cinco dólares; Washington, en el de un dólar. En contrapartida, su moneda es la de un centavo y la del presidente fundador de Estados Unidos tiene un valor de un cuarto de dólar.

El fantasma de Lincoln

Existen diferentes historias sobre fantasmas de expresidentes que visitan la Casa Blanca. Sin embargo, la más común y popular es la de nuestro protagonista. El fantasma de Lincoln, o para otros el Fantasma de la Casa Blanca, se dice que ha merodeado el palacio presidencial desde su muerte.

Las fuentes nos dejan constancia de que el presidente sufrió durante su existencia varias experiencias paranormales. En una ocasión, vio su imagen doble en un espejo en su casa de Springfield. A su mujer le dijo que una de esas imágenes tenía apariencia normal. Sin embargo, la otra estaba pálida y fantasmal.

Tampoco desdeñó el espiritismo. Es más, Lincoln estaba presente en las sesiones que su mujer Mary Todd realizaba en la Casa Blanca para tratar de contactar con sus dos hijos fallecidos, Edward y Willie.

Al parecer, el fantasma de Abraham Lincoln se les ha aparecido a otros colegas de cargo, como a Harry S. Truman (1884-1972), cuando este y su hija experimentaron golpes en la puerta y paredes del dormitorio de la Casa Blanca. O incluso han notado su presencia, como lo advirtió la ex primera dama Grace Coolidge (esposa del presidente Calvin Coolidge) en la ventana de la Sala Oval Amarilla.

Hay personas que incluso aseguran haber hablado con él. El presidente Lyndon Johnson (ejerció el cargo de 1963 a 1969) veía supuestamente al fantasma con bastante frecuencia. Durante la guerra de Vietnam, Lincoln apareció frente a él, y Johnson le preguntó que cómo debía manejar la guerra, a lo que el fantasma contestó: «No vayas al teatro».

Cuando el primer ministro británico Winston Churchill se quedó a pernoctar en la Casa Blanca también padeció la presencia de Lincoln. En esta ocasión, Churchill salió del baño completamente desnudo y, al entrar en la habitación, se encontró con el estadounidense parado al lado de la chimenea. El invitado dijo: «Buenas noches, señor presidente. Parece que me tiene en desventaja». Tras esto, Lincoln sonrió y desapareció. Aunque aparentemente Churchill supo gestionar la situación, se especula que solicitó otra habitación en sus visitas posteriores.

Anécdotas y curiosidades de la guerra de Secesión

El 20 de diciembre de 1860, Carolina del Sur, que lanzó su primer desafío durante la presidencia de Andrew Jackson, se separó de la Unión. La legislatura del estado había advertido que lo haría si Abraham Lincoln salía elegido presidente.

En cadena, los siguientes estados que imitaron a su homólogo fueron los siguientes: Misisipi declaró la secesión el 9 de enero de 1861; el 10 lo hizo Florida; el 11, Alabama; el 19, Georgia; el 26, Luisiana; y el 1 de febrero, Texas. Quedaba un mes para la toma de posesión de Lincoln. A la Unión le faltaban siete estados, y otros ocho estaban calibrando dar el mismo paso.

La elección del candidato republicano llevó a los estados del Sur a disgregarse de la Unión y a fundar una nueva nación, los Estados Confederados de América (CSA), con Jefferson Davis (1808-1889) como presidente. La secesión estaba en marcha.

El Norte era puritano, granjero, pragmático y receptivo a las primeras manifestaciones del industrialismo. El Sur era latifundista, racista y señorial, y veía en la agricultura extensiva, en los grandes cultivos, el fundamento de toda su sociedad.

Lo cierto es que lo que se separó de la Unión no fue una entidad llamada Confederación, ni mucho menos un concepto más amplio que pudiera denominarse «El Sur». Los estados que se disgregaron lo hicieron de manera individual, con expectativas de permanecer independientes en la mayoría de los aspectos cruciales.

Los Estados Confederados de América, también denominados simplemente la Confederación, fueron un país que existió desde 1861 hasta 1865 en América del Norte, si bien nunca estuvo reconocido legalmente. El único presidente de esta escisión fue el citado senador demócrata Jefferson Davis.

Lo que los estados confederados compartían era la esclavitud, pero los sudistas preferían presentar como causa común los derechos de los estados. Para ellos, el final de la esclavitud suponía el final de su forma de vida. Su prosperidad dependía totalmente de los casi cuatro millones de esclavos que cultivaban las grandes plantaciones de algodón.

En 1820, de los cuatro millones de habitantes que tenían los estados sudistas, un millón seiscientos mil eran esclavos. Y en 1850, si la población blanca de aquellos mismos lugares había crecido hasta los cinco millones y medio, la de color, siempre reducida a la esclavitud, ascendía a tres millones setecientos mil.

Tampoco es que la ausencia de esclavitud uniera a los habitantes del Norte. El objetivo que estos tenían en mente en 1861 era proteger la Unión, no abolir la esclavitud. Nada debía interponerse en el objetivo primordial de mantener unida la nación. Los estados esclavistas fronterizos de Kentucky, Misuri, Maryland y Delaware permanecieron, a lo largo del conflicto, nominalmente del lado de la Unión, aunque a menudo fracturados por profundas divisiones y brotes de violencia.

La mayoría de los ciudadanos del Norte se concentró en acabar con el síntoma, la división, no en curar la causa, la esclavitud. Lejos de ser un derecho constitucional, para muchos ciudadanos del Norte la secesión, en palabras de Lincoln, era la «esencia de la anarquía».

Y la violencia militar entre ambos bandos no tardaría en surgir. Ya en abril de 1861, las tropas confederadas bombardearon Fort Sumter, situado en una isla del puerto de Charleston (Carolina del Sur). Su caída supuso el comienzo de la guerra de Secesión americana, que se prolongaría hasta 1865. Veintitrés estados se aliaron en el Norte y once en el Sur.

El Norte y el Sur presentaban en el inicio de la contienda diferencias sustanciales en cuanto a estilo de vida. El primero utilizaba en tareas agrícolas a menos del 40 % de su población; el Sur, al 80 %. El Sur era una sociedad esclavista y se mostraba en contra del abolicionismo que propugnaba el Norte.

Aparte del tema de la esclavitud, otro argumento distanciaba a los partidarios del Norte y del Sur: mientras los primeros apoyaban los aranceles para proteger su naciente industria, el Sur los rechazaba porque temía que, en represalia, los países europeos comprarían el algodón a otras naciones, lo que arruinaría a la rica aristocracia que vivía en las ciudades de Nueva Orleans, Atlanta y, sobre todo, Richmond, cuyos teatros y centros intelectuales brillaban con fuerza en los años previos a la guerra.

El Norte cimentaba su poder en una creciente industria y un bien asentado sistema financiero, capaces de fabricar el armamento que necesitaban los ciento diecisiete mil hombres que el presidente Lincoln había llamado a filas.

En julio de 1863 el mayor George Meade, un militar de origen español del que hablamos en otro capítulo, consiguió derrotar a las tropas confederadas del general Lee en la conocida batalla de Gettysburg, la más sangrienta del conflicto. Durante el tercer año de la guerra de Secesión, el Ejército sudista había conseguido grandes victorias sobre los unionistas y estaba decidido a invadir el Norte y tomar Pensilvania, un territorio atravesado por una línea de ferrocarril que era fundamental para reforzar el ejército del Norte.

Los sudistas enviaron entonces algunas partidas de reconocimiento a la ciudad de Gettysburg, junto con una brigada de caballería al mando del general P. Hill. Cerca del centro urbano se toparon con una brigada unionista comandada por el general Buford. Esta resistió durante dos horas a los confederados, quienes, gracias a los esfuerzos del general Richard Ewell, hicieron que los unionistas se retiraran.

Lee dio orden de ocupar una colina abandonada por la brigada unionista y esperar allí la llegada del grueso del Ejército del Norte bajo el mando del mayor Meade. Pero Ewell no obedeció de inmediato y fue el unionista Meade quien se estableció sobre la colina de Cemetery Ridge. A las cuatro de la tarde del 2 de julio de 1863, los sudistas de Lee atacaron el ala izquierda enemiga para ocupar la colina de Little Round Top, una inmejorable posición para las artillerías confederadas; pero los unionistas (formados a unos ochocientos metros frente a la colina) obstaculizaron el asalto y la loma fue ocupada por el XX Regimiento de Maine. Lee pensó que los asaltos habían debilitado las tropas de Meade y que un nuevo asalto dirigido al centro de la formación bastaría para terminar la batalla. No sabía que aquella noche Meade había recibido refuerzos.

Lee estaba convencido de la victoria, y a la una del mediodía del día siguiente ordenó hacer fuego a las baterías y avanzar hacia el centro de las filas enemigas. Fue la célebre «carga de Pickett», famosa por la temeridad suicida con que se llevó a cabo. A ella siguió el desastre de las tropas sudistas y la consiguiente retirada confederada.

En Gettysburg los sudistas iniciaron el camino hacia su derrota final, que se concretó con la rendición de Lee en Appomatox (9 de abril de 1865). La guerra dejó atrás una auténtica carnicería. Durante cuatro años pelearon casi tres millones de hombres. La guerra clausuró el proyecto de república confederada sustentado en la perpetuación de la esclavitud, y liberó a cuatro millones de esclavos (casi el 13 % de la población). Costó más de seis mil millones de dólares, más del doble de lo que se hubiera requerido para indemnizar a los amos y liberar a los esclavos en 1860.

LA GUERRA DE SECESIÓN EN DATOS Y CIFRAS

- Primera acción bélica: bombardeo confederado sobre Fort Sumter (bahía de Charleston, Carolina del Sur), 12 de abril de 1861.
- Última escaramuza: Palmito Ranch (Texas), 13 de mayo de 1865.
- Batallas más sangrientas: Gettysburg (51 000 bajas), Chickamauga (34 624), Spotsylvania (30 000), The Wilderness (29 800), Chancellorsville (24 000), Shiloh (23 746).
- Efectivos que pelearon en total: 2 128 948 soldados de la Unión contra 1 082 119 de la Confederación.

- Muertos de la Guerra Civil: aproximadamente, 620 000 (por combate, accidentes, hambre y enfermedades).
- Prisioneros de guerra: unos 400 000.
- Causas más comunes de muerte: herida de mosquete (50,6 %), causa no determinada (42,1 %), explosión por cañonazos (5,7 %).
- Paga de los soldados rasos: en la Unión, 13 dólares/mes para los blancos y 7 dólares/mes para los negros (en 1864, el Congreso eliminó esta discriminación); en la Confederación, 7 dólares/mes (aunque con frecuencia había impagos).

ESTADOS FRONTERIZOS

Se llamó así a los estados esclavistas que nunca declararon la Secesión: Delaware, Kentucky, Maryland y Misuri. La población de estos territorios estaba profundamente dividida entre los que defendían la Unión y los que se sentían cercanos al Sur. Durante el transcurso del conflicto armado, los Estados fronterizos sufrieron la lucha de guerrillas y numerosas incursiones militares, que desembocaron en grandes matanzas.

Cuando llegó 1880, más de la mitad de los afroamericanos de Delaware eran libres, al igual que una gran parte de la población de color de Maryland. En la guerra, las tropas de la Unión tenían que atravesar Maryland para llegar a Washington. De no haber sido un estado neutral, la capital habría estado totalmente rodeada por territorio confederado.

La Asamblea de Maryland rechazó segregarse en 1861, pero pidió que las tropas de Unión se retiraran del Estado. Querían permanecer unidos, pero se negaban a contribuir a la matanza de los vecinos del Sur. Kentucky permaneció en la Unión, pero cuando Lincoln les pidió hombres para reforzar los ejércitos del Norte, la Asamblea se negó.

El gobernador de Misuri era simpatizante de los sudistas y se vio obligado a huir de la capital del Estado, lo que facilitó el nombramiento de un nuevo gobernador afín a la Unión.

UNA LIBERTAD FICTICIA

A lo largo de la guerra de Secesión, hubo esclavos (medio millón aproximadamente) que pasaron tras las líneas de los ejércitos de la Unión pensando conquistar su libertad. Sin embargo, los desconcertados comandantes americanos los clasificaban como «contrabando» y, las más de las veces, los devolvían a sus dueños.

Jefferson Davis avaló la teoría de que la esclavitud era beneficiosa para los esclavos. Los africanos esclavizados enviados a América fueron «iluminados por los rayos del cristianismo», escribió, y «pasaron de ser unos pocos salvajes inútiles a millones de trabajadores cristianos eficientes. Sus instintos serviles los hacían satisfechos con su suerte. Nunca hubo una dependencia más feliz entre el trabajo y el capital».

Aunque Abraham Lincoln firmara en 1863 la Proclamación de Emancipación durante la contienda, que declaraba que «las personas que eran tenidas por esclavas en los territorios rebeldes (pero no en los estados esclavistas de la Unión) eran y serían en lo sucesivo y para siempre libres», lo cierto es que, dado que su ejecución dependía de la ocupación de los territorios escindidos, no liberó en los hechos a ningún esclavo.

Finalmente, en 1865 se aprobó la Decimotercera Enmienda a la Constitución de los Estados Unidos, por la que se abolía oficialmente la esclavitud (Lincoln tuvo que comprar el voto de una veintena de congresistas demócratas para que triunfara). Poco después llegó la número catorce, que en principio garantizaba derechos constitucionales a cada ciudadano estadounidense, incluyendo a los esclavos, y la número quince, que garantizaba el derecho a voto de los ciudadanos varones sin importar su raza.

El estado libre de Jones

Un hecho realmente curioso tuvo lugar en la primavera de 1864, en pleno conflicto entre Norte y Sur. Un grupo de granjeros liderado por Newton Knight (la Compañía Knight) consiguió expulsar a las fuerzas confederadas del condado de Jones (Misisipi) y llegó a proclamar la creación de un estado libre (*Free State of Jones*), jurando lealtad a la Unión.

Este descontento vino motivado por la aprobación de una ley que permitía a los ricos no ser reclutados si entregaban a esclavos a cambio, pero no incluía ninguna forma de liberar a las clases más desfavorecidas.

Newton Knight y sus compañeros habían formado parte del bando confederado, pero desertaron por la política racista que manifestaban los estados del Sur.

Una vez finalizado el conflicto, Knight se afilió al Partido Republicano, y contrajo nupcias con Rachel, una esclava que había trabajado para su padre. La pareja puso en marcha una pequeña comunidad interracial en el sureste de Misisipi, aunque el matrimonio fue considerado ilegal en este estado.

EL CRÁTER QUE AVERGONZÓ A ULYSSES

Ulysses S. Grant fue el comandante general de la Unión en la última etapa de la guerra de Secesión y trabajó codo con codo con Lincoln. Como decimoctavo presidente del país (1869-1877) tuvo un éxito arrollador: ganó dos veces las elecciones y estuvo a punto de presentarse para un tercer mandato. Apodado «el Carnicero» por el alto coste humano de las victorias que conseguía, nuestro protagonista sin embargo pasó un gran bochorno tras el desastre de una contienda que costó a la Unión casi tres mil ochocientos muertos, heridos y capturados, mientras que los confederados incurrieron en alrededor de mil quinientos. El suceso tuvo lugar en la batalla de Petersburgo, el 30 de julio de 1864, y la causa de todo fue un cráter que se volvió en su contra. Con la idea de tomar la ciudad, el ejército de la Unión, comandado por el general Ambrose E. Burnside, se planteó abrir túneles subterráneos hasta un punto debajo de una posición confederada y llenar la mina con explosivos para abrir una brecha en las defensas. Aunque Grant puso reparos, la excavación empezó.

Los explosivos tuvieron el efecto deseado y doscientos setenta y ocho soldados confederados murieron al instante. De manera simultánea, la artillería de la Unión abrió fuego. Cuando las tropas llegaron luego al agujero, se encontraron con un cráter de más de cincuenta metros de largo por quince de ancho y nueve metros de profundidad.

Le tocaba ahora a la infantería asestar el último golpe. La división elegida fue la comandada por el general James H. Leslie. Pero sus hombres cometieron el desastroso error de entrar en el enorme cráter en lugar de rodearlo, por lo que quedaron atrapados y sometidos a continuos tiroteos por parte de los confederados.

La batalla del cráter también ha pasado a la historia por mostrar la incompetencia del nordista Burnside, cuyo cargo le venía grande. En la batalla de Fredericksburg, dos años antes, había lanzado a sus tropas a un avance suicida al descubierto, y fueron aniquiladas.

Junto a Gettysburg, la batalla de Antietam (o de Sharpsburg) fue otro de los encuentros más decisivos de la guerra de Secesión, un enfrentamiento acaecido el 17 de septiembre de 1862 en los alrededores de un riachuelo del condado de Washington que causó nada menos que veintitrés mil bajas y en el que también participó Burnside. Se empeñó en tomar un puente, para descubrir después que el río solamente tenía unos centímetros de profundidad. De él llegó a decir Lincoln: «Solo Burnside es capaz de transformar una victoria cierta en una derrota espectacular».

El esclavo que se convirtió en héroe y congresista

La guerra de Secesión nos deja también otras historias conmovedoras. Por ejemplo, la de Robert Smalls que, nacido esclavo, logró rendir un barco confederado a la Marina de los Estados Unidos, por lo que se convirtió en un héroe en el Norte y fue recibido por el mismo Abraham Lincoln.

Los hechos se remontan al 13 de mayo de 1862, cuando Smalls y una tripulación compuesta por compañeros esclavos, en ausencia del capitán confederado (de raza blanca), tomaron el barco CSS Planter y se hicieron a la mar para dirigirse a las embarcaciones del enemigo que mantenían un bloqueo a varias millas de la costa. Ataviado con un gorro de capitán para ayudar a ocultar su rostro, Smalls respondió con las señales codificadas adecuadas en dos puntos de control confederados, incluso en Fort Sumter. Despejado el horizonte, nuestro protagonista navegó hacia mar abierto. Una vez fuera de las aguas de la Confederación, hizo que su tripulación levantara una bandera blanca y entregara su barco a la flota de la Unión que bloqueaba el paso. Asimismo hizo entrega al capitán de la Unión del libro de códigos de la Confederación y de un mapa con la localización de las minas instaladas en el puerto de Charleston. Y lo que es más importante: liberó a sus diecisiete pasajeros negros (nueve hombres, cinco mujeres y tres niños) de la esclavitud.

Tras la gesta, Smalls recibió mil quinientos dólares, dinero que le permitió comprar la libertad de su esposa. Los confederados pusieron precio a su cabeza: 4000 dólares. Mientras, en el Norte Smalls fue considerado todo un héroe y presionó personalmente al secretario de Guerra Edwin Stanton para que comenzara a reclutar soldados negros.

Smalls participó en casi una veintena de acciones militares, incluido el asalto del 7 de abril de 1863 a Fort Sumter y el ataque a Folly Island Creek (Carolina del Sur), dos meses después, donde asumió el mando del Planter. Después de la guerra, Smalls continuó enarbolando los galones de la libertad como político negro de primera generación, sirviendo en la Asamblea y el Senado del estado de Carolina del Sur, y durante cinco mandatos no consecutivos en la Cámara de Representantes de los Estados Unidos (1874-1886). Murió en Beaufort el 22 de febrero de 1915, en la misma casa que le vio nacer como esclavo.

El libro que motivó el conflicto

El presidente Abraham Lincoln la elogió como «la mujercita que había ganado la guerra». La condescendencia patriarcal del saludo asombra, pero es obvio que, más allá de eso, también pretendía destacar el importante papel que el libro *La cabaña del tío Tom* había jugado en la difusión y mantenimiento de la causa abolicionista en los estados del Norte, que estaban en plena guerra civil frente a la Confederación secesionista.

La novela, de Harriet Beecher Stowe, fue escrita tan solo meses después de que el Congreso de los Estados Unidos aprobara la segunda Ley de Fugitivos (1850), que establecía la obligación de devolver a su dueño a todo esclavo huido. El documento fue recibido con tensión política en los estados del Norte, alarmados por la expansión del número de esclavos no solo en el viejo Sur, sino también en los estados sureños de nueva creación, incluido Texas, uno de los más recientes.

La cabaña del tío Tom trata de manera directa y concisa las implicaciones de la esclavitud, una realidad que centraba las discusiones políticas de su tiempo. Los capítulos fueron concebidos como entregas, que publicó en 1851 el periódico abolicionista *National Era*. Como libro, vio la luz al año siguiente y se convirtió en un auténtico éxito. Vendió más de trescientos mil ejemplares en el primer año y mantuvo esta tónica en las siguientes ediciones.

La venta de dos esclavos (el viejo Tom y Henry, un niño de corta edad) a un mercader sin escrúpulos marca el inicio de la trama. La madre del pequeño huye con su hijo, enfrentándose a episodios dramáticos. Por fin, encuentra cobijo en una colonia de cuáqueros y, tras reunirse con el padre del niño, consiguen escapar todos a Canadá, el paraíso soñado por cualquier esclavo fugitivo.

La simplificación del talante moral de los protagonistas (el santo Tom frente al malvado Lagree, su último amo, y la imagen de una familia de esclavos fugitivos cuyo éxodo evoca la huida de la sagrada familia a Egipto) es la consecuencia de una decisión literaria a la par que ideológica: era uno de los medios que mejor se adaptaba al objetivo principal de provocar la condena de la esclavitud entre los lectores.

Los capítulos, concebidos como entregas periodísticas, se asemejaban a los sermones comúnmente pronunciados por clérigos en el decurso de diversos despertares protestantes que, mediante la difusión del fervor religioso en las colonias o los estados de la Unión, habían buscado la cohesión de una sociedad formada por inmigrantes de distintas procedencias. Sin duda, *La cabaña del tío Tom* abrió un debate fundamental sobre la situación de los afroamericanos. Y se ganó el repudio de muchos esclavistas, que le dedicaron numerosas protestas y amenazas.

EL GENERAL QUE ESCRIBIÓ BEN-HUR

Sin duda, *Ben-Hur* es una de las películas que han pasado a la posteridad en la historia del séptimo arte. No en vano, ganó once Óscar de los doce premios a los que estaba nominada. Muchos cinéfilos aún recuerdan la épica escena de la carrera de cuadrigas en el circo romano, que enfrentaba en un igualadísimo duelo a los actores Charlton Heston (Judá) y Stephen Boyd (Messala).

Pues bien, *Ben-Hur* es una de esas películas cuya trascendencia en la gran pantalla ha ensombrecido la calidad de la novela, que la tiene y mucha. El autor del libro es el general Lewis Wallace. Nuestro protagonista nació en Brookville, Indiana, en 1827. Su padre se había graduado en West Point, pero había abandonado el ejército para dedicarse a la política, continuando una tradición familiar que le llevó a ser gobernador del estado y también congresista.

Wallace obtuvo el rango de general luchando en el Ejército de la Unión durante la guerra de Secesión, y aunque en noviembre de 1865 se retirara de la vida militar, retomó su carrera política, de manera que en 1878 pasó a ser gobernador de Nuevo México.

Ben-Hur fue el libro más vendido de Estados Unidos en todo el siglo XIX, por encima de *La cabaña del tío Tom*, siendo traducido a varios idiomas y triunfando en todo el mundo hasta el punto de eclipsar el resto de la producción literaria de su autor (una decena de libros en total).

El Ku Klux Klan feminista

No hay país en la historia mundial en el que el racismo haya tenido un papel tan importante y durante tanto tiempo como en los Estados Unidos. El hecho de que los negros se vieran reducidos de nuevo a unas condiciones rayanas con la esclavitud se acrecentó después de la derrota de los estados del Sur tras la guerra de Secesión.

La violencia comenzó una vez terminado el conflicto. En Memphis (Tennessee), en mayo de 1866, los blancos realizaron un ataque violento y asesinaron a cuarenta y seis negros, la mayoría veteranos del Ejército unionista. Violaron a cinco mujeres negras. Mientras, en Nueva Orleans murieron treinta y cinco negros y tres blancos.

No tardaría en aparecer así un consolidado Ku Klux Klan, un grupo cuyos orígenes se remontan un año antes, cuando seis veteranos de guerra de los estados del Sur se reunieron en Pulaski (Tennessee) para formar una especie de fraternidad, sin motivaciones políticas. Pero lo cierto es que esta formación de racistas no tardó mucho en emplear métodos de terror para castigar en especial a los afroamericanos.

El Ku Klux Klan surgió vinculado al Partido Demócrata y formado principal pero no exclusivamente por antiguos confederados, más que como una reacción fanática de persecución contra los negros, como respuesta política de los excombatientes sureños que, derrotados como ejército, disfrazaron su abierta oposición al gobierno del Norte en la formación de una sociedad secreta que se proponía purificar su región mediante actos terroristas.

Fue una organización surgida de los más importantes momentos históricos de Estados Unidos; sus ideales se insertan en los conceptos nacionalistas más arraigados en ese país, aunque en este caso, fuera de toda legalidad, valiéndose de los más crueles métodos y los más hábiles procedimientos de corrupción. Sus miembros cometieron cientos de actos de violencia contra los afroamericanos recién emancipados y sus aliados.

Todos encapuchados constituyeron el Ku Klux Klan; el significado de este nombre tal vez corresponda al vocablo griego *kuklos* ('círculo') y a *klan*, palabra de origen escocés. El propósito del grupo era «depurar» la zona sureña de estafadores forasteros, especialmente de los venidos del Norte; también se dirigían contra «malvivientes», gente que protegiera a los negros y contra estos mismos cuando pretendían hacer valer sus derechos recientemente reconocidos.

El Klan actuaba en el anonimato; su atuendo, además de servir para ocultar el rostro, tenía como objeto intimidar a los supersticiosos negros; la táctica era aparecer cabalgando por la noche con antorchas espantando a los negros, que no sabían si veían fantasmas o a hombres poderosos capaces de beberse de un solo trago un galón de agua.

Las palizas crueles, pero a veces también los linchamientos, eran el modo de intimidación más habitual dirigido a negros y blancos al tratar de silenciar la oposición al Klan. Primero se amenazaba al negro pintando en rojo «K.K.K.» sobre la puerta de la víctima, luego se le azotaba…

El poder de la mujer racista

Quizá unos cuantos lectores piensen que esta organización estaba formada exclusivamente por hombres. Nada más lejos de la realidad. El papel de la mujer en el Ku Klux Klan no fue incidental, sino «el pegamento que los mantenía unidos», en palabras de la historiadora Kathleen Blee.

Aunque en los primeros años su papel no pasó de ser testimonial (básicamente, cosían los uniformes de sus maridos), en los inicios del siglo XX su participación fue cada vez mayor hasta establecer un Women Ku Klux Klan independiente pero hermanado con el masculino. Tomaron parte activa en la organización, reclamando el voto femenino en las elecciones y que se reconociera la jornada laboral de las amas de casa; de esta manera pensaban que se compensaría así el peso de los afroamericanos en las urnas. También mostraron un elevado grado de antisemitismo en reuniones sociales, culturales o vecinales, fiestas de colegios… Asimismo, promovían boicots contra los negocios de miembros de aquellas comunidades que no les apoyaran y compartían falsas acusaciones contra negros y judíos. En definitiva, trataban de crear un estado de ánimo que explicara y justificara las fechorías de los hombres. Conectaban con la América profunda.

CRÍMENES Y VEJACIONES

La violencia aumentó a finales de la década de 1860-1870 y a principios de la de 1870-1880, mientras el Ku Klux Klan organizaba ataques, linchamientos, apaleamientos y ataques incendiarios. En 1868 los miembros de la organización llegaron a sumar aproximadamente quinientos mil integrantes, que durante cuatro años (hasta 1872) cometieron execrables crímenes y diferentes tipos de vejaciones. En Luisiana, más de mil afroamericanos fueron asesinados, y en Arkansas hubo unos dos mil homicidios relacionados con las elecciones presidenciales de 1868.

El linchamiento, la ejecución ilegal y en ocasiones la tortura brutal de la víctima no fue algo exclusivo de los estados del Sur. Además, los chinos, los nativos americanos y los mexicanos también eran vulnerables a los peores extremos de violencia por parte de turbas blancas, al igual que las mujeres afroamericanas y los hombres blancos.

La mayoría de linchamientos (unos cinco mil, más o menos, en total) tuvieron lugar entre la década de 1880 y mediados del siglo XX, alcanzando su punto máximo en la de 1890, y se dieron principalmente (aunque no solo) en el Sur, sobre todo en Misisipi, Georgia, Texas, Luisiana y Alabama.

La violencia alcanzaba cotas extremas. Este fue el caso en 1899 cuando el peón afroamericano Sam Hose fue acusado en Georgia de violar a la mujer de su jefe, por lo cual lo mutilaron, desmembraron y quemaron vivo ante una multitud aprobadora de unos dos mil testigos blancos.

Una característica interesante del Ku Klux Klan, como detalle distintivo sobre otras «hermandades», es la indumentaria utilizada por los miembros de esa sociedad secreta para sus apariciones públicas: túnica y capucha blancas para hacerlos irreconocibles, incluso entre sí mismos, propiciando de esta forma la intromisión de gente ajena al movimiento que, amparada en ese anonimato, aprovechaba la ocasión para cometer tropelías o tomar venganzas personales.

Los felices años veinte de principios de siglo fueron también la época dorada del Ku Klux Klan, que llegó a tener entre cuatro y seis millones de miembros, a controlar políticamente siete estados y a organizar varias marchas con decenas de miles de encapuchados en Washington. Algunos de sus miembros gobernaron varias ciudades y estados y se sentaron en el Senado. Se trataba de un movimiento blanco, protestante, anticomunista y de clase media acomodada.

A Harry Truman, hombre del Sur y presidente de Estados Unidos entre 1945 y 1953, sus enemigos le acusaron en 1922, cuando fue nombrado juez del condado, de pertenecer al Ku Klux Klan. En la campaña de 1944, explicó a un periodista que, en una tenida de la logia masónica a la que pertenecía, celebrada en San Luis en 1921, apoyó una resolución en la que se ordenaba la expulsión de todo masón que se hubiera unido al KKK.

Pero un hecho luctuoso distorsionaría la imagen del Ku Klux Klan para la posteridad. En 1964 acabaron con la vida de dos activistas blancos y uno negro en Misisipi en una emboscada. El estado de Misisipi se negó a procesar a los miembros de la organización por asesinato. Treinta años después se reabrió el caso y fueron procesados. Se había hecho justicia.

El golpe definitivo para el Klan vino poco después, cuando el asesinato de la activista Viola Gregg Liuzzo hizo intervenir al mismísimo presidente del país, Lyndon B. Johnson, quien acusó a los miembros de la organización de «terroristas». Su decadencia se prolongó hasta hoy.

LA MUJER, SOMETIDA AL HOMBRE

Las condiciones en que vinieron los colonos a América crearon diferentes situaciones para las mujeres. En los sitios en que las colonias se formaban exclusivamente de hombres, se importaba a mujeres como esclavas del sexo, productoras de hijos o compañeras.

Muchas mujeres llegaron en esos primeros momentos a los Estados Unidos como criadas contratadas (muchas de ellas menores de edad), y vivieron vidas no muy diferentes a las de los esclavos, salvo en que el periodo de servicio tenía fecha de caducidad. Tenían que ser obedientes a sus amos y señoras.

El abuso sexual de las criadas por parte de los amos se hizo muy frecuente. En 1756, Elizabeth Sprigs escribió a su padre acerca de su servitud: «Lo que sufrimos aquí las inglesas está más allá de lo que podáis concebir los que estáis en Inglaterra. Baste con decir que yo, una de las infelices, sufro día y noche... con el único consuelo de que tú, perra, no lo haces lo suficiente».

No solo sufrían los esclavos negros por aquellos tiempos. Ellas también, pero multiplicado por dos. Un negrero informó que: «Vi a esclavas parir mientras permanecían encadenadas a cadáveres que nuestros guardianes, borrachos, no habían retirado... empaquetadas como sardinas, a menudo parían entre el sudor pestilente del cargamento humano... A bordo había una joven negra encadenada a la cubierta que había perdido el conocimiento poco después de ser comprada y traída a bordo».

Todas las mujeres cargaban con las ideas importadas de Inglaterra. La ley inglesa se resumía en un documento del año 1632 denominado *Las leyes y resoluciones de los derechos de las mujeres*: «En esta consolidación que llamamos el matrimonio hay un lazo permanente. Es cierto que un hombre y su esposa son una persona, pero hay que entender de qué forma. El nuevo ser de la mujer es su superior, su compañero, su amo».

La historiadora Julia Cherry Spruill describe la situación legal de la mujer en el periodo colonial: «El control del esposo sobre la persona de la esposa también incluía el derecho a pegarla...». Por lo que se refiere a la propiedad, dice que «además de la posesión absoluta de la propiedad personal de su esposa y derechos vitalicios sobre sus tierras, el esposo se adueñaba de cualquier otra renta que pudiera ser suya. Recibía las retribuciones que ella ganaba con su trabajo. Era lógico, pues, que lo ganado conjuntamente por esposo y esposa perteneciera al esposo».

Se consideraba un crimen que una mujer tuviera un hijo fuera del matrimonio, y los archivos de los tribunales coloniales rebosan de casos de mujeres acusadas de «bastardía», mientras que el padre del niño no tenía problemas con la ley y quedaba en libertad.

Pero con la Revolución, las necesidades de la guerra de la Independencia favorecieron el que las mujeres se involucraran en los temas públicos. Formaron grupos patrióticos, realizaron acciones antibritánicas y escribieron artículos a favor de la independencia.

Sin embargo, Thomas Jefferson subrayó en la Declaración de Independencia su frase «Todos los hombres son iguales» cuando declaró que las mujeres americanas serían «demasiado sabias como para arrugarse la frente con la política». Después de la Revolución, ninguna de las nuevas constituciones estatales dio a las mujeres el derecho al voto salvo la de Nueva Jersey, que abolió ese derecho en 1807. La constitución de Nueva York excluyó a las mujeres del derecho al voto utilizando específicamente la palabra «masculino».

Básicamente, el trabajo de la mujer era el de mantener la casa alegre, conservar la religión, ser enfermera, cocinera, limpiadora, costurera, florista... Una mujer no debía leer demasiado, y tenía que evitar ciertos libros.

A las mujeres también se les exigía ser patrióticas. El culto a la domesticidad de la mujer era una forma de apaciguarla con una doctrina que la consideraba «separada pero igual», dándole trabajos tan importantes como los del hombre, pero por separado y de forma diferente. Dentro de esa «igualdad» estaba el hecho de que la mujer no escogía a su compañero, y una vez que su boda había tenido lugar, se determinaba su vida. El matrimonio encadenaba, y los niños reforzaban ese encadenamiento.

La mujer americana no podía votar, no podía tener propiedades; cuando trabajaba, su remuneración era la cuarta parte o la mitad de lo que ganaba un hombre haciendo el mismo trabajo. Las mujeres eran excluidas de las profesiones asociadas con la jurisprudencia y la medicina, de las universidades, del ministerio.

La épica aventura de Hugh Glass

Fue un hábil explorador, trampero, comerciante de pieles, un hombre de frontera de la época. Un héroe capaz de arrastrarse por el suelo durante dos meses, en los que recorrió casi ciento setenta y cinco kilómetros hasta encontrar ayuda después de haber sido herido mortalmente por un oso pardo en el río Yellowstone y ser abandonado por sus compañeros, creyendo que su muerte estaba dictada.

En 2015 se estrenó la película *El renacido* (*The Revenant*), dirigida por el mexicano Alejandro Gómez Iñárritu y protagonizada por Leonardo DiCaprio, quien encarna a Hugh Glass (1780-1833), el protagonista de esta fascinante historia acaecida en 1823, papel por el que se llevó el Óscar de la Academia al mejor actor.

Aquel año, Glass se inscribió en una expedición respaldada por el general William Henry Ashley y el mayor Andrew Henry, quienes juntos fundaron la Rocky Mountain Fur Company. Ashley había colocado un anuncio en la *Missouri Gazette & Public Advertiser* en busca de «jóvenes emprendedores para ascender el río Missouri hasta su nacimiento, donde serán empleados por uno, dos o tres años».

La tarea no era sencilla. Al hecho de ir a un sitio desconocido se sumaban otros peligros, como la dureza del clima y la hostilidad de las tribus indias de la zona, sobre todo los arikaras. Estos tramperos se enfrentarían todos los días con numerosas adversidades y con la posibilidad de una muerte repentina. Impedimentos como una pierna rota, un caballo a la deriva o la flecha de un enemigo indio dejaban a un hombre a merced de los elementos y los animales. Solo sobrevivían los más duros. Aproximadamente unos tres mil tramperos de la misma estirpe que Ashley vagaron por las montañas de toda Norteamérica entre 1820 y 1840, el periodo culminante de la demanda de pieles de castor.

Fue durante esta expedición para atrapar pieles en la que Hugh Glass resultó atacado por un oso pardo, un evento que convirtió la historia de nuestro protagonista en una leyenda de frontera. El ataque se dio cerca de las orillas del Grand River, cuando Glass se topó de manera inesperada con una osa *grizzly* y sus dos cachorros. La madre osa le rasgó el cuero cabelludo, le pinchó la garganta, le rompió la pierna y lo dejó con numerosas heridas. Sus compañeros cazadores (John Fitzgerald y el joven Jim Bridger) escucharon sus gritos y se apresuraron a ayudarle, usando más de una bala para abatir a la osa.

Creyendo que Glass había recibido heridas mortales durante su encuentro con el plantígrado, los jefes de la expedición pagaron a dos hombres para que se quedaran hasta que Hugh muriera y pudiera recibir un entierro cristiano. Permanecieron con Glass durante varios días y, después de ver que su cuerpo se negaba a morir, la historia real de *The Revenant* confirma que lo colocaron en una tumba de escasa profundidad, recogieron sus armas y se dirigieron a reunirse a la expedición.

Cuando los dos hombres alcanzaron al general Ashley, informaron que Glass había muerto y que lo habían enterrado. Sin embargo, Glass aún permanecía con vida. Recobró el conocimiento, pero se encontró un panorama desolador: estaba solo, muy maltrecho, desarmado, sin alimentos y muy alejado del fuerte Kiowa, en Missouri.

La épica aventura de nuestro protagonista comienza verdaderamente aquí: con el objetivo de evitar que la gangrena le mutilara las extremidades, se puso sobre algunas heridas gusanos que encontró en restos podridos para que se comieran la carne necrosada, y para las heridas sangrantes optó por el doloroso y arriesgado método de la cauterización con la pólvora que le quedaba.

Glass decidió no seguir cerca del río Grand, ya que los indios arikaras de la zona podrían dar con él fácilmente. Así que, cual instintivo reptil y envuelto en la piel de oso que sus compañeros le habían dejado como sudario, se arrastró durante varias semanas hasta el río Cheyenne, al sur del río Grand, donde preparó como pudo una rudimentaria balsa con troncos y ramas. Durante el tiempo en que permaneció solo, se alimentó de raíces, bayas y restos de animales muertos que dejaban los carroñeros. En una ocasión fue capaz de espantar a dos lobos que comían un bisonte joven y se dio un festín de carne cruda. Al parecer, Glass fue encontrado por unos indios pawnee no muy lejos del río Cheyenne que le ayudaron a curar las heridas de la espalda.

Es entonces cuando decidió tomar el camino de vuelta para consumar su venganza. Hugh Glass alcanzó a John Fitzgerald y Jim Bridger, los hombres que lo habían abandonado, pero finalmente los perdonó. Eso sí, Glass obligó a Fitzgerald a devolverle su fusil.

UNA NUEVA EXPEDICIÓN CON LUCTUOSO FINAL

Durante un tiempo, poco más se sabe sobre él, hasta que vuelve a aparecer en una nueva expedición junto con otros hombres para explorar los territorios por donde transcurren los ríos Powder, Platte y Laramie, una aventura que finalizaría en trágica desdicha. Según un informe en *The Milwaukee Journal*, un visitante de Fort Union compartió un relato de la muerte de Hugh Glass: «El viejo Glass con dos compañeros había ido a Fort Cass para cazar osos en Yellowstone, y mientras cruzaban el río sobre el hielo, los tres fueron baleados y arrancados por un grupo de treinta aricaras». Era el año 1833.

Si nos aferramos a lo que sostiene la leyenda, pasó que, poco después de la muerte de Glass, los indios arikara intentaron hacerse pasar por «nativos amistosos» que trabajaban al servicio de una compañía de tramperos. Sin embargo, a uno de estos últimos le llamó la atención un fusil que llevaba encima uno de los indígenas… que se parecía mucho al de Glass. Los tramperos se tomaron la justicia por su mano y vengaron la muerte de su compañero.

La historia del ataque del oso apareció por primera vez públicamente en una revista literaria de Filadelfia de 1825, escrita por un abogado local en busca del éxito literario. Se extendió por los Estados Unidos en periódicos y otras revistas, convirtiéndose rápidamente en leyenda de frontera. La historia de Glass se convirtió en el tema del poema de 1915 «La canción de Hugh Glass», de John Neihardt, y de media docena de libros, al menos. Aparte de DiCaprio, el actor irlandés Richard Harris interpretó a Glass en la excéntrica película de 1970 *Man in the Wilderness*, que también protagonizó John Huston.

Poco se sabe sobre la vida del Hugh Glass real antes del ataque del oso. La mayoría son conjeturas, incluido su matrimonio con una mujer nativa americana, de quien supuestamente se enamoró después de ser capturado y vivir con los indios pawnee durante varios años. Al parecer, nació en Pensilvania sobre el año 1779, pero su pasado no está tan bien documentado como las expediciones que realizó a lo largo de su excepcional vida.

A medida que su leyenda crecía, también lo hacía su elaborada historia de fondo, que incluso lo proclamó habiendo sido secuestrado por el pirata franco-estadounidense Jean Lafitte, un destino del que supuestamente habría escapado después de un par de años saltando del barco y nadando a tierra cerca de lo que ahora es Galveston (Texas). Sabemos que Glass fue un hombre de frontera experimentado y un cazador habilidoso, pero nadie sabe dónde y cómo adquirió ese talento.

El emperador de Estados Unidos

Solamente sabemos con garantías que falleció un 8 de enero de 1880, víctima de un ataque de apoplejía mientras caminaba por la Grant Avenue de San Francisco para asistir a una conferencia en la Academia de Ciencias Naturales. Pero ha dejado una huella imborrable en la historia. Se trata de Joshua Abraham Norton, primer y único emperador en la historia de los Estados Unidos de América.

Todo comienza en una desapacible mañana de 1849, cuando nuestro protagonista desembarcó en la bahía de San Francisco (California). De ascendencia judía, nació en Londres y mostraba porte distinguido. Su juventud transcurrió en Sudáfrica, país al que sus padres (comerciantes) emigraron en 1820 debido al plan de colonización británico que se dictó ese año.

Gracias a la fortuna que heredó de su padre (cuarenta mil dólares), Norton consiguió levantar en menos de dos meses un gran edificio en una de las avenidas principales de la ciudad californiana. Se había convertido en uno de sus hombres más prósperos.

El éxito en los negocios se acrecentó con la aparición de una oportunidad única: la hambruna por la que pasaba China (que impulsaría una fuerte ola migratoria precisamente a San Francisco) hizo que el país oriental prohibiera la exportación de arroz, de manera que el precio de este se disparó en Estados Unidos.

Norton se enteró de que el buque Glyde regresaba de Perú trayendo un ingente cargamento de arroz (noventa y un mil kilogramos) y lo compró íntegro por veinticinco mil dólares con la idea de acaparar el mercado y venderlo a un mayor coste, ya que previamente también había adquirido todas las existencias que encontró. Pero tras el Glyde llegaron otros navíos, lo que provocó un excedente y, por consiguiente, un desplome en la caída de los precios. Norton se arruinó.

Pero la mala fortuna no acabó ahí. Cuatro años después, un terrible incendio devastó medio millar de edificios comerciales de San Francisco. Todo lo que Norton poseía quedó reducido a cenizas.

Este trágico acontecimiento le afectó sobremanera, según sus amigos. Fue el inicio de un proceso de descomposición mental. Perdió la percepción de la realidad, y su habilidad de razonar en un mundo real.

Comenzó entonces la metamorfosis de nuestro protagonista: Joshua Abraham Norton se declaró a sí mismo emperador de los Estados Unidos el 17 de septiembre de 1859, mediante una proclama que envió a los periódicos del área de San Francisco. Aunque ningún diario la publicó, decía tal que así:

> A petición y por deseo perentorio de una gran mayoría de los ciudadanos de estos Estados Unidos, yo, Joshua Norton, antes de bahía de Algoa, del cabo de Buena Esperanza, y ahora por los pasados 9 años y 10 meses de San Francisco, California, me declaro y proclamo emperador de estos Estados Unidos; y en virtud de la autoridad de tal modo investida en mí, por este medio dirijo y ordeno a los representantes de los diferentes Estados de la Unión a constituirse en asamblea en la Sala de Conciertos de esta ciudad, el primer día de febrero próximo, donde se realizarán tales alteraciones en las leyes existentes de la Unión como para mitigar los males bajo los cuales el país está trabajando, y de tal modo justificar la confianza que existe, tanto en el país como en el extranjero, en nuestra estabilidad e integridad.
>
> NORTON I, Emperador de los Estados Unidos.

Eso sí, en ocasiones pagaba con dinero que él mismo había emitido, y se lo aceptaban. El personaje se volvió simpático y muy popular. Comenzó a emitir decretos reales, y esta vez sí, los periódicos los llegaron a publicar, quizá como mofa o escarnio.

Algunos decretos que lanzaba eran ciertamente ingeniosos, como por ejemplo el de penalizar con multa de veinticinco dólares a quienes llamaran «Frisco» a la ciudad de San Francisco, circunstancia que él detestaba. O el de abolir el Congreso de EE. UU. por fraude y corrupción, invitando a sus miembros a reunirse con él en el Platt's Music Hall para llegar a un acuerdo.

Otros eran más peligrosos: mandó destituir al gobernador Wise de Virginia por haber ordenado ejecutar a John Brown (un rebelde que inició la emancipación de los esclavos en Estados Unidos, y cuya muerte, por cierto, fue uno de los detonantes del inicio de la Guerra Civil). Y se proclamó Protector de México por la «incapacidad de los mexicanos para regir sus propios asuntos».

Quizá el decreto más interesante de Norton I fue el diseño y orden de construcción de un puente que uniera la ciudad de Oakland con San Francisco. Nuestro protagonista, que había estudiado ingeniería en Londres, diseñó el puente. Como era lógico, las autoridades de San Francisco apenas prestaron atención al asunto.

Sin embargo, resulta curioso que pocos años después de su muerte se construyera el Bay Bridge, el famoso puente de San Francisco, exactamente con el mismo diseño y trazo que Norton I había planificado.

Alguna que otra iniciativa de Norton tenía una base razonable, como la creación de una Liga de Naciones (antecedente de la ONU), o la exigencia de que todas las instituciones religiosas nacionales dejaran de rivalizar entre sí. Además, cuando estalló la Guerra Civil, Norton se ofreció como mediador entre los presidentes del Norte, Abraham Lincoln, y Jefferson Davis, del Sur.

UN VAGABUNDO QUERIDO POR EL PUEBLO

La gente de San Francisco le adoraba, pues Norton se mostraba interesando por los asuntos ciudadanos: en sus paseos, siempre acompañado de dos perros vagabundos adoptados (Bummer y Lazarus), revisaba el estado de las aceras y otros equipamientos urbanos, inspeccionaba el alcantarillado, comprobaba las frecuencias de paso de los autobuses…

Los restaurantes hasta le invitaban a comer, y en las iglesias y espectáculos se le reservaba asiento. En 1867, un policía arrestó a Joshua Norton bajo la acusación de ser un vagabundo, y los ciudadanos y periódicos locales expresaron su indignación extrema, recibiendo muchas muestras de cariño.

Siendo emperador, su atuendo debía ir acorde a tamaña posición. Su uniforme de gala estaba compuesto de casaca azul verdosa que le llegaba hasta los talones; pantalón azul claro, con franja roja; charreteras doradas y alto tricornio de general con escarapela roja y una larga pluma verde de avestruz. Todo ello rematado con un gran sable y sombrilla en ocasiones. Logró un vestuario tan majestuoso debido a una subvención municipal que obtuvo una vez que se quejó a través de la prensa de que su raído guardarropa era indigno de su condición imperial, por lo que agradeció la donación con la concesión de títulos nobiliarios a los responsables.

Su inesperada muerte caló hondo entre la ciudadanía. Los periódicos publicaron extensos álbumes de fotografías y reportajes sobre los acontecimientos que jalonaron su existencia. A su funeral, que tuvo lugar el 10 de enero de 1880, asistieron treinta mil personas, que formaban un cortejo de casi cinco kilómetros, nada menos. Su epitafio reza así: «Norton I, emperador de los Estados Unidos y protector de México».

Paradójicamente, el fallecido había muerto en la ruina y tuvo que ser una asociación de empresarios la que costeara los gastos del sepelio junto con un ataúd digno, pues al principio le habían puesto en uno de madera barata. Tenía aproximadamente cinco dólares en sus bolsillos cuando murió, de una apoplejía. Entre sus artículos personales había una colección de bastones, múltiples sombreros y paraguas, y unas cartas escritas a la reina Victoria de Inglaterra que nunca envió.

Fue enterrado en el Cementerio Masónico, si bien más tarde, en 1934, ese camposanto se trasladó a Woodlaw y con él sus restos mortales. Su memoria prevalece gracias a relatos, entre otros, de Mark Twain y Robert Louis Stevenson.

La guerra de la sandía

Quince muertos estadounidenses y dieciséis heridos. Y todo por una tajada de sandía. No, no se trata del título de un guion cinematográfico al más puro estilo de Hollywood, sino de un hecho verídico que casi provoca una guerra entre dos países. Nos remontamos al 15 de abril de 1856. Aquel día, Jack Oliver, un altanero ciudadano norteamericano, junto a un grupo de amigos, paseaba por la estación del ferrocarril transístmico del barrio La Ciénaga, en el actual territorio de Panamá (que por aquel entonces se agrupaba junto a Colombia en la República de Nueva Granada). En estado de embriaguez, Oliver tomó prestada una rodaja de sandía de un puesto callejero. Cuando el propietario, José Manuel Luna, le indicó que el precio era de cinco centavos, Jack se dio la vuelta y se marchó. El vendedor le requirió de nuevo que pagara por el trozo de fruta, y ante la indiferencia del americano, Luna sacó un cuchillo y le amenazó. Entonces, a aquel no se le ocurrió otra cosa que desenfundar su arma de fuego y apuntarle.

Este incidente despertó la cólera de los allí presentes, que se enzarzaron en una pelea campal entre los estadounidenses y la población local que terminó con un balance trágico: a los fallecidos y heridos del país de las barras y estrellas se les sumaron dos muertos y trece heridos por parte panameña.

Ambos gobiernos se acusaron mutuamente del suceso, y los Estados Unidos, acusando a Nueva Granada de ser incapaz de mantener el orden, ya tenía excusa para ordenar la ocupación inmediata del istmo.

La situación entre ambos países ya se encontraba especialmente tensa debido al tratado Mallarino-Bidlack, firmado diez años atrás y por el cual Estados Unidos se aseguraba el derecho de tránsito comercial y marítimo a través del istmo de Panamá. En concreto, su artículo 35 otorgaba un tratamiento preferencial a los ciudadanos estadounidenses respecto a los lugareños:

> Los ciudadanos, buques, mercancías de los Estados Unidos disfrutarán
> en los puertos de Nueva Granada, incluso los del istmo de Panamá, de
> todas las franquicias, privilegios e inmunidades en lo relativo a comercio
> y navegación de que ahora gozan los ciudadanos neogranadinos.

Un acuerdo llevado al límite por el país norteamericano en forma de abusos y actos de violencia por los conciudadanos que trabajaban y habitaban allí. Actitud que agudizó el recelo y resentimiento de la población local.

Las consecuencias de la guerra de la sandía alcanzaron cotas internacionales. El informe del comisionado estadounidense Amos Corwine, que aconsejaba ocupar el istmo, fue interpretado al pie de la letra: el gobierno de EE. UU. envió en septiembre un contingente de ciento sesenta soldados, que tomaron la estación del ferrocarril. La ciudad se mantuvo en calma, y tres días más tarde las tropas se retiraron sin haber hecho ni un solo disparo.

Con el fin de evitar un conflicto mayor, el gobierno granadino aceptó su culpabilidad y firmó el tratado de Herrán-Cass, por el que indemnizaba a los Estados Unidos con más de cuatrocientos mil dólares en oro por daños y perjuicios y le cedía varias islas en la bahía de Panamá para emplearlas como bases navales.

La guerra del huevo

A mediados del siglo XIX estalló en California la llamada Fiebre del Oro, aquel período de migración apresurada y masiva de trabajadores norteamericanos hacia áreas más rústicas en las que se había producido un descubrimiento espectacular del áureo metal. La llegada de más población a aquellos territorios motivó una creciente demanda de productos de primera necesidad, entre ellos el huevo, cuyo precio se disparó (llegó a costar un dólar la unidad) y obligó a la búsqueda de alternativas más económicas.

Una de las soluciones pasaba por acudir hasta las Farallon Islands, un conjunto de islotes y peñascos situados a cuarenta y tres kilómetros al oeste de San Francisco, donde habitan aves marinas (hoy tienen consideración de Refugio Nacional de Vida Silvestre y está prohibido acceder a ellos). Pues bien: la superficie de las islas estaba repleta de decenas de miles de huevos de las diversas colonias de especies que viven en su entorno.

Fueron los barcos rusos los que se aproximaron allí al principio para obtener pieles y grasa de focas y leones marinos. Pero todo cambió tras el Tratado de Guadalupe Hidalgo (1848), que ponía fin a la guerra entre Estados Unidos y México y por el que el país azteca cedía a su rival partes de su territorio en las actuales Arizona, California, Nuevo México, Texas, Colorado, Nevada y Utah. La atención depredadora pasó de los mamíferos marinos a las aves, y en concreto a sus huevos. Los *murres* o araos comunes ponían huevos blancos alargados con manchas negras mucho más grandes que los de gallina y más resistentes para ser transportados, por lo que se convirtieron en la única fuente de proteínas para los buscadores de oro. Hasta quinientos mil huevos se recolectaban cada año. Nada menos.

Se establecieron varias compañías estadounidenses en busca del mejor bocado (como la Pacific Egg Company), lo que motivó enfrentamientos y trifulcas que pasaron a mayores y con intercambios de disparos. La situación llegó a ser tan tensa, que el propietario de la Pacific Egg Company, un tal Dr. Robinson, declaró las islas de su propiedad y estableció puestos de vigilancia armada. La confrontación acabó en los tribunales, quienes fallaron a favor de Robinson, otorgándole sus derechos sobre las Farallon Islands. No obstante, la Pacific Egg Company no permaneció en las islas más de dos décadas. Finalmente vendió sus derechos al Gobierno, que prohibió la recolección de huevos en 1881. Y es que el atroz negocio había esquilmado la población de *murres* de quinientas mil a solo seis mil parejas. La guerra del huevo (*Egg War*) no fue solo un conflicto armado, sino también legal.

La guerra del cerdo

En esta ocasión, el motivo del conflicto no fueron unos alimentos, sino un animal, de quien también se aprovecha casi todo para uso comestible. O eso se dice. Pues bien, nos remontamos al año 1846 y nos trasladamos hasta el

territorio de Oregón (que en la actualidad comprendería la provincia canadiense de la Columbia Británica y los estados estadounidenses de Oregón,
Washington, Idaho y parte de Montana y Wyoming). El tratado que le da
nombre fijaba la jurisdicción de aquel territorio: al norte del paralelo 49º la
propiedad era de los británicos, y hacia al sur, hasta el paralelo 42º, el territorio
pertenecía a los estadounidenses; no obstante, existía un pequeño archipiélago,
las islas San Juan, situado entre la isla Vancouver y el continente, que ambas
potencias pretendían. Y es que se trataba de un enclave militar estratégico.

Trece años después de la firma del tratado estallaría el conflicto. Lyman
Cutlar, un granjero americano que allí habitaba, encontró un gran cerdo
negro hozando en su jardín y comiéndose sus tubérculos. Cutlar se enfadó
tanto que apuntó y disparó contra el cerdo, matándolo. Resulta que el animal
era propiedad de un granjero inglés, Charles Griffin, quien le exigió cien
dólares por la afrenta, pero el primero solo le ofreció diez, creyendo que no
debía pagar más porque el cerdo había invadido su tierra. Cuando las autoridades británicas amenazaron con detener a Cutlar, los colonos americanos
reclamaron protección militar.

Los Estados Unidos enviaron un pequeño contingente de tropas y los
británicos respondieron con tres buques de guerra. No hubo ningún disparo
y solo buscaron defenderse unos de otros, pero durante dos meses los estadounidenses siguieron enviando tropas y los británicos dos buques más. Se
trataba de una disputa sin sentido y más bien absurda, pero ninguna de las
dos potencias en juego daba su brazo a torcer. De fondo, quedaba ver quién
se hacía con el dominio de las islas San Juan.

En septiembre de 1859, el presidente estadounidense James Buchanan envió
al general Winfield Scott a negociar con el gobernador británico Douglas y
resolver la crisis, que vivía bajo la sombra un posible conflicto interno que des-
embocaría con la guerra de Secesión. La disputa se resolvió pacíficamente, con la
firma en 1871 del Tratado de Washington, que remitió la resolución del dominio de aquel territorio a un arbitraje internacional con el káiser de Alemania
Guillermo I como principal mediador. El 21 de octubre de 1872 la comisión
se pronunció en favor de los Estados Unidos. Las tropas británicas se retiraron.

Una guerra por una oreja

Pero si hablamos de conflictos absurdos en tierras americanas, todo tiene
un comienzo. La primera guerra que tuvo lugar en América del Norte no se
dio entre europeos y nativos americanos. En el año 1731, mientras capita-

neaba la nave contrabandista Rebecca en aguas del Caribe, el pirata inglés Robert Jenkins fue abordado por el guardacostas español La Isabela, dirigido por el capitán Julio León Fandiño, quien le cortó una oreja como represalia al tiempo que le decía (según el propio Jenkins): «Ve y dile a tu rey que lo mismo le haré si a lo mismo se atreve».

En su comparecencia en la Cámara de los Comunes inglesa, Jenkins denunció el caso con la oreja en la mano (que había conservado en sal), y el primer ministro Walpole se vio obligado a declarar la guerra a España el 23 de octubre de 1739.

Se iniciaría como un conflicto independiente, pero más tarde se entrelazó con la guerra de sucesión austriaca. La contienda en América finalizó con la derrota inglesa. España se unió en alianza a Francia para combatir a piamonteses y austriacos.

En la guerra de la Oreja de Jenkins, la batalla más destacada tuvo como protagonista a un héroe de la historia militar de España. Se trata de la defensa de Cartagena de Indias por Blas de Lezo, en 1741, en la que fue derrotada una flota británica de ciento ochenta y seis naves y casi veintisiete mil hombres a manos de una guarnición española compuesta por unos tres mil quinientos hombres y seis navíos de línea, una de las victorias legendarias de España. La guerra afectó a todo el Caribe, con importantes combates en Panamá y Cuba, además de en tierra firme.

La irrisoria compra de Alaska

Estados Unidos hizo un negocio rentable con la compra de Alaska a los rusos en el siglo XIX. Eso es innegable, ya que apenas tuvo que desembolsar 7,2 millones de dólares (menos de dos centavos por acre). Sí, el territorio más al norte del país era una inmensidad desolada (un millón y medio de kilómetros cuadrados) que parecía no tener provecho económico. Las críticas al presidente del país, Andrew Johnson (gobernó de 1865 a 1869), fueron incesantes. Pero al final el tiempo le daría la razón.

Vamos a explicar los motivos. Y es que apenas treinta años después de la adquisición del estado más grande de los Estados Unidos, estalló una inesperada fiebre del oro. A ello se añadió la localización en Alaska de enormes yacimientos de petróleo en su zona norte. Todo ello demostraba que Alaska era un enorme depósito de recursos naturales por explotar.

¿Cómo se hizo Estados Unidos con Alaska? Este trozo territorial de América del Norte era posesión rusa desde el siglo XVIII, cuando el explorador Vitus Bering llegó al continente americano. En 1799, el zar Alejandro II estableció la Compañía Ruso-Americana y se hizo dueño y señor del territorio. Pero debido a su lejanía, su escasa rentabilidad y el riesgo de invasión por parte de los británicos, el zar aceptó vendérsela a Estados Unidos.

Como ocurrió con Napoleón, Rusia envió a Washington al barón Eduard de Stoeckl para entablar negociaciones con el secretario de Estado estadounidense William Seward. Aunque a la operación se la tildó como «la locura de Seward», la jugada le salió perfecta al país americano, que tuvo que desembolsar menos de cinco céntimos por hectárea, en cálculos globales.

En octubre de 1867 se realizó la compraventa, aprovechando que, tras la guerra de Crimea (1853-1856), Rusia estaba arruinada. Esta transacción puso fin a la presencia de Rusia en América del Norte y garantizó el acceso de los Estados Unidos al borde norte del Pacífico.

Las riquezas de Alaska, como el oro, el petróleo y el gas natural, aparecieron a largo plazo. El oro se descubrió en el estrecho de Gastineau en la década de 1880 y de la noche a la mañana se crearon los núcleos de Juneau y Douglas. En 1896 se produjo una de las fiebres del oro más animadas en la región de Klondike del Yukon canadiense, al otro lado de la frontera. Sin duda, fue uno de los más grandes negocios de la historia. Se trataba del cuadragésimo noveno estado en incorporarse a territorio estadounidense.

A sus fecundos recursos naturales se le añade otra ventaja: Alaska es un enclave estratégico militar de primer orden. El inicio de la Guerra Fría entre Estados Unidos y la Unión Soviética después de la Segunda Guerra Mundial motivó que este estado americano se convirtiera en un puesto de avanzada militar que situaba a las tropas, radares y misiles estadounidenses muy cerca de territorio enemigo.

En la actualidad, Alaska es el mayor estado del país a niveles de extensión geográfica (en sí, es como un subcontinente), pero también un territorio con poco menos de un millón de habitantes, aunque cuenta con una poderosa economía: su producto interior bruto (PIB) alcanza los cuarenta y cuatro mil millones de dólares anuales.

Su historia tiene toda la épica de una epopeya: migraciones masivas, aniquilación cultural, una fiebre del oro y otra del petróleo. Desde la llegada de las colonias europeas, su pasado ha estado ligado a la adquisición de vastos recursos naturales. El frío y tormentoso Pacífico Norte hizo que Alaska fuera uno de los últimos lugares del mundo en ser topografiado por los europeos.

Antes de que fuera estadounidense, y antes rusa, Alaska perteneció al Imperio español. Este, el 3 de junio de 1790 alcanzaba la mayor extensión de su historia cuando una expedición al mando de Salvador Hidalgo navegó la costa de este ignoto territorio hasta llegar a una zona que reconoció y bautizó con el nombre de Valdés. Después de contactar con los nativos, decidió realizar una solemne ceremonia: los españoles izaron una enorme cruz de madera y la bandera de España. Hidalgo tomaba posesión así de Alaska en nombre del rey Carlos IV y lograba frenar las avanzadillas rusas. Pero las expediciones al noroeste norteamericano no comenzaron con Hidalgo. En 1774, la isla de Nutca había sido visitada por el buque Santiago, comandado por don Juan Pérez.

El interés de España por explorar este territorio residía especialmente en la posibilidad de confirmar la existencia (o no) del estrecho de Ania, un pasillo acuático que supuestamente conectaba el océano Atlántico con el Pacífico, objeto de deseo, además, de otras potencias coloniales.

No obstante, la presión ejercida por Inglaterra por tratar de controlar el comercio de la zona consiguió que España firmara un convenio por el que Alaska y la costa pacífica quedaban como zona libre de soberanía, circunstancia que fue aprovechada primero por los rusos y luego por Estados Unidos para hacerse con su control.

Hoy día, Alaska cuenta con varios topónimos, como Valdez o Cordova, que recuerdan que un día España ostentó la soberanía sobre esta zona tan gélida de los Estados Unidos.

Otro chollo: la Luisiana

Tampoco le salió mal la jugada a Estados Unidos con la adquisición del extenso territorio de Luisiana, firmada y sellada antes de la de Alaska; en concreto en 1803 ante Napoleón Bonaparte por quince millones de dólares de la época. Con la compra de este territorio (de dos millones doscientos mil kilómetros cuadrados que hoy comprenden quince estados), los Estados Unidos pudieron extenderse hasta el océano Pacífico y desarrollarse como una gran nación agrícola y ganadera.

Luisiana era un bocado muy apetecible. Del tamaño de cuatro veces la península ibérica, se presentaba con una inmensa llanura de tierra fértil, con miles de acres para arar y pastorear. Atravesada de norte a sur por el río Misisipi, se extendía desde la frontera canadiense hasta el golfo de México.

El Tratado de París de 1763 obligó a Francia a ceder a los ingleses la parte oriental de la Luisiana (llamada por entonces virreinato de Nueva Francia), y la occidental a España. No obstante, la Francia napoleónica recobró la soberanía de la Luisiana española en el Tratado secreto de San Ildefonso de 1800 y vendió el terreno a los estadounidenses, con el fin de evitar que cayera en manos inglesas. Fue cuando el dictador francés tuvo que olvidarse de sus planes de reconstruir un imperio colonial en América.

El presidente de Estados Unidos por aquel entonces, Thomas Jefferson, envió a negociar con Napoleón a varios de sus asesores. En principio solo querían comprar la ciudad de Nueva Orleans. Pero de ahí su sorpresa, ya que recibieron una contraoferta francesa para llevarse toda la Luisiana francesa por dieciocho millones de dólares. Finalmente aceptaron porque tenían enfrente una ganga que no podían rechazar. Al final se acordó la venta por quince millones de dólares. Los americanos disfrutaron de un chollo: ampliaban considerablemente su territorio y lo hacían sin emplear la violencia. Miel sobre hojuelas.

En su momento, la compra fue muy discutida por la oposición y la sociedad, y se consideró un abuso constitucional por parte de Jefferson. Sin embargo, pacificó el país en el Oeste al sofocar allí las pulsiones separatistas.

Una vez consumada la operación, nadie dudó de sus ventajas: Nueva Orleans se convirtió, casi inmediatamente, en la ciudad más poblada y próspera del Sur y en el segundo puerto más importante de Estados Unidos, posición que ocupó hasta entrado el siglo xx, cuando fue desplazada por Los Ángeles.

La adquisición de la Luisiana representó un primer paso en la transformación de Estados Unidos en un gigante continental. No obstante, el civilizado intercambio de territorio por dinero, que había beneficiado tanto a Francia como a Estados Unidos a principios del siglo xix, no era una posibilidad ni frente a la antigua metrópoli en el norte ni con la república vecina al sur.

Más con la Florida española

Con James Monroe de presidente (de 1817 a 1825), Estados Unidos prosiguió la ampliación de su territorio y, además, marcó sus diferencias frente a Europa. Gracias al Tratado de Adams-Onís (1819-1821), el país americano compró a España las provincias de la Florida y Oregón. Se fijó la frontera entre la nación norteamericana y el entonces virreinato de la Nueva España, gobierno que recibió a cambio la soberanía de Texas. La cada vez más poderosa república asomaba sus fauces al golfo de México y apuntaba a Cuba.

La siguiente zona de expansión territorial pasó a ser Texas. El Congreso de los Estados Unidos aceptó la república texana en la Unión (1845), lo que provocó la guerra con México, país que por entonces controlaba aquel territorio. Bajo el mandato de James Knox Polk (1845-1849), undécimo presidente del país, se inició un conflicto armado que duraría dos años. Hasta este momento, Estados Unidos había conseguido engrosar su territorio sin apenas haber disparado un arma desde la guerra de la Independencia. Las victorias norteamericanas se sucedieron casi sin interrupción hasta el final.

Después del triunfo, gracias al Tratado de Guadalupe Hidalgo (1848), Estados Unidos se apoderó, aparte de Texas, de lo que con el paso del tiempo serían California, Arizona, Nevada, Utah y partes de Colorado y Nuevo México. En total, más de un millón trescientos mil kilómetros cuadrados. La contienda contra México fue el campo bélico en el que se curtieron militares como Ulysses Grant o Robert Lee, que luego encabezarían los ejércitos del Norte y del Sur en la guerra de Secesión.

De ocupar, a la hora de nacer, poco más de dos millones de kilómetros cuadrados entre el Atlántico y los Apalaches, la joven república estadounidense cubría en 1860 más de siete millones y medio de kilómetros cuadrados, de la costa Este hasta el océano Pacífico. El crecimiento demográfico resultó igual de impresionante: el número de habitantes pasó de poco menos de cuatro millones en 1790 (año del primer censo) a treinta y un millones y medio en 1860. La población creció en promedio un 35 % por década entre 1820 y 1860, multiplicándose por dos cada veinticinco años.

Al vigoroso incremento natural de la población se sumó un importante flujo migratorio, procedente principalmente del noroeste de Europa. Durante la primera mitad del siglo XIX llegaron un millón setecientos mil irlandeses y un millón trescientos mil alemanes, además de ingleses, suizos y belgas. Los inmigrantes se concentraban en las ciudades: en Boston y Nueva York casi la mitad de la población había nacido en el extranjero. Estas circunstancias alimentaron el racismo y el anticatolicismo de ciertos sectores, que promovieron, sin éxito alguno, la restricción legal de la inmigración.

Washington y su simbología masónica

Cuando finalizó la guerra de la Independencia contra los ingleses, las antiguas colonias americanas se integraban en una simple confederación de territorios, sin más instituciones comunes que el Congreso Continental. El hecho de que se aprobase la Constitución federal de 1787 dio una vuelta de tuerca e hizo comprender la necesidad de establecer una verdadera capital nacional.

Durante su primera presidencia, George Washington se estableció en Nueva York, y en 1790 Filadelfia fue designada capital para un periodo de diez años. Pero no fue hasta 1791 cuando se tomó la decisión sobre la capital definitiva; fue el resultado de una negociación entre los representantes de los estados del Norte y del Sur: los virginianos consiguieron que se emplazara en su área.

El punto exacto donde brotaría la nueva capital fue elcgido por el general Washington, y desde ese momento se sobreentendió que la nueva ciudad llevaría su nombre, aunque él siempre se refirió a ella como Federal City.

Por encima de todos los demás homenajes, la capital federal de la nación fue bautizada en honor a su primer presidente como Washington D. C. (iniciales de District of Columbia), lo que la convierte en una de las dos capitales del mundo con el nombre de un presidente de Estados Unidos (la otra es Monrovia, capital del Liberia, en África, en memoria de James Monroe).

También hay un estado en el noroeste llamado Washington, cuya ciudad más poblada y conocida es Seattle, y para no confundirlos se suele aludir a la capital simplemente como D. C. o Washington City. En esta abundan los lugares dedicados al presidente, siendo el más famoso y espectacular el gran obelisco blanco del National Mall ('Explanada Nacional') conocido como Monumento a Washington (un guiño egipcio a los ideales esotéricos que abrazaron los primeros norteamericanos). Sin embargo, en contra de lo que muchos creen, el inspirador de la ciudad no se halla enterrado en ella, sino en su finca de Mount Vernon, aunque hubo planes para llevar su tumba a D. C. que, finalmente, se descartaron.

Washington D. C. se construyó a orillas del río Potomac, en el límite entre Virginia y Maryland, ocupando un territorio autónomo denominado Distrito de Columbia. El diseño urbanístico quedó a cargo de un arquitecto francés llamado Pierre Charles L'Enfant; su plan de 1791 muestra un esquema de amplias avenidas radiales, con el Capitolio como punto neurálgico. Antes de eso, Washington fue durante décadas una pequeña ciudad de aire provinciano, en permanente construcción y remodelación.

¿Fue la elección de Washington como capital de la nación algo casual, o intervinieron ciertos aspectos cuanto menos «esotéricos»? Si autores como David Ovason están en lo cierto, la capital misma de la nación es una especie de talismán mágico diseñado para atraer las energías benefactoras de la constelación Virgo, que, según él, tiene una importancia especial en la francmasonería.

En *La arquitectura sagrada de Washington*, Ovason especula sobre la intención esotérica que hay detrás del diseño y organización de la capital. El detalle de que cuando George Washington colocó la primera piedra del edificio del Capitolio en 1793 llevaba puesto un peto masónico con simbología masónica oculta, así como un zodiaco, resulta fascinante.

Según defiende este autor, él y otros Padres Fundadores dispusieron los edificios más importantes de la ciudad, como el Capitolio, la Casa Blanca y el monumento a Washington, de modo que imitaran el triángulo de estrellas de la constelación de Virgo.

Washington es una ciudad que sorprende. La capital de Estados Unidos abunda en monumentos emblemáticos, enormes museos y centros de poder, con sus visionarios y demagogos. El National Mall (casi tres kilómetros de monumentos simbólicos y edificios de mármol sagrados) es el epicentro de la vida política y cultural. No hay mejor lugar para recorrer la historia estadounidense, y se pasea pasando la mano por el Memorial a los Veteranos de Vietnam o subiendo la escalinata del monumento a Lincoln, donde Martin Luther King pronunció su famoso discurso «Tengo un sueño».

Quizá el edificio que mejor representa la imaginería masónica de Washington sea la House of Temple ('Casa del Templo'). Inspirada su arquitectura en el Museo de Halicarnaso, una de las Siete Maravillas del Mundo, el inmueble cuenta con una sucesión de elementos simbólicos: la cifra 33, por ejemplo, está omnipresente por toda la casa. Y no resulta casual: 33 es el total de grados de conocimiento que se deben adquirir en la logia masónica para convertirse en un maestro; 33 son las columnas exteriores del templo; y 33 son los pies de altura que tiene la cámara central del edificio.

Si echamos la vista atrás, la primera piedra del nuevo Congreso de la ciudad fue colocada el 18 de septiembre de 1795 en una ceremonia presidida por la Gran Logia de Maryland, con George Washington como maestro de ceremonias. Portaba los símbolos masones por excelencia, la escuadra y el nivel, además del mandil masónico que se conserva en un museo.

El Capitolio de Washington es el edificio que alberga las dos cámaras del Congreso de los Estados Unidos. Su historia también está vinculada a la masonería. Obra del arquitecto William Thornton, asimismo mediante un rito masónico se inició su construcción. La logia número 22 de Virginia y la número 9 de Maryland recibieron al presidente de la nación. El constructor de la cúpula del Capitolio, Charles Bulfinch, también era masón.

LOS ILLUMINATI Y SU INFLUENCIA EN LOS ESTADOS UNIDOS

El Congreso Continental inició el proceso de diseño de lo que sería el Gran Sello de los Estados Unidos simultáneamente a la aprobación de la Declaración de Independencia de 1776. El reverso no se utilizaría como parte del sello oficial, pero sí aparece en el reverso de los billetes de un dólar (junto con el anverso del sello). Muestra la leyenda en el anverso de «*E pluribus unum*» («Uno a partir de muchos»). Y en el reverso se muestran «*Novus ordo seclorum*» («[Ha nacido] un nuevo orden de los tiempos»; de Virgilio, en sus *Églogas*) y «*Annuit coeptis*» («[La Providencia] aprueba nuestra empresa»; de Virgilio, en la *Eneida*).

La versión oficial nos dice que la simbología de tal sello alude a las trece colonias originales (trece estrellas, trece barras, trece niveles en la pirámide truncada, trece flechas en la garra siniestra del águila, trece hojas y olivas en la diestra). La fecha en la pirámide es 1776, el año de la Declaración de Independencia. El «Ojo de la Providencia» sobre la pirámide era un elemento habitual de la iconografía cristiana del siglo XVIII.

Sin embargo, los misterios y las conjeturas envuelven este simbolismo, del que se obtienen diversas interpretaciones. En el anverso de dicho billete se observan además dos círculos bastante grandes. El de la izquierda, en su interior, contiene una gran pirámide inacabada de trece escalones que parece coronada por un triángulo iluminado que, a su vez, levita sobre la misma. Dentro, un ojo enorme. Y en la base de la pirámide, una fecha con caracteres latinos: MDCCLXXVI.

Algunos han querido ver una agrupación que supuestamente se encuentra en la cumbre de la pirámide mundial, la congregación más poderosa y secreta que ha pasado a la historia: los Illuminati. Y es que la fecha grabada sobre la pirámide alude al año 1776, fecha en la que Adam Weishaupt fundó la Orden de los Perfectibilistas, también llamada la Liga de los Hombres, o lo que es lo mismo: la Orden de los Iluminados de Baviera (en concreto, el 1 de mayo de 1776, la llamada noche de Walpurgis). A los pocos meses de la fundación de los Illuminati, se firmó la Declaración de Independencia de los Estados Unidos, algo que se relaciona (sea ello cierto o no) con la misteriosa orden.

Los Illuminati dieron el salto de Europa a América con la idea de que estos masones obtuvieran el poder de la nueva nación que se había formado. Y entonces es cuando surgió el diseño del Gran Sello de los Estados Unidos. La central de la Orden de los Illuminati se asentó en la ciudad de Nueva York y se hizo llamar la Logia Colombina, que tuvo a miembros destacados como Clinton Roosevelt, un antepasado del famoso presidente que acabó rediseñando el billete. También contó con la presencia de Thomas Jefferson, otro reconocido defensor de las ideas de Weishaupt.

Según piensan determinados sectores, los Illuminati influyeron en el simbolismo norteamericano, repleto de signos esotéricos. De hecho, George

Washington y Benjamin Franklin (reconocidos masones y Padres Fundadores de la nación) participaron en el diseño del escudo.

El sello finalmente se haría oficial en 1932, cuando el presidente de Estados Unidos por aquel entonces, Franklin D. Roosevelt, ordenó colocarlo en los billetes de un dólar. Un dirigente influido, por cierto, por ideas iluministas (también era masón).

Para el historiador Manly P. Hall, «la firma de los misterios todavía puede apreciarse en el Gran Sello de Estados Unidos», que incluye «una colección de símbolos ocultistas y masónicos». Cuando analizamos el sello con atención, aparecen un buen número de símbolos ocultos y masónicos, entre los que destaca la llamada águila americana, un ave que, según Benjamin Franklin, no merecía ser escogida como emblema de un pueblo grande, poderoso y progresista.

El águila americana que aparece en el Gran Sello no es más que un fénix estilizado, como se puede distinguir claramente si se examina el sello original. En su obra *The History of the Seal of the United States*, Gaillard Hunt presenta sin pretenderlo abundante material para confirmar la creencia de que en el sello original aparecía el ave fénix en el anverso y la Gran Pirámide de Guiza en el reverso.

Por su parte, Charles Eliot Norton, profesor de Historia del Arte en la Universidad de Harvard, asegura, en referencia al Gran Sello, que «el mecanismo adoptado por el Congreso apenas puede ser otra cosa que un simple emblema de la fraternidad masónica».

EL ORIGEN DE LA BANDERA

Dicen que un día de principios de junio de 1776, Betsy Ross, de veinticuatro años, octava de diecisiete hijos de una familia cuáquera de Nueva Jersey y tapicera de profesión, recibió la visita de George Washington, comandante en jefe del Ejército norteamericano y futuro primer presidente de los Estados Unidos de América. Este le enseñó un boceto trazado a lápiz para que se inspirara y le pidió que confeccionara una bandera. En ella aparecían dibujadas trece bandas rojas y blancas horizontales, y en la parte superior izquierda había un cuadrado azul con un círculo formado por trece estrellas, el número de colonias que debían convertirse en estados de una sola nación tras liberarse de la opresión colonial británica.

La nueva nación requería una bandera (la *Stars and Stripes*, 'Barras y Estrellas') que, a pesar de las leyendas, no hizo Betsy Ross, sino que fue adoptada en 1777. Consta de trece franjas horizontales de igual tamaño (siete rojas y seis blancas alternadas) y un rectángulo azul en el sector del cantón superior izquierdo con cincuenta estrellas blancas de cinco puntas.

Las barras representan las trece colonias originales que lograron independizarse de Gran Bretaña y las estrellas los cincuenta estados que conforman la Unión. Presenta una gran similitud con la bandera de las Compañía Británica de las Indias Orientales, en cuyo diseño posiblemente se inspiró. La bandera ha sido modificada en veintiséis ocasiones, a medida que se iban incorporando nuevos estados: empezaron siendo trece estrellas, luego quince (en 1818), veinte (en 1819), veintiuna (en 1820)... La última incorporación fue la de Alaska y Hawái, en 1960 (Puerto Rico, Estado Libre Asociado desde 1917, no está en la bandera). El diseño original está atribuido a diferentes personas, pero no hay consenso definitivo.

Según Manly P. Hall, cuando se debatieron los diseños de la bandera americana, George Washington, Benjamin Franklin y otros miembros del comité visitaron una casa en la que se hospedaba un misterioso desconocido, llamado «el Profesor». A través de algunas señales secretas, Washington y Franklin lo reconocieron y lo obligaron a unirse a ellos. Así lo hizo, y se adoptaron todas sus sugerencias sobre la bandera. Luego el Profesor se desvaneció y no volvieron a saber de él. No queda claro quién pudo haber sido ese profesor. ¿Acaso Washington y Franklin reconocieron en el Profesor a un emisario de la escuela mistérica que durante tanto tiempo ha controlado los destinos políticos de nuestro planeta?

En su tratado llamado *Our Flag*, Robert Allen Campbell, al respecto de este anciano asegura que «era alto, de buena figura, desenvuelto y de modales elegantes y era, al mismo tiempo, cortés, refinado y autoritario. No comía carne, aves ni pescado; no se alimentaba de nada que fuera verde, no bebía bebidas alcohólicas...».

Masones entre los Padres Fundadores

No queda duda de que las ideas masónicas fueron de vital importancia para la política norteamericana desde sus inicios. Resulta curioso que de los cinco personajes más importantes que influyeron en la Constitución americana (Washington, Franklin, Randolph, Jefferson y Adams), los tres primeros eran masones activos y los dos restantes simpatizantes de la Orden.

Todos los personajes que intervinieron en la toma de George Washington como primer presidente de los Estados Unidos, el 4 de febrero de 1789, fueron masones. Y la Biblia empleada en el juramento pertenecía a la Logia San Juan número 1 de Nueva York.

Cuando los Padres Fundadores redactaron la Constitución estadounidense, fue casi inevitable que en ella las nociones progresistas de libertad, igualdad, hermandad, tolerancia y derechos del hombre, que eran también ideales de la francmasonería, no estuvieran destacadas de forma prominente.

Existen algunos historiadores que defienden que ya en la época de la guerra de la Independencia los ideales masónicos se habían difundido entre las colonias, en especial a través de las logias de campo militares. La masonería atraía a hombres de todos los estratos sociales. De hecho, era esta cualidad igualitaria lo que unía la francmasonería con la política radical que no tardaría en eclosionar en la Europa continental y convertirse en una amenaza para la aristocracia y la Iglesia.

Se dice que las sociedades secretas europeas conspiraron para establecer en el continente americano «una nueva nación, concebida en libertad y consagrada al principio de que todos los hombres son iguales al nacer». Los ideales sagrados de los francmasones, que muchos vieron como plenamente implantados en la fundación de Estados Unidos, bien pudieron haber sido responsables de que las colonias ganaran la guerra. Al parecer, los masones lucharon en ambos bandos de la Revolución norteamericana, aunque las razones esotéricas tras la resistencia británica a la independencia de las colonias han recibido hasta el momento poca atención.

Orígenes presidenciales

Los Padres Fundadores nacieron en el territorio del actual Estados Unidos. Pero no todos los presidentes del país tienen un origen tan patriota. Martin Van Buren es el único presidente (1837-1841) cuya primera lengua no era el inglés: era de familia neerlandesa. William Henry Harrison fue el último presidente (marzo-abril de 1841) no nacido en EE. UU., sino en territorio británico: las Trece Colonias. James Buchanan (1857-1861), el único oriundo de Pensilvania. Jimmy Carter (1977-1981), el primero que nació en un hospital. Barack Obama (2009-2017), el único nacido fuera del continente: en el estado de Hawái.

Ocho presidentes nacieron en Virginia y siete en Ohio. No ha habido ninguno nativo americano, italoamericano o hispano. Y no está demostrado, pero es muy probable que Abraham Lincoln fuera el único de ascendencia judía.

La Casa Blanca: el hogar de todos los presidentes

La Plantación de la Casa Blanca (*The White House Plantation*) es el nombre que recibía la gran finca de la colonia de Virginia en la que vivía Martha Dandridge Curtis cuando George Washington le pidió matrimonio, y el nombre oficial que adoptó a principios del siglo xx la mansión que alberga la residencia y principal lugar de trabajo del presidente de los Estados Unidos.

Pero el bello edificio no siempre se ha designado de esta manera: cuando George Washington lo ideó y puso a concurso la elección del arquitecto en el año 1792, todo el mundo lo llamaba popularmente Mansión Presidencial, Casa Presidencial o Palacio Presidencial. El nombre oficial que adoptó después de ser inaugurado por el presidente John Adams en 1800 fue el de Mansión Ejecutiva.

Popularmente empezó a llamarse Casa Blanca durante la reconstrucción de 1814, después de que la residencia fuera quemada por los ingleses, y se aplicó pintura blanca para disimular los desperfectos. Fue el presidente Theodore Roosevelt quien, durante su mandato, decidió denominarla Casa Blanca, oficializando el nombre popular y honrando a su vez la residencia de la esposa del primer presidente de los Estados Unidos.

La mansión, diseñada por el arquitecto de origen irlandés James Hoban, está situada en la avenida Pennsylvania número 1600, al noroeste de Washington D. C. Ha experimentado numerosas reformas, redecoraciones y extensiones a lo largo de su historia. Hoy en día es un enorme complejo de nada más y nada menos que ciento treinta y dos habitaciones, treinta y cinco baños y veintiocho chimeneas, entre otros muchos espacios.

LA CONSOLIDACIÓN DEL IMPERIO

El borracho que se convirtió en vicepresidente

En 1865, Andrew Johnson (1808-1875) juró el cargo como vicepresidente de Abraham Lincoln. Pero algo no transcurrió como debiera. Durante su discurso, Johnson parecía arrastrar sospechosamente las palabras, para sorpresa de los asistentes. Normal, estaba totalmente ebrio. La versión oficial sostiene que, debido a un whisky «medicinal» que había bebido para tratarse una malaria, Johnson mostraba tan lamentable estado. Días después, el propio Lincoln se vio obligado a intervenir ante el escándalo que se generó. «Conozco a Andrew Johnson desde hace muchos años. Tuvo un resbalón el otro día, pero no se asusten; no es un borracho».

Aunque así era acusado por la oposición republicana, tuvo que suceder al mandatario más icónico de la historia de los Estados Unidos en 1865, por lo que su alargada sombra se cernió sobre su mandato (hasta 1869). Tuvo la ardua tarea de gestionar la reconstrucción del país tras la guerra de Secesión y coser a la Unión los estados rebeldes del Sur.

Bajo su cargo, el Norte condonaría las deudas de los estados sureños y las asumiría el gobierno federal. Johnson, según sus biógrafos, tenía escasa formación (era sastre), un carácter reservado y hacía gala de toscas formas. Pese a pertenecer al Partido Demócrata, pensaba que los negros eran inferiores a los blancos. Su programa de reconstrucción se limitaba simplemente a la readmisión de los estados rebeldes, obviando la regulación de derechos de los esclavos negros. Era un demócrata defensor de la esclavitud.

Johnson se convirtió en el primer presidente de la historia sometido a *impeachment*, aunque el proceso no llegó al final. Durante su mandato tuvo lugar la compra de Alaska a la Rusia imperial por siete millones doscientos mil dólares.

No fue Johnson el único presidente estadounidense que se dejó llevar por los efectos embriagadores del alcohol. Sin ir más lejos, George Washington se bebía cuatro vasos de madeira todas las tardes, mientras que su sucesor, John Adams, levantaba una jarra de cerveza de sidra para desayunar todas las mañanas.

Uno de los mandatarios más bebedores fue Ulysses S. Grant (gobernó de 1869 a 1877). Uno de los héroes de la guerra civil estadounidense, desarrolló una reputación de borracho precisamente en aquellos días de contienda. Pese a dirigir el Ejército del Norte, eran bastantes las ocasiones en las que se le veía beber whisky de una cantina, tambaleándose y vomitando. Y es que sarna con gusto no pica, pues le recetaban brandy para las migrañas. En sus últimos días, en un intento desesperado por completar sus memorias, Grant hizo gárgaras con vino mezclado con cocaína para aliviar el dolor del cáncer de garganta provocado por décadas de fumar tabaco. Así lo recoge el libro *Party Like a President: True Tales of Inebriatio, Lechery and Mischief from the Oval Office*, de Brian Abrams.

En la lista de presidentes de la historia estadounidense destaca algún que otro mandatario con una supuesta vida disoluta o, cuanto menos, alejada de lo que se supone un hombre de Estado de la primera potencia mundial. Es el caso de Franklin Pierce (1804-1869), decimocuarto presidente de los Estados Unidos (1853-1857). Ante la opinión pública era un tipo entrañable, además de guapo y con una sólida formación. Pero en la intimidad, era una persona atormentada por el alcohol, la desdicha y sus periódicos brotes de depresión.

Tuvo en ello que ver el que su esposa, Jane, renegase de su vocación política. Discutían muy a menudo, en muchas ocasiones por la pérdida de su hijo de cuatro años. Otro vástago había muerto con anterioridad. Las desgracias no acabaron ahí. Un día de intenso frío de 1853 el matrimonio cogió un tren desde Andover (Massachusetts) con dirección a Nuevo Hampshire para acudir al funeral de un amigo. Durante el trayecto, un vagón se desenganchó del resto del convoy y se despeñó por un terraplén. La fatalidad solo se cebó con la familia Pierce: Bennie (el tercer hijo de ambos) murió aplastado con doce años.

Jane ya no pudo reponerse, y comenzó a crecer en su interior un resentimiento hacia Franklin por su desmedida ambición política. El país se precipitaba hacia la Guerra Civil, y Pierce asumió el discurso del Sur. El 2 de diciembre de 1863 falleció Jane. En aquel tiempo, Pierce ya había recaído en su adicción al alcohol. Murió el 8 de octubre de 1869.

Asalto a la Casa Blanca

La toma de posesión más caótica como presidente de los Estados Unidos fue la que protagonizó Andrew Jackson en 1829. El primer presidente que no formaba parte de la aristocracia estadounidense fue un candidato enormemente popular. Tanto, que miles de lugareños procedentes de todo el país acudieron a Washington para asistir a su toma de posesión. Hasta ahí, todo bien.

Sin embargo, muchos de los asistentes no se conformaron con eso y, después de la ceremonia, irrumpieron en la Casa Blanca con la intención de ver y estrechar la mano al nuevo presidente. Hasta veinte mil personas, la inmensa mayoría de ellas borrachas como cubas, irrumpieron en el recinto presidencial, causando dentro del edificio una auténtica avalancha humana, que casi provoca la muerte por asfixia de Jackson, que salvó la vida al ser evacuado a través de una ventana o por una puerta trasera.

La muchedumbre reventó barriles de ponche, destrozó lujosas alfombras y tapices. Hubo revueltas y peleas en diferentes salas del edificio. Finalmente solo se la consiguió hacer salir prometiéndole más alcohol en otro lugar.

Andrew Jackson (quien gobernó el país entre 1829 y 1837) era un hombre férreo, voluntarioso, común. Entendía a la gente. Sabía qué tipo de mensajes enviar al pueblo y en qué momento hacerlo. Se trataba de un hombre más dado a arrebatos que a pasiones. Se presentó ante el pueblo americano como el militar curtido en mil batallas tras una gran victoria (en Nueva Orleans contra los ingleses), un luchador superado a sí mismo y que se sobrepuso a todas las adversidades.

Jackson se convirtió en un viudo entregado a su país y a la lucha contra el Banco Nacional. Era un espíritu guerrero contra las desigualdades sociales, pero también responsable del expolio contra los indios y la expulsión de sus tierras. Presentaba contradicciones: por un lado quería acabar con la profesionalización política y limpiar la Administración de una élite corrupta. Pero creó el *spoils system*, es decir, el sistema por el cual el partido que llegara a la Casa Blanca distribuía entre sus fieles los puestos relevantes de la función pública. Usó la Administración federal para premiar a sus colaboradores y perseguir a sus adversarios. Recurría al oportunismo en política: defendió los derechos de los estados solo para ganar los votos del Sur como candidato demócrata, porque era un nacionalista acérrimo.

Sobre su mandato pesó sin duda la cuestión india. Su actitud pareció paternalista y aparentemente condescendiente con los indios, pero en realidad fue implacable y despiadada: apoyó a Georgia en sus demandas de expulsar a los cheroquis y en 1830 defendió, junto a los whigs, la Ley de Traslado Forzoso, que implicaba el intercambio de tierras indias ya en territorio americano por nuevas posesiones para diversas tribus en Oklahoma.

Con este presidente se consolidó la clase media y nació el sueño americano. En su vida personal llama la atención que tuviera que batirse a duelo varias veces por preservar el buen nombre de su mujer, a la que acusaban de adulterio. En 1803 disparó sin acierto contra el gobernador del estado de Tennessee por decir que había viajado con la esposa de otro hombre; en 1806 mató en duelo a Charles Dickinson, famoso solamente por morir de un disparo del futuro presidente. Llenó su cuerpo de heridas y restos de balas que le dejaron graves y dolorosas secuelas. Frecuentemente tosía sangre y padecía fuertes dolores de cabeza y calambres, debido al impacto de las balas que recibió en los duelos.

El mandato más breve

El mandato más exiguo de la historia de las presidencias en Estados Unidos lo protagonizó Henry Harrison, quien apenas ejerció en el cargo entre febrero y marzo de 1841 por el Partido Whig; treinta y dos días, para ser exactos. Este político asumió la presidencia del país a una edad ya avanzada para la época, a los sesenta y ocho años, tras una larga carrera militar. Según nos cuentan las fuentes, su estado de salud se resintió debido a que pronunció un discurso inaugural que duró más de dos horas (el más largo pronunciado) en un día de temperaturas gélidas sin llevar el conveniente abrigo, ni guantes ni sombrero. Dijo que nadie podía discutir ni usurpar el poder del pueblo, pero que en nombre del pueblo tampoco es legítimo acumular todo el poder. Al cabo de treinta días de aquel juramento glaciar, falleció debido a una neumonía, convirtiéndose así en el primer presidente estadounidense en morir ocupando el cargo.

Nacido en 1773 en Virginia, Harrison se convirtió en el último mandatario de Estados Unidos en haber nacido súbdito de la Corona británica. También ostenta otro récord: fue el inquilino de la Casa Blanca de mayor edad, con sesenta y ocho años (hasta que le superó Ronald Reagan en 1981, y más recientemente, en 2021, Joe Biden con setenta y ocho años).

Antes de ser presidente, se mostró como un gobernador sin escrúpulos. Consiguió emborrachar a los líderes de la tribu indígena sac para convencerlos de vender una gran parte de lo que hoy es Illinois, Wisconsin y Misuri a razón de un centavo por cada ochenta hectáreas. El acuerdo culminó en lo que se considera la fraudulenta apropiación de un territorio de más de veinte millones de hectáreas.

Estatua de Abraham Lincoln en el Lincoln Memorial de Washington.

Alaska es el estado más extenso de los Estados Unidos (1 717 856 kilómetros cuadrados).

La figura del *cowboy* se inspira en los dragones de cuera españoles.

George Washington se convirtió en el primer presidente de los Estados Unidos en 1789.

Un águila (Old Abe) es el símbolo de los Estados Unidos.

La Declaración de Independencia de los Estados Unidos.

La misión de El Álamo y su resistencia forman parte del mito patriótico que exalta el país.

Abraham Lincoln, decimosexto presidente de los Estados Unidos (4 de marzo de 1861-15 de abril de 1865).

El Capitolio de los Estados Unidos, en Washington, es el edificio que alberga las dos cámaras del Congreso de USA.

El monte Rushmore (Dakota del Sur) refleja el rostro de los presidentes Washington, Jefferson, T. Roosevelt y A. Lincoln.

George Washington mantuvo estrechos vínculos con la masonería.

Thomas Jefferson fue el tercer presidente de los Estados Unidos, ocupando el cargo entre 1801 y 1809.

A George Washington (1732-1799) se le conoce como el héroe de la independencia de los Estados Unidos

James A. Garfield fue el vigésimo presidente de los Estados Unidos y el segundo asesinado, en 1881.

La guerra de Secesión fue un conflicto bélico librado en los Estados Unidos desde 1861 hasta 1865, que acabó con la victoria del Norte.

Joseph Pulitzer (1847-1911) está considerado el padre de la prensa amarilla o sensacionalista.

Los padres fundadores de los Estados Unidos firmaron la Declaración de Independencia en 1776.

Robert Lee fue el general que comandó el Ejército Confederado o del Sur en la guerra civil americana.

El monumento a Washington es un obelisco histórico que se eleva desde la Explanada Nacional de la capital en honor al primer presidente del país.

Thomas Jefferson quiso ser recordado en su epitafio como «Autor de la Declaración de Independencia estadounidense; del Estatuto de Virginia para la libertad religiosa; y Padre de la Universidad de Virginia».

Theodore Roosevelt gobernó el país de 1901 a 1909, convirtiéndose en el vigesimosexto presidente.

El Oeste fue una pieza clave de la experiencia histórica de Estados Unidos desde el nacimiento de la república como forma de gobierno.

El asesinato de William McKinley, el vigésimo quinto presidente de los Estados Unidos, sucedió el 6 de septiembre de 1901, cuando fue tiroteado en Búfalo (Nueva York).

Con la ayuda de sus aliados británicos, comandó una fuerza militar que se enfrentó a los indígenas en la batalla del Támesis, en Ontario, en el actual Canadá (1812), para luego acabar con aquellos mismos que le habían ayudado. La contienda finalizó con una victoria decisiva de los Estados Unidos sobre Gran Bretaña y Harrison convirtiéndose en todo un héroe nacional.

Aristócrata e hijo de adinerados descendientes británicos, su carisma consiguió enganchar con el electorado estadounidense: vendió una imagen de orígenes como granjero, soldado, cazador y trabajador para resaltar sus lazos con el pueblo. Asumió el compromiso de no poseer esclavos mientras durara su presidencia.

EL COMPORTAMIENTO «ANIMAL» DE COOLIDGE

Efecto Coolidge: dícese del comportamiento animal (también aplicable a humanos) por el cual el cambio de pareja estimula la libido del sujeto, tanto en machos como en hembras. Además, en los varones también afecta a su periodo refractario. Los estudios científicos han comprobado que este tiempo es mucho más corto ante una pareja nueva, en comparación con una compañera habitual. Asimismo, la producción de semen parece ser mayor ante la excitación de un coito novedoso, en comparación con el que se obtiene ante uno con la pareja cotidiana. De esta manera, un presidente de los Estados Unidos, en concreto el que rigió los destinos del país de 1923 a 1928, dio nombre a un patrón de comportamiento sexual, patentado por el etólogo Frank A. Beach. ¿Cómo sucedió la historia?

En cierta ocasión, Calvin Coolidge (1872-1933) y su esposa Grace se encontraban de visita en una granja avícola. El encargado del lugar les iba explicando el proceso de la puesta de huevos y demás avatares relacionados con las aves ponedoras. En un momento determinado, la primera dama, después de que aquel detallara el número de veces que el gallo podía aparearse al día, señaló jocosa: «Por favor, dígaselo al presidente». A lo que su marido añadió: «¿Y siempre lo hace con la misma gallina?». La respuesta del granjero fue: «No, señor presidente, lo hace cada vez con una distinta». «Por favor, dígaselo a mi señora», concluyó Coolidge.

Muchos analistas aún se preguntan cómo alguien tan tímido y retraído alcanzara la presidencia de los Estados Unidos. Coolidge era un hombre callado, reservado y de pocos amigos. Él mismo lo reconocía: «No es fácil para mí tratar con mucha gente».

No obstante, resulta curioso que, pese a su introversión, a lo largo de su vida tan solo perdiera una elección de las veinte a las que concurrió. Se trataba de un buen administrador, algo austero y con un ácido sentido del humor. Incluso le tacharon de tacaño. No tenía teléfono en su escritorio, y cuando mandaba a comprar el periódico siempre esperaba el penique del cambio.

Cuando Cartagena solicitó incorporarse a EE. UU.

Nos remontamos a julio del año 1873, cuando Cartagena mostró su rechazo a la Primera República española (1873-1874) y se declaró cantón; es decir, se dio una insurrección federalista que pretendía instaurar en España «desde abajo» la República Federal mediante una serie de cantones (ciudades o confederación de ciudades) sin esperar a que las Cortes elaboraran una nueva Constitución.

Los revolucionaros salieron a la calle y tomaron varios edificios, entre ellos el Ayuntamiento, el Gobierno Civil o el Arsenal; se «secuestraron» varios barcos de la flota española amarrados en su puerto, y una junta de ciudadanos proclamó la independencia del Cantón de Cartagena. Roque Barcia dirigía la Junta Revolucionaria, y el guerrillero Antonete Gálvez asumió el cargo de comandante en jefe del Ejército cantonal.

Pues bien, en aquel tenso ambiente político, la localidad murciana quiso adherirse a los Estados Unidos de América para librarse de los bombardeos en plena sublevación. Querían ser ciudadanos americanos de pleno derecho y hacer del municipio costero otro Gibraltar o un estado más de aquel país. «Si está en esta barbarie el derecho patrio, Cartagena maldice a la patria», decía la carta que envió el singular político Roque Barcia al presidente americano, Ulysses S. Grant.

En ella pedían ingresar en los EE. UU. y poder izar la bandera estadounidense para evitar el bombardeo y mantener su independencia: «En nombre del pueblo y de Dios, preguntamos a la gran República americana si no autoriza en un caso extremo, como medio último de salvación, enarbolar en nuestros buques, en nuestros castillos, en nuestros baluartes un pendón federal glorioso y acatado en todo el Norte», rezaba la carta a Grant. La oferta era muy jugosa, porque habría permitido a EE. UU. tener una base naval en Cartagena, un enclave importante del Mediterráneo.

Pero antes de que Estados Unidos tuviera tiempo de contestar la misiva, el Estado ya había acabado mediante las armas con la insurrección cantonalista. La independencia del cantón de Cartagena se vio amenazada con el inicio del asedio del general Martínez Campos, ya en agosto de 1873. Finalmente, Cartagena se rindió el 12 de enero de 1874. Los insurrectos se enfrentaron a penas de muerte o cárcel tras la entrada de las tropas. Los más afortunados, como el líder cantonal Antonete Gálvez, lograron la huida al exilio en Argelia o la concesión de una amnistía del Gobierno.

No obstante, en los seis meses que apenas duró la experiencia cantonalista, en Cartagena se llegó a acuñar moneda propia (el duro cantonal), publicar un periódico (*El Cantón Murciano*), prohibir la enseñanza religiosa, aprobar el divorcio y la jornada de ocho horas e incluso abolir la pena de muerte. Unas medidas revolucionarias, sin duda.

UNA CIUDAD DE NOTABLE PASADO

Poco descubrimos al asegurar que Cartagena es una ciudad con mucha, mucha historia. Fundada por Asdrúbal, yerno de Amílcar Barca, en el año 227 antes de Cristo (que la llamó *Qart Hadasht*), y conquistada y sometida al poder de Roma por Escipión el Africano apenas veinte años más tarde, en 209, con ocasión de la segunda guerra púnica (desde cuando se la conocerá como *Carthago Nova*), Cartagena es una maravilla del pasado que debemos visitar.

La ciudad murciana es un enclave estratégico de primer orden desde el principio de la historia. Fue construida sobre cinco colinas (Roma lo fue sobre siete), desde las que se domina el puerto natural, el cual, desde hace unos seis mil años, ha sido inexpugnable.

La Cartagena murciana se originó como una gran ciudad organizada alrededor de un puerto de gran valor estratégico, ya en tiempos de los fenicios, hacia el siglo VIII antes de Cristo. Una ensenada que casi formaba un lago interior en torno a una península resultaba un fácil y seguro refugio para las naves púnicas, y se convirtió así en el lugar de embarque adecuado para los productos que los cartagineses obtenían de las áreas sometidas a su conquista.

Con la ocupación romana, *Carthago Nova* se convirtió enseguida en un importante municipio de la provincia Citerior, Tarraconense más tarde y luego Cartaginense, y ostentó en su momento la capitalidad del homónimo convento jurídico. Desde la urbe se exportaban el mineral de las minas cercanas, el *garum*, esparto y vino. Saqueada por los vándalos en 425, transmutó en una floreciente ciudad visigoda con amplia tradición romana.

A mediados del siglo VI, en tiempos de Justiniano, acabó siendo una posesión bizantina con el nombre de *Carthago Spartaria*. Pasó a manos cristianas, definitivamente, en el año 1245, cuando fue conquistada por el rey castellano Fernando III el Santo.

Hoy día, Cartagena sigue siendo una población importante, con un puerto de primer orden y unas hermosas costas. Para entrar en ambiente, quien la visite podrá comenzar su recorrido por la calle Mayor, con sus magníficos edificios modernistas (Casa Cervantes, de 1900; Gran Hotel, de 1916…) que dan lustre a la ciudad burguesa que fue, de altos funcionarios de la Marina y de técnicos y personal de las minas de la Unión. Llama la atención la suntuosidad estética y visual que alcanza el Ayuntamiento, cuya construcción finalizó en 1907.

Explorado el centro hasta la puerta de Murcia (de la antigua muralla), o incluso más allá, es conveniente alterar el rumbo para conocer la historia de la ciudad de la mar, el mejor puerto natural del Mediterráneo, que determinó una acumulación de historia. Allí se puede admirar la ajardinada explanada de los Héroes de Cavite, presidida por el monumento erigido como homenaje a los combatientes de Santiago de Cuba y Cavite durante el llamado Desastre del 98.

En un paseo por la zona antigua, paralelo a la dársena del puerto, el viajero podrá admirar la muralla de Carlos III (el gran constructor de la ciudad), el Museo Arqueológico Submarino, con sus jardines adornados por el genuino submarino de Isaac Peral (1888), el teatro romano, magníficamente acondicionado por el arquitecto Moneo, y el anfiteatro romano (siglo I). Estos dos monumentos se ubican en opuestas laderas del monte del Castillo de la Concepción, que es, todo él, zona arqueológica, desfigurado de tanta ilustre piedra como contiene.

Desperdigados por la ciudad hay más hallazgos de la urbe antigua: la muralla bizantina, la muralla púnica, el *augusteum* (edificio de carácter religioso) y la zona arqueológica del cerro del Molinete. Aquí, hace veintidós siglos se levantó un gran palacio en las laderas, hoy cubiertas de maleza y escombros, el conocido como palacio de Asdrúbal, durante la ocupación púnica del sureste peninsular. Esta área de veinticinco mil metros cuadrados, hoy día céntrica, en pleno casco histórico, forma parte del Conjunto Histórico-Artístico de Cartagena.

Los restos de la muralla cartaginesa (siglo II a. C.) se han musealizado gracias a un centro de interpretación. La visita, que dura unos cuarenta y cinco minutos, recorre treinta metros de longitud, e incluye la cripta funeraria de una ermita del siglo XVI.

Aparte del mencionado teatro y de la muralla púnica, podemos encontrar restos romanos diseminados por toda la ciudad: varias calzadas, *domus*, diversos edificios públicos, el anfiteatro bajo la actual plaza de toros, columnatas, mausoleos y una necrópolis, bajo la sede del actual Museo Arqueológico Provincial.

Cerca de la costa regresamos para conocer el complejo defensivo de Castillitos, a las puertas del estratégico puerto y sobre la cresta del cabo Tiñoso; una atalaya natural desde la que un grupo de baterías, con gran alcance de disparo, conjuraron cualquier peligro de agresión naval durante la Guerra Civil. Hoy declarado de Interés Cultural, es un lugar sobrecogedor y lleno de sorpresas, un espacio donde entender un poco mejor nuestra historia reciente.

PAÍSES QUE NO EXISTEN

En Estados Unidos existe algún que otro estado que no está reconocido por el Gobierno y que en gran medida pasa inadvertido. Cada uno de ellos tiene bandera propia y reclama la legitimidad de su territorio, aunque, por las más variadas razones, ninguno de ellos ha cumplido con los requisitos para unirse al exclusivo club de los países reconocidos internacionalmente.

Por ejemplo: en diciembre de 2007 se fundó la República de Lakota. Una delegación viajó a Washington D. C. para notificar su rescisión oficial de los tratados firmados con el Gobierno de Estados Unidos. No es tanto una secesión como una reafirmación de la soberanía.

La historia de este pueblo se remonta a 1868, cuando los lakotas, una tribu siux, firmaron un tratado con el Gobierno estadounidense por el que se les prometía que las Colinas Negras (un grupo de montañas del oeste de Dakota del Sur de quince mil kilómetros cuadrados) serían suyas para siempre. Sin embargo, pocos años más tarde se descubrió oro en la región y el Gobierno canceló el trato y expropió el territorio.

Más de un siglo después de que fueran expropiadas, un juez otorgó una compensación por las tierras... al precio de casi seiscientos millones. Pero para esta tribu india, las Colinas Negras son un lugar muy espiritual y no tienen precio. Y el caso sigue pendiente de resolución.

Un caso similar es el de Dinetah, la nación india más grande radicada en una reserva de Estados Unidos, con cierto nivel de autogobierno. Tradicionalmente, esta tierra natal de los indios navajos no tenía unas fronteras precisas; las marcaban cuatro montañas sagradas situadas en los puntos cardinales. Ese territorio lo perdieron por completo cuando, a mediados del siglo XIX, los navajos fueron obligados a trasladarse, a punta de pistola, a un campo de internamiento situado a más de quinientos sesenta kilómetros de distancia.

En 1868, tras cuatro años de confinamiento, se les obligó a firmar un tratado: les confiscaban un 90 % de sus tierras y se les permitía vivir en el resto.

Con el tiempo, por orden presidencial, se les fueron devolviendo parte de las tierras, y hoy la nación navajo ocupa la mayor reserva india de Estados Unidos. En 1920 se les otorgó la ciudadanía estadounidense, y en 1975 se les concedió el autogobierno. Aunque este tiene un precio: casi un 50 % de desempleo entre la población, y muchas familias carentes de suministros básicos.

Magnicidio presidencial: los atentados contra Garfield y McKinley

Dejando aparte los famosos casos de Kennedy y Lincoln, hubo otros dos presidentes de Estados Unidos que fueron asesinados en el ejercicio de su cargo: James A. Garfield, en 1881, y William McKinley, en 1901. El primero falleció dos meses después del atentado a consecuencia de las heridas sufridas; el asesino del segundo, tras matarlo, exclamó: «He cumplido con mi deber».

Pero, además, fueron otros los que se libraron del magnicidio por los pelos. El 14 de octubre de 1912, Theodore Roosevelt (en ese momento, expresidente y de nuevo candidato a la reelección), mientras se preparaba para dar un discurso en Milwaukee, recibió un disparo en el pecho que le quebró una costilla, pese a lo cual pronunció la alocución antes de permitir que lo trasladaran al hospital para sacarle la bala.

En total, el número de presidentes fallecidos durante su mandato es de ocho. La mitad murió asesinada; de esos cuatro, tres eran republicanos y uno demócrata. Ser jefe de Estado de esta república implica un cierto riesgo para la vida.

James A. Garfield fue un hombre hecho a sí mismo. Sus orígenes son humildes: nació en una cabaña y creció en la más absoluta de las miserias. Su padre murió cuando él tenía año y medio. Pero mostró dotes de buen estudiante durante su etapa en el colegio. Se licenció en 1856. Ya le llamaba la atención la política, pero se decidió por ser profesor. No aguantó mucho. Tres años después, era el senador más joven de su estado. Y en 1863 tomó asiento en la Cámara de Representantes.

Durante la guerra de Secesión, aparte de oficial del Ejército, fue un republicano radical, partidario de expropiar las propiedades de los rebeldes y no demasiado entusiasta de Lincoln. Su popularidad fue en aumento. Surgió el gran congresista que defendía una política monetaria restrictiva y proteccionista; se mostró a favor de frenar la inflación y de introducir tasas como la mejor manera de proteger la libertad de comercio.

Una vez elegido presidente (en marzo de 1881), su discurso inaugural giró en torno a los derechos de los negros. Aseguró que la concesión de la ciudadanía a los libertos era la medida más importante desde la Constitución.

Garfield tuvo que enfrentarse a varios casos de corrupción, como el que afectó a la Dirección de Correos y Telégrafos. El Partido Republicano había creado una red de sobornos y compraventa de favores alrededor de las rutas postales. Garfield fue contundente. Dio la orden de llegar hasta el fondo del asunto, sin casarse con nadie.

Y se cernió la tragedia sobre nuestro personaje. El 2 de julio de 1881 estaba a punto de subir al tren en la estación Baltimore & Potomac. Charles Guiteau, un lunático seguidor de Roscoe Conkling (jefe del partido en Nueva York y que rivalizaba con Garfield), sacó una pistola y disparó dos veces contra el presidente a bocajarro y por la espalda, no sin antes gritar: «¡Yo soy un stalwart (facción política dentro del Partido Republicano liderada por Roscoe Conkling), y ahora Chester Arthur es presidente!».

La agonía duró dos meses y diecisiete días. Garfield falleció el 19 de septiembre de aquel año. El balazo del abogado Guiteau (perjudicado por la firmeza anticorrupción del presidente, que era profesor de latín, matemático y jurista) le causó una herida leve, que la mala praxis médica convirtió en mortal.

Cuando su asesino fue detenido, este exclamó: «La trágica muerte del presidente era una triste necesidad para preservar la unidad del Partido Republicano y salvar la República». En su juicio, Guiteau alegó, aparte de locura, que él no era responsable de la muerte de Garfield, pues este había muerto por la intervención de los médicos. Un año después fue ejecutado.

La presidencia de Garfield (seis meses y quince días) ha sido la segunda más breve tras la de W. H. Harrison (un mes). Ha pasado a la historia estadounidense como un mártir de la honradez en política. Su tenaz cruzada contra el clientelismo y la corrupción le habían llevado a la tumba. En su honor, el Partido Republicano aprobó en 1883 la Ley de Reforma de la Administración (Pendelton Civil Service Reform Act).

EL IMPERIALISTA MCKINLEY

Muchos historiadores consideran a McKinley el primer presidente imperialista de los Estados Unidos. Bajo su mandato (1897-1901), primero del siglo XXI, se intervino en Cuba (que era posesión española) en una decisión de política internacional que condicionó el siglo XX. Fue el fin de la independencia comercial. El país era un gran mercado que necesitaba ampliar sus fronteras.

Tras la explosión del acorazado Maine (capítulo del que damos cuenta más adelante en estas páginas), McKinley cedió a la presión del Congreso estadounidense, que se mostró partidario de declarar la guerra a España. No estaba dispuesto a que le tacharan de pusilánime.

Para justificar el afán de expansión territorial estadounidense, McKinley se vio imbuido de un «aura divina» que lo obligaba a intervenir en Filipinas. Sus palabras ponen de manifiesto la voraz ansia imperialista:

> Caí de rodillas y pedí a Dios Todopoderoso que me concediera luz y guía por más de una noche. Y una noche de madrugada comprendí que no podíamos devolver las Filipinas a España, eso sería cobarde y deshonroso; que no podíamos entregarlas a Francia y Alemania, nuestros rivales comerciales en Oriente, eso sería un mal negocio y nos desacreditaría; que no podíamos abandonarlas a su suerte, pues no están capacitadas para el autogobierno y pronto tendrían una anarquía y desgobierno mayores que los que tenían cuando España; y que no podíamos hacer otra cosa que quedarnos con ella, y educar a los filipinos y elevarlos, civilizarlos y cristianizarlos, y con ayuda de Dios hacer todo lo que podamos por ellos, como semejantes que son y por los que Cristo también murió. Y luego me acosté y dormí profundamente, y a la mañana siguiente llamé al cartógrafo del Departamento de Guerra y le dije que pusiera las Filipinas en el mapa de Estados Unidos, y ahí están y estarán mientras yo sea Presidente.

A nivel personal, McKinley era un hombre cortés y afable. Sirvió en el Ejército durante la Guerra Civil, se formó como abogado y comenzó a ejercer en 1867. Como gobernador de Ohio, McKinley no dudó en enviar la milicia estatal para contener las revueltas laborales. Tras ocho años como congresista y cuatro como gobernador, concurrió en 1896 por segunda vez a la nominación del Partido Republicano.

En su discurso inaugural como presidente del país justificó la guerra de Cuba, tendió la mano a España y señaló el camino al nuevo gobierno de la isla. Pero no tuvo tiempo de hacer mucho más. El 6 de septiembre de 1901 un trabajador sin empleo de veintiocho años, anarquista y de origen polaco (Leon F. Czolgosz), le descerrajó dos tiros a bocajarro cuando se disponía a darle la mano en la Exposición Panamericana de Búfalo (Nueva York).

El primer disparo le atravesó el esternón; el segundo, el abdomen. Mientras le sentaban en una silla, el presidente exclamó: «Mi esposa. Tenga cuida-

do, Cortelyou (uno de sus consejeros), con cómo se lo dice. Sea cuidadoso».
La mujer de McKinley, Ida Saxton, estaba enferma de epilepsia. Aunque llegó
vivo al hospital, falleció el 14 de septiembre. Tenía cincuenta y ocho años. Su
asesino fue ejecutado en la silla eléctrica en 1901. McKinley fue sucedido por
su vicepresidente, Theodore Roosevelt.

McKinley había cerrado la era dorada del país y abría la puerta de la era
progresista. Una de las consecuencias del magnicidio consistió en que el
Congreso incluyera entre las obligaciones del servicio secreto la protección
de la vida de los presidentes.

ATENTADOS FALLIDOS

Mayor fortuna gozaron otros mandatarios de no ser asesinados en el
ejercicio de su cargo. El primer intento tuvo lugar en 1835, cuando un pintor
de nombre Richard Lawrence, enojado porque según él el Gobierno le tenía
que pagar dinero por ser propietario de dos fincas, atentó contra la vida del
presidente Andrew Jackson en enero de aquel año. Por suerte, ninguna de
las dos pistolas del presunto homicida disparó, debido a la humedad que
mojó la pólvora.

Pocos días antes de jurar el cargo en 1933, Franklin D. Roosevelt sufrió
un atentado que podría haber evitado su posterior y fructífero mandato
(gobernó doce años seguidos, de 1933 a 1945). El autor fue Giuseppe Zan-
gara, un emigrante italiano que disparó a Roosevelt en un parque de Miami
mientras pronunciaba un discurso. Sus tiros hirieron, no obstante, al alcalde
de Chicago, Anton Cermak, que murió poco después.

Puerto Rico se convirtió en territorio no incorporado a los Estados
Unidos en 1917. Pues bien, un foco rebelde a esa unión encabezado por
dos nacionalistas planeó acabar con la vida del presidente Harry Truman
(1884-1972). Para perpetrar su acto, los dos instigadores aprovecharon las
obras de remodelación de la Casa Blanca. Durante los trabajos, Truman
se alojaba en la casa Blair, residencia oficial de las visitas. Óscar Colla-
zo y Griselio Torresola trataron de matar al presidente el 1 de noviembre
de 1950, cuando este salía para ir a su despacho. En el atentado murieron
Torresola y un policía.

Uno de los presidentes más controvertidos de la historia de Estados Unidos por su implicación en el caso Watergate padeció un intento de asesinato
por parte de Samuel Byck en 1974. Este personaje, desempleado de su trabajo
como vendedor de neumáticos y con sus aptitudes psíquicas alteradas, intentó

secuestrar un avión del aeropuerto de Baltimore con el objetivo de estrellarlo en la Casa Blanca para acabar con la vida de Richard Nixon (presidente de EE. UU. de 1969 a 1974), un plan parecido al que se iba a convertir en tragedia en el infausto 11-S de 2001. Byck llegó a asesinar a uno de los pilotos del avión, pero finalmente el secuestrador fue abatido por un policía que le disparó desde fuera de la aeronave antes de despegar.

El propio Jimmy Carter (demócrata que gobernó el país de enero de 1977 a enero de 1981) asegura que padeció hasta tres intentos de asesinato cuando abandonó la Casa Blanca, lo que le convertiría en el expresidente más amenazado de la historia de los Estados Unidos.

Otros mandatarios han padecido algún conato de asesinato, pero el asunto no pasó a mayores. Por ejemplo: el líder iraquí Sadam Hussein envió un coche bomba a Bush padre durante una visita a Kuwait en 1993, y al año siguiente un tipo (Frank Eugene Corder) estrelló una avioneta contra la Casa Blanca de Bill Clinton. Pero este no fue el único atentado; Osama bin Laden, el cerebro de los atentados del 11 de septiembre de 2001 en las Torres Gemelas de Nueva York, colocó una bomba en el puente que el demócrata debía atravesar durante un viaje a Filipinas en 1996.

Más reciente es el caso de Barack Obama. El cuadragésimo cuarto presidente de los Estados Unidos (y primer afroamericano) se convirtió en el objetivo de una actriz de televisión. Shannon Rogers resultó detenida el 7 de junio de 2013 acusada de haber enviado varias cartas impregnadas con ricino (una toxina de gran potencia) tanto a Obama como a Michael Bloomberg, por aquel entonces alcalde de Nueva York.

DE MUERTE NATURAL O ENFERMEDAD

Hubo otros cuatro presidentes que murieron en activo, pero en este caso sin que mediara la violencia: un problema de salud se los llevó por delante. William Henry Harrison tiene el récord de la presidencia más corta, un mes justo: del 4 de marzo al 4 de abril de 1841, cuando falleció a causa de una neumonía, lo que motivó una crisis institucional.

Se trató del primer presidente del país en morir en el desempeño de su cargo. Con sesenta y ocho años de edad, fue el presidente más anciano hasta Reagan, que tenía sesenta y nueve al jurar. Su testarudez le provocó el óbito. Fue duro el empeño que mostró en permanecer en la ceremonia de su toma de posesión, un día frío y ventoso al aire libre sin abrigo ni sombrero. Además, alargó su discurso hasta las dos horas. Blanco y en botella.

Al rudo militar Zachary Taylor no lo tumbaron las balas, sino una gastroenteritis aguda (tal vez provocada por el cólera) el 9 de julio de 1850, tras año y medio de mandato. El duodécimo presidente americano fue el último en ser propietario de esclavos.

Warren G. Harding, hoy denostado, fue en vida uno de los presidentes más populares y queridos; su muerte repentina a consecuencia de un infarto, el 2 de agosto de 1923 en un hotel de San Francisco, causó consternación en los americanos, que acompañaron en masa el cortejo fúnebre.

Los previos de su trágico final se remontan a junio de 1923, cuando comenzó un largo viaje por el país para preparar la campaña de reelección del año siguiente. Se convirtió en el primer presidente en visitar Alaska y Canadá, un periplo que debilitaría ya de por sí su frágil salud (fumaba y comía en exceso). Ya que su Administración no era todo lo impoluta que se podía exigir a un mandatario de los Estados Unidos, no tardaron en aparecer los rumores de un envenenamiento con langosta en conserva en el viaje desde Alaska.

El demócrata James Knox Polk (1795-1849) merece también formar parte de este capítulo, pero en esta ocasión porque su estancia en la Casa Blanca lo mató. Vigoroso y con ganas de cambiar el rumbo de la política estadounidense, sus jornadas de trabajo se alargaban hasta doce horas seguidas. Cuando no había cumplido aún los cincuenta años, aparentaba veinte más por su mala salud.

Era un hombre de figura rígida y angulosa; se había dedicado a las matemáticas y a los clásicos en la universidad de Carolina del Norte. Tanto esfuerzo le pasó factura: es el presidente que murió más joven, con cincuenta y tres años de edad. Lo hizo en Nashville el 15 de junio de 1849, después de contraer el cólera tras un viaje por el Misisipi.

UNA VICEPRESIDENCIA ANODINA

La vicepresidencia del Gobierno de los Estados Unidos, sin embargo, no ha llamado la atención de presuntos homicidas. Pese a ser el presidente del Senado y deber asumir el papel de primer mandatario del país si este no puede cumplir con sus obligaciones, ningún vicepresidente ha sido asesinado, aunque uno de ellos fue acusado de instigar un asesinato. En concreto, se trata de la figura de Andrew Johnson, segundo espada del presidente Abraham Lincoln desde el 4 de marzo hasta el 15 de abril de 1865, momento justo en el que se alzó con el poder después de que el actor John Wilkes Booth acabara con la vida de la máxima autoridad del país. En 1877 un hombre en Texas confesó ser Booth y defendió que el crimen resultó ser una conspiración maquinada por Johnson, que lo habría contratado y ayudado a escapar.

Ya el cargo ocupó poco interés desde sus orígenes. El primero que tomó el puesto a la sombra de George Washington, John Adams, le dijo a su esposa: «Mi nación, en su sabiduría, ha ideado para mí el oficio más insignificante que jamás haya creado la invención del hombre o concebido su imaginación». Una anécdota acontecida en la época que le tocó vivir reforzó aún más la sensación de fracaso del vicepresidente: el Senado debía decidir qué tratamiento se debía dar al presidente de los Estados Unidos, y Adams defendió a capa y espada tratamientos pomposos como «Su más altísima majestad» o bien «Su majestad el presidente», en contra del simple y seco «Presidente de Estados Unidos» que finalmente salió vencedor. Este episodio le valió el apodo de «Su majestad redundante».

Por su parte, John Nance Garner, vicepresidente de Franklin D. Roosevelt entre 1933 y 1941, fue más allá al asegurar que el cargo de segundo en el Gobierno «no vale ni un cubo lleno de pis caliente».

La Orden de los Caballeros del Trabajo

En 1905, el sociólogo alemán Werner Sombart publicó un artículo titulado «¿Por qué no hay socialismo en Estados Unidos?». Para él, el proletariado estadounidense no necesitaba ser socialista. En los años de la prosperidad (interrumpidos solo por la crisis de 1893), el asalariado era propietario y podía ahorrar. América era la tierra de las oportunidades y la Arcadia de la riqueza y el capital. En aquel año, había cerca de catorce mil millones de dólares en circulación en el país. El resto del mundo disponía de casi veinte mil millones.

Las ciudades crecían y la producción industrial se disparaba. La progresiva acumulación de capital aumentaba la brecha entre ricos y pobres. En Estados Unidos tenían claro que todo el mundo podía ser propietario. Y los trabajadores pensaban que no necesitaban un partido, sino un *lobby*. No existía conciencia de clase. Los obreros eran primero americanos, luego asalariados. Nunca quisieron transformar el sistema. Mientras había tierra disponible y la industria y el comercio no estaban tan concentrados, siempre existía la posibilidad de que un simple obrero pasase a la condición de propietario. La clase obrera norteamericana no ha acertado hasta ahora a concentrarse en un gran cauce político. Su fuerza se ha dispersado y malogrado en infinitos canales.

No obstante, el hecho de que no hubiera socialismo no significa que no existiera sindicalismo con el que se consiguieran logros de mejora para los trabajadores. La lucha sindical se permitía si no tenía un carácter político y no se convocaban huelgas generales.

Ya en el siglo XIX aparecieron asociaciones y partidos que defendían los derechos obreros, como la Association of Working People of New Castle County, Citizens' Alliance, National Greenback Labor Party, Greenback Party, Labor Party of Illinois, Labor Party of Newark, League of Deliverance, National Party, National Reform Association, National Union Labor Party, New Democracy, New England Association of Farmers...

El esfuerzo de la clase obrera se concentró principalmente en la organización de sindicatos locales por oficios. Estos sindicatos se unieron en federaciones nacionales, y en 1881 surgió la idea de constituir una federación de federaciones. Pero no cuajó plenamente hasta 1886, cuando se formó la poderosa Federación Americana del Trabajo.

No obstante, la depresión industrial que se dio en el país de 1873 a 1879 motivó que los patronos cerraran fábricas y redujeran al mínimo las organizaciones obreras. A la lucha franca y a plena luz sucedió entonces el combate alevoso y en la sombra. El sindicato público fue reemplazado por un sindicato secreto, una especie de masonería, donde los socios se juramentaban y se conocían por contraseñas y signos especiales al estrecharse la mano.

La más conocida y la de mayor influencia fue la denominada Noble Orden de los Caballeros del Trabajo (Knights of Labor). Esta organización no quería «conflicto con una empresa legítima, ni antagonismo con el capital necesario», sino «el apoyo de leyes hechas para armonizar los intereses del trabajo y el capital». Fue fundada como una asociación fraterna y secreta por seis cortadores de la confección de Filadelfia el día de Acción de Gracias de 1869. Su fin: crear un tipo de organización laboral que uniera a todos los trabajadores en una gran hermandad, a través de la educación, la ayuda mutua y la cooperación.

En esencia, los Caballeros también echaban la vista al pasado, a una era en la que la idea de que cada hombre se convirtiera en su propio amo parecía viable. Su mundo ideal era uno en el que, según lo expresó Abraham Lincoln en 1861, el trabajo no solo era «más valioso que el capital, e independiente de él», sino también fundamentalmente «superior al capital».

En sus primeros años de vida estuvo dirigida por el sastre de Filadelfia Uriah Stephens, que imprimió a la organización el secretismo y los rituales de las sociedades secretas, pues consideraba que el secreto «era un arma poderosa de estabilidad organizativa», como señala Aurora Bosch en su libro *Historia de Estados Unidos*.

En la década de 1880 tuvo una rápida expansión. Bajo la dirección de un maquinista de Pensilvania llamado Terence, la Orden logró avances espectaculares, también debido a la repercusión del éxito de sus dos huelgas contra el magnate del ferrocarril Jay Gould.

Pocos años después de su creación, la Orden de los Caballeros del Trabajo dejó de ser secreta y en 1886 alcanzó su máximo poder: setecientos mil asociados (entre un ocho y un doce por ciento de la fuerza de trabajo industrial). Existía una asamblea de la organización en cada ciudad grande y mediana del país; ese mismo año, presentó candidatos a las elecciones municipales en docenas de ciudades. Su republicanismo y una organización descentralizada fueron la clave de su éxito.

No trataron de volver a la época de los pequeños productores independientes, sino de extender la democracia al lugar del trabajo, como la única forma de mantener la república como régimen de gobierno, a través de la garantía de derechos a los trabajadores y de su participación en los beneficios.

El gremio estaba compuesto en su mayoría por obreros no cualificados. Con el tiempo, fueron integrándose trabajadores cualificados, que entendieron la necesidad de sindicarse aparte, por oficios. Era la lucha de clases dentro de la propia clase obrera. Con el tiempo, se transformaron en una asociación más política que económica.

La Orden creía en la intervención positiva del Estado, pero confiaba sobre todo en la autoorganización y en la ayuda mutua para configurar las bases de una sociedad alternativa. Tenía sus propios tribunales, asambleas locales, bandas de música, cooperativas, organizaba desfiles, circuitos de lectura; pero también participaba en candidaturas laboristas. Excedía con mucho las actividades de un sindicato centrado en la producción. Empleaba técnicas de lucha muy diversas, que iban desde la huelga y la participación política hasta los boicots al consumo.

La «amenaza roja»

Pero las cosas cambiaron no mucho tiempo después. En marzo de 1886, los Knights convocaron su tercera huelga contra Jay Gould, en realidad una trampa del magnate para acabar con el sindicato, pues Gould en lugar de negociar con ellos envió a los detectives de la Agencia Pinkerton y consiguió que sus trenes siguieran funcionando. El fracaso de los paros hizo que muchos trabajadores comenzaran a dejar la Orden, y los acontecimientos de mayo en Haymarket Square (Chicago) hicieron el resto.

Ocurrió que los anarquistas de Chicago (agrupados en la Asociación Internacional de Trabajadores, o «Internacional Negra», y en la Central de Sindicatos de Chicago) convocaron un mitin en Haymarket Square en protesta por la muerte de cuatro huelguistas a manos de la policía. Los disturbios dejaron un saldo de siete policías muertos y un número similar de civiles, así como decenas de heridos.

Bajo la atmósfera de la primera «amenaza roja» de la historia estadounidense, diez líderes anarquistas nativos y seis de origen extranjero fueron acusados de asesinato. Uno de los condenados se suicidó en prisión, dos vieron sus sentencias de muerte conmutadas a cadena perpetua y los cuatro restantes fueron ahorcados en noviembre de 1887. Con el miedo de que se extendiera una insurrección comunista, los anarquistas de Chicago y los radicales de todo el país fueron víctimas de una feroz represión. La Justicia fue implacable con cualquier otro alboroto, algarada o insurrección sindical.

Los empresarios no se quedaron atrás, y junto con el apoyo que recibieron del poder judicial y de un Estado muy fragmentado propiciaron una contraofensiva que motivó el decaimiento de la Orden de los Caballeros del Trabajo.

En 1893, la Orden ya solo contaba con ochenta mil afiliados, y su rápido declive supuso asimismo la pérdida de la oportunidad de construir un nuevo sindicalismo industrial, que al unir a trabajadores cualificados y no cualificados en una misma organización hubiera sido la base sólida necesaria sobre la que asentar un tercer partido socialdemócrata o laborista.

En 1886 se fundó la Federación Americana del Trabajo (American Federation of Labor, AFI), dejando el terreno abonado para que pareciera cierta la idea de que el socialismo revolucionario era cosa de extranjeros, mientras que los trabajadores americanos no eran socialistas. Pasó de tener 272 315 afiliados en 1896 a un millón setecientos mil en 1904.

Esta entidad rechazaba rotundamente la idea de una gran unión y volvía al principio de las agrupaciones de obreros calificados por oficios. Se diferenciaba de la Orden de los Caballeros del Trabajo en que renegaba de la política y esgrimía las armas tradicionales de la huelga y el boicot. La Federación aceptó desde un principio el capitalismo.

En medio de todo aquello se encontraba el inmigrante. La arena política albergó incluso, por un breve tiempo, un partido (el Partido Populista: Populist Party o People's Party) que desafió la ascensión de las grandes empresas y pidió al mismo tiempo restricciones a la inmigración.

El primer gran conflicto laboral tuvo lugar en 1877, cuando los ferrocarriles de carga anunciaron una rebaja de salarios del 10 %. Los ferroviarios acudieron a la huelga, que degeneró casi en rebelión. Solo en 1892 había de ver el país otro conflicto tan amenazador: una terrible huelga en las obras Homestead de la Compañía de Acero Carnegie, que culminó en una gran batalla campal entre los huelguistas enfurecidos y las fuerzas del orden. Los obreros ganaron la sangrienta batalla.

La huelga más larga

La desigualdad patente entre ricos y pobres ya venía de lejos, lo que sería motivo de conflictos. Fueron los zapateros de Lynn (un pueblo industrial de Massachusetts) los que iniciaron la huelga más larga realizada en los Estados Unidos antes de la Guerra Civil. Este municipio había sido una ciudad pionera en la incorporación del uso de las máquinas de coser en las fábricas, que sustituían a los zapateros artesanos.

La crisis económica de 1857 paralizó la industria del zapato, y muchos trabajadores de Lynn perdieron sus empleos. La sustitución de los zapateros por máquinas había creado un gran descontento. Los precios habían subido y los sueldos se iban recortando cada vez más. A principios de 1860, tres mil zapateros se juntaron en el Lyceum Hall de Lynn e iniciaron una huelga, que se extendió a la semana en todas las ciudades zapateras de Nueva Inglaterra.

Para que volvieran a las fábricas, los propietarios ofrecieron a los huelguistas sueldos más altos, pero no reconocieron los sindicatos, así que los trabajadores tuvieron que seguir enfrentándose al empresario de manera individual.

La conciencia de clase se vio vapuleada durante la Guerra Civil, tanto en el Norte como en el Sur. Los precios de la comida y de los productos de primera necesidad se dispararon. Durante el conflicto armado hubo huelgas en todo el país. En 1864 había en total unos doscientos mil obreros y obreras afiliados a los sindicatos. Y para romper las huelgas se utilizaban tropas unionistas.

El trabajador blanco del Norte no sentía entusiasmo por una guerra que aparentemente se luchaba en favor del esclavo negro, o en favor del capitalista: de cualquiera menos de él mismo.

El partido de los granjeros

Pero antes de llegar a esta época, el fin de la guerra de Secesión provocó que los precios de los cultivos básicos cayeran de forma persistente y general.

Esto se debió a la sobreproducción mundial causada por los avances en la producción agrícola y los medios de transporte. En los Estados Unidos, los que más lo sufrieron fueron los cultivadores de productos básicos del Sur y del Medio Oeste.

El trigo, que se vendía a 1,45 dólares la fanega (equivalente a 55 litros) en 1866, cayó a 49 centavos en 1894; el maíz se desplomó durante el mismo periodo de 75 centavos la fanega a 28 centavos, y el algodón descendió desde 31 centavos la bala en 1866 a 6 centavos en 1893. En consecuencia, el número de granjas que se vieron obligadas a hipotecarse y los agricultores que abandonaron su actividad para ir a buscar trabajo a las ciudades fue en aumento.

Los granjeros se agruparon entonces en varias asociaciones para defender sus derechos, lo que culminaría en 1892 con la presencia en las elecciones del Partido del Pueblo (People's Party), un partido dominado básicamente por representantes de granjeros estadounidenses. Su líder, James Weaver, pedía la acuñación libre e ilimitada de plata, la propiedad pública de los ferrocarriles, los telégrafos y teléfonos y un impuesto sobre la renta proporcional a los ingresos. Todas eran medidas encaminadas a reducir la influencia política de las grandes empresas. En otra línea, su programa político se posicionaba a favor de una jornada laboral más corta y la restricción de la inmigración.

El empoderamiento de la mujer

Las mujeres, a quienes la guerra había incorporado a la industria, organizaron sus propios sindicatos: las cigarreras, las sastras, las cosedoras de paraguas, las sombrereras, las impresoras, las lavanderas, las zapateras... Formaron las Hijas de San Crispín, que exigían equiparar su salario con el de los hombres por hacer el mismo trabajo y consiguieron que el Sindicato de Fabricantes de Cigarros y el Sindicato Nacional de Topografía admitieran a las mujeres por primera vez.

En Fall River (Massachusetts), las tejedoras formaron un sindicato independiente del de los hombres. Se negaron a aceptar un recorte salarial del 10 %, que los hombres sí habían aceptado. Hicieron huelga en tres plantas, se ganaron el apoyo de los hombres, y paralizaron tres mil quinientos telares y ciento cincuenta y seis mil husos. La organización comenzó a declinar en 1873 como resultado de la depresión económica que sufría el país, hasta su total extinción.

¿Caníbales o filántropos?

El propio nombre que hace referencia a este grupo es una metáfora despectiva con carácter de crítica social, ya que no siempre jugaron limpio para llegar adonde llegaron. Importantes hombres de negocios estadounidenses de finales del siglo xix como John D. Rockefeller, Andrew Carnegie, J. P. Morgan o Cornelius Vanderbilt fueron acusados de emplear métodos carentes de escrúpulos para enriquecerse a toda costa.

Los *Robber Barons* ('Barones Ladrones') se erigieron como los adalides del voraz capitalismo norteamericano, y sus miembros amasaron grandes fortunas no siempre jugando limpio. Eso sí, para maquillar su imagen pública se entregaron a labores filantrópicas.

Las tácticas empresariales de este grupo de empresarios millonarios que dominaron la industria de su país en el último tercio del xix resultaron especialmente depredadoras. En muy pocos años acumularon un inmenso poder, que no pasó desapercibido.

Ellos mismos vendieron la idea de que el «sueño americano» era posible, al presentarse como unas personas que empezaron con nada y que gracias a sus grandes aptitudes lograron prosperar en el hostil mundo de los negocios: hombres hechos a sí mismos. Si tuvieron éxito no fue por una mera oportunidad histórica, sino porque estaban predestinados, casi por mandato divino.

El éxito en los negocios de los *Robber Barons* empezó a forjarse después de la guerra civil estadounidense, en la que el país pasó de una economía agrícola y artesanal a una totalmente industrial. La aparición y consolidación del ferrocarril tuvo mucho que ver en ello. Una gente, esta, que constantemente manifestaba su temor a Dios, pero que no se planteaba sino jugar sucio cuando se trataba de ganar un dólar.

Quien mejor encarnó el espíritu de este grupo fue John D. Rockefeller, el primer billonario de la historia de los Estados Unidos. Artífice del primer monopolio petrolero, cuando murió, en 1937, su fortuna ascendía a los mil cuatrocientos millones de dólares (el 1,5 % del producto interior bruto de su país). Se le acusa de utilizar métodos depredadores para cimentar su riqueza: pagar sueldos irrisorios, aplastar a los sindicatos, confabularse con los ferrocarriles, chantajear y aplastar a la competencia, extorsionar a políticos...

La empresa que le catapultó al Olimpo de los millonarios fue la Standard Oil Company, fundada cuando Rockefeller tenía treinta y un años. Se erigió en la refinería más rentable en la incipiente industria de petróleo. En menos de cuatro meses, la mercantil absorbió a veintidós de sus veintiséis competidores, convirtiéndose en lo que prácticamente fue un monopolio.

Después, sin sentimiento de culpa, purgó sus «penas» dedicándose a la filantropía y la caridad. En la prensa de la época aparecía en caricaturas dando monedas con una mano, en referencia a su actividad caritativa, mientras robaba sacos de oro con la otra. Su hijo John D. Rockefeller Jr. recompuso la imagen de la familia mediante una operación de relaciones públicas más eficaz. Donó cientos de millones de dólares, que transformaron Estados Unidos y dejaron a la dinastía el mejor de los legados: un nombre que ya no era sinónimo de la codicia corporativa, sino, como reza el mantra familiar, del «bienestar de la humanidad».

LA CIUDAD DE FORD EN BRASIL

Uno de los hombres que mejor encarna ese capitalismo salvaje que experimentó el país de las barras y estrellas a caballo entre los siglos XIX y XX fue Henry Ford. Este señor de Detroit era el dueño de la Ford Motor Company, la compañía automovilística más grande del mundo por aquel entonces.

Pese a que el magnate tenía el control sobre casi todas las materias primas que se utilizaban en la fabricación de automóviles, padecía una carencia: el caucho de los neumáticos, por lo que decidió establecer su propio suministro de caucho. ¿Cómo lo hizo? Levantando Fordlandia, una ciudad en plena selva de la Amazonía brasileña, uno de los principales productores de esta materia prima.

El Gobierno carioca cedió a Ford ochenta mil hectáreas de terreno junto al río Tapajós, donde construyó una urbe *de facto* con sus calles, iglesias y casas para albergar a los trabajadores que recolectarían el látex. La ciudad se hizo a imagen y semejanza del empresario: simulaba un pueblo del Medio Oeste estadounidense, con casas unifamiliares y unas normas un tanto peculiares, en la que sobresalía una: la prohibición del alcohol.

El detonante para el estallido del descontento de los indígenas y trabajadores que habitaban en Fordlandia fue la implantación de la comida vegetariana, al gusto de Ford. El alboroto y los disturbios no tardaron en producirse, e incluso tuvo que intervenir el Ejército brasileño para sofocar las revueltas.

La introducción del capitalismo en aquel reducto de la Amazonía no duraría mucho más. Decisiones erróneas, como la plantación de árboles de caucho muy cerca unos de otros y que no tuvieran las suficientes condiciones para crecer y desarrollarse, fueron contraproducentes. Aparecieron plagas que acabaron con parte del bosque. En 1934, Ford dio por perdida Fordlandia, y en 1945 vendió los terrenos al Gobierno brasileño.

El oso de peluche de Theodore Roosevelt

El origen del primer oso de entrañable peluche de la historia está ligado a la figura del presidente de los Estados Unidos Theodore Roosevelt (1858-1919) y su desmedida afición por la caza. Corría el mes de noviembre del año 1902 y, mientras se encontraba de gira por el sur del país, le entraron ganas de cazar. Lo intentó varios días seguidos, pero no tuvo suerte. Pero el personaje más popular de los Estados Unidos no podía quedarse sin una pieza, al menos.

Uno de sus asesores tuvo la extravagante idea de mandar capturar un oso negro joven, atarlo directamente cerca de un árbol y llamar la atención del presidente. Sin embargo, una persona cabal como Roosevelt, cuando vio al osezno, se negó a matarlo y señaló: «Si mato a este osezno, no podré volver a mirar a la cara a mis hijos». La prensa tomó buena nota y estas palabras dieron la vuelta al mundo. Además, en el periódico *Washington Star* una viñeta cómica ensalzó la figura del presidente.

Un tal Morris Michtom, emigrado ruso instalado en Nueva York, tenía una tienda en Brooklyn en la que vendía golosinas y muñecas de tela que confeccionaba su mujer. Cuando Morris vio el dibujo del *Washington Star*, sugirió a su esposa que fabricase un osezno de peluche parecido al del episodio de Roosevelt. Resultó ser una excelente idea. Además, Michtom solicitó permiso a la Casa Blanca para dar a ese nuevo juguete el sobrenombre afectuoso del presidente: *Teddy*, diminutivo de Theodore.

El éxito no tardaría en llegar. Tal fue así, que una gran firma de juguetes, la Ideal Toy Corporation, compró la patente a Michtom y a partir de 1904 transformó la producción artesanal de Teddy Bear en toda una industria que pasaría a los anales de la historia.

El oso de peluche transmite confianza. Se trata de un juguete especial. A partir de 1910, el uso de esferas de vidrio cortadas por la mitad transformó de algún modo esa mirada que parecía triste. Los primeros osos, hechos de lana de pelo más o menos corto rellena de crin, paja, serrín o miraguano, son negros, grises o marrones.

Tras la Segunda Guerra Mundial, el único rival del oso en los hogares estadounidenses era la muñeca, que existía desde mucho antes que él. Muchos fabricantes de muñecas se reconvirtieron en fabricantes de osos de peluche.

Pero después de la contienda aparecieron en el mercado de juguetes otros animales de peluche que entraron en clara competencia.

El oso de peluche es uno de los primeros compañeros que tiene el niño en su infancia. Favorece su despertar a la sensualidad táctil, y le permite manifestar sus primeros instintos de posesión y dominación: lo puede pellizcar, retorcer o morder. Pero al mismo tiempo, sin sadismo de por medio, se convierte en el ángel guardián de los más pequeños, en su protector, su confidente, su cómplice. Es uno más de la familia.

Como anécdota, en el mes de julio de 1969, cuando Neil Armstrong y sus dos compañeros volaron hacia la Luna, les acompañaba un oso de peluche.

UN HÉROE COMO PRESIDENTE

Roosevelt, gran atleta, soldado valiente, héroe de la guerra contra España (1898), se convirtió en gobernador de Nueva York ese mismo año, y luego en vicepresidente de los Estados Unidos en 1900. El asesinato del presidente McKinley a manos de un anarquista lo llevó a la presidencia al año siguiente. Admitió que fue un «acto de Dios» lo que le convirtió en el inquilino más joven de la mansión presidencial (hasta que arribó Kennedy). Tenía cuarenta y dos años.

Nacido el 27 de octubre de 1858 en la Gran Manzana, en el seno de una familia acaudalada, el vigesimosexto presidente de Estados Unidos fue un niño enfermizo y débil que padecía asma y apenas salía de casa. Tal vez para compensarlo, luego desarrollaría una intensa actividad física: practicó el boxeo y la equitación, fue un incansable viajero y cultivó una imagen masculina de *cowboy*.

De afiliación demócrata, se esforzó por luchar contra la corrupción, por defender a la gente de a pie y por proponer el arbitraje estadounidense en los grandes conflictos mundiales. Su enorme popularidad le valió la reelección en 1904 y, dos años más tarde, recibió el Premio Nobel de la Paz.

Roosevelt fue un hombre inquieto, impulsivo, temerario, vehemente y disciplinado que supo sobreponerse a los problemas de asma y otras dolencias que padeció en su juventud. Muchos historiadores coinciden en que se trata de la personalidad más atractiva, poliédrica y cultivada de entre todos los presidentes desde Thomas Jefferson.

Aunque también tuvo sus detractores. El escritor progresista Henry L. Mencken se mostró muy crítico con él: «No creía en la democracia: él simplemente creía en el gobierno». Mark Hanna, asesor y financiador de McKinley, tenía sobrados motivos para desconfiar de Roosevelt. Lo consideraba un moralista iluminado cuya única misión era eliminar a los plutócratas.

Lo cierto es que desde que fue escogido representante de la Asamblea de Nueva York, en 1882, inició una guerra sin cuartel contra la corrupción. No podía estarse quieto. Un primo suyo dijo de él que quería ser «la novia en todas las bodas y el muerto en todos los entierros». Se convirtió en el azote de dos tiranías: la de los plutócratas y la de las masas. Esto último no evitó que su popularidad se disparara al final de su primer mandato. Su progresismo creó escuela.

Roosevelt contrajo matrimonio en dos ocasiones. La primera, a los veintidós años, con Alice Hataway Lee. Pero esta murió de la enfermedad de Bright a los cuatro años del enlace, dos días después de dar a luz a la única hija de la pareja. Era el 14 de febrero de 1884. Por si esto fuera poco, unas horas antes, en la misma casa familiar había fallecido de fiebre tifoidea la madre de Theodore, Mittie.

Roosevelt dejó a su hija recién nacida al cuidado de su hermana Anna. En su diario, escribió una gran X en la página correspondiente a ese día, y a continuación: «La luz se ha ido de mi vida». Nunca volvió a mencionar a Alice, ni siquiera por escrito en su autobiografía.

Pero nuestro protagonista se sobrepuso a la fatalidad. En apenas dos años (1886) se casó de nuevo, con Edith Kermit Carow, con quien tuvo cinco hijos. La boda tuvo lugar en Londres.

UN VORAZ APETITO COLONIAL

El «nuevo nacionalismo» de Roosevelt, como máximo dirigente del país, pasaba por la asunción de un papel protagonista de Estados Unidos en el escenario internacional. Él inició la era progresista, bandera de la que hizo gala el Partido Republicano. Enemigo de los extremos, quería desactivar definitivamente el socialismo.

Se erigió en gendarme internacional. Su lema fue: «Habla con suavidad pero no dejes de empuñar un garrote». Se convirtió en el primer presidente que situó a los Estados Unidos como un actor decisivo en el tablero internacional.

Su expansionismo pareció voraz. Quiso hacerse a toda costa con las antiguas posesiones españolas en el Caribe y el Pacífico. Así, instigó una revuelta en Panamá para conseguir la independencia de ese país. Su objetivo no era otro que la construcción de un gran canal en el istmo, que quedaría bajo el control de Estados Unidos. Las obras comenzaron en 1904 y concluyeron con éxito en 1913.

Todos estos logros políticos a nivel internacional le auparon para obtener el Premio Nobel de la Paz en 1906. El reconocimiento lo obtuvo cuando Roosevelt se convirtió en árbitro del conflicto ruso-japonés en la conferencia de Algeciras, que supuso asimismo solucionar la crisis del dominio de Marruecos que enfrentaba a Francia con Alemania.

En materia de política interior, Roosevelt impulsó cierta integración de las minorías raciales, aunque sus ideas sobre los indios y los afroamericanos eran cuando menos segregacionistas e incluso hasta racistas, llegando a referirse a ellos como «bestias incivilizadas». También se mostró partidario de esterilizar a delincuentes, enfermos crónicos, desempleados y personas que sufrieran algún tipo de discapacidad.

Roosevelt renovó su mandato presidencial el 8 de noviembre de 1904 tras vencer en las elecciones al candidato demócrata Alton B. Parker. Al finalizar su segundo mandato (4 de marzo de 1909), fiel a sus compromisos, no se volvió a presentar. Viajó a África para realizar un safari y regresó después de haber comprado más de tres mil animales.

Sin embargo, Roosevelt era un animal político y echaba de menos estar en primera línea. En 1912, descontento con la política desarrollada por su sucesor, William Howard Taft, trató de conseguir la nominación del Partido Republicano para volver a presentarse a las elecciones. El partido volvió a elegir a Taft y Roosevelt decidió unirse a un partido reformista recién creado, el Partido Progresista. Logró mejores resultados que Taft, pero la división en el Partido Republicano permitió al candidato demócrata, Woodrow Wilson, ganar los comicios.

Algo cambiaría para siempre la vida de Theodore. La noche del 14 de octubre de ese mismo año, mientras se preparaba para dar un discurso en Milwaukee, fue víctima de un atentado al recibir un disparo en el pecho. Un camarero de origen alemán, el desequilibrado John N. Schrank, fue el autor material. Por fortuna, las hojas dobladas del discurso, providencialmente guardadas en el bolsillo superior de la chaqueta, desviaron la trayectoria de la bala. Con una costilla rota y con la bala dentro de su pecho, Roosevelt insistió en dar su discurso de una hora antes de permitir que lo trasladaran al hospital.

Y es que el expresidente no podía estarse quieto. Demandó en 1913 al editor de la revista *Iron Age* por llamarle «borracho». Le reclamó seis centavos y los ganó. Después se fue de expedición a Brasil, donde contrajo la malaria, enfermedad que con posterioridad le resultaría mortal. Aunque quiso entrar como voluntario cuando los Estados Unidos entraron en la Primera Guerra Mundial, con cincuenta y ocho años, su salud estaba deteriorada. El 5 de enero de 1919 se acostó y no volvió a despertarse.

Comanche: el único superviviente de Little Big Horn

El único ser vivo que sobrevivió del Séptimo de Caballería del general Custer tras la cruenta batalla de Little Big Horn, en junio de 1876, fue un animal: Comanche, un caballo valeroso y muy estoico, de cabeza pequeña, cuello grueso y patas cortas, que montaba Myles Keogh, capitán del ejército americano y lugarteniente de Custer. Cuando llegaron los refuerzos, solo él permanecía en pie, malherido, entre centenares de cadáveres; al equino se le pudieron sacar las flechas y las balas que recibió sin anestesia.

Comencemos por el principio. Para la protección de las fronteras, el presidente Andrew Johnson creó, entre otros regimientos militares, el Séptimo de Caballería el 28 de julio de 1866. Dos años después, una expedición de militares violó el Tratado de Fort Laramie para confirmar la existencia de grandes reservas auríferas en las Black Hills. Los indios protestaron por las presencia de blancos en su territorio, pero no los hostigaron. Sin embargo, miles de buscadores de oro se internaron en la reserva siux en busca de la ansiada fortuna, mientras el Gobierno Federal presionaba a los jefes indios para que vendieran estos territorios.

Las tensiones se fueron acrecentando, y un año después el Gobierno les dio un ultimátum, fijando fecha para la salida de los siux nómadas hacia las nuevas áreas de reserva fijadas. La guerra fue inevitable, y el 17 de junio de 1876, en el transcurso de las operaciones, la columna de cinco mil hombres al mando del general George Crook, que estaba tratando de expulsar a los indios de la zona del río Powder, sufrió una seria derrota frente a los lakotas y cheyenes de Caballo Loco.

Este se reunió con las fuerzas de otro jefe carismático, Toro Sentado, acampado en Little Big Horn. El enorme campamento reunió entonces más de mil tipis, con cerca de siete mil indios. Entre ellos había medio millar de guerreros.

La batalla resultaría inevitable. Las cifras ponen de manifiesto el duro varapalo sufrido por los estadounidenses: en total, el Séptimo de Caballería sufrió la muerte de dieciséis oficiales, doscientos treinta y siete soldados y diez civiles, mientras que otros cincuenta y tres miembros del regimiento resultaron heridos. Cinco escuadrones del Séptimo (de los doce totales) cayeron con estrépito. Los indios, por su parte, perdieron a unos doscientos guerreros. Una derrota sin paliativos y en toda regla.

En realidad, Comanche no fue el único superviviente de la batalla de Little Big Horn. Los partes oficiales hablan de que al menos otros cien caballos también se salvaron de la masacre. Este extracto está sacado directamente de un registro de aquel momento:

> Fue encontrado por el sargento De Lacey en un barranco a donde se había arrastrado para morir y alimentar a los cuervos. Fue curado y cuidado con cariño. Sus heridas eran graves, pero no mortales si se cuidaban adecuadamente… Lleva siete cicatrices de otras tantas heridas de bala. Hay cuatro atrás del hombro, una en un casco, y una en una pata trasera. En el campamento de Custer (en realidad, en Fort Abraham Lincoln), le fueron extraídas tres balas de su cuerpo, y la última se le extrajo en abril de 1877…

Cuando Comanche fue rescatado de la contienda, el coronel Samuel D. Sturgis emitió una orden en la que se decía: «Siendo el único representante vivo de la sangrienta tragedia de Little Big Horn, es un orgullo para todos los miembros del 7º de Caballería».

Se le trasladó a Fort Meade, donde le curaron diversas heridas que había sufrido y vivió sus últimos días rehabilitándose y sin hacer prácticamente esfuerzo. Tratado como una mascota, se le prohibió trabajar y solo se podía montar en desfiles de su regimiento, ya que fue nombrado comandante del Séptimo de Caballería. Comanche retornó durante dos años más al servicio militar activo, siempre bajo la tutela del soldado Gustave Korn, tras los cuales pasó a la reserva.

No obstante, la muerte de su cuidador en 1890 motivó un decaimiento en la salud de Comanche, hasta que falleció de un cólico el 7 de noviembre de 1891. Los oficiales del Séptimo de Caballería, abatidos por tal fatal desenlace, sugirieron que el caballo se conservara para siempre disecado en la unidad. Se le enterró con honores militares y se acordó disecarlo por cuatrocientos dólares. Sus restos fueron enviados al Museo de Historia Natural de la Universidad de Kansas, donde hoy en día luce disecado a la vista de todos.

OLD ABE: EL ÁGUILA DE LA GUERRA

Es el símbolo nacional de los Estados Unidos: una orgullosa ave pescadora que luce en el escudo del país desde 1782, cuando fue escogida por representar de manera fiel la imagen que pretendía proyectar la emergente nación: poder y majestuosidad.

Old Abe es un águila calva que se convirtió en la mascota más famosa de la guerra de Secesión. Desde el año 1921 forma parte del emblema de la 101ª División Aerotransportada del Ejército de los Estados Unidos. Si las legiones romanas la tuvieron como emblema y estandarte, los americanos no iban a ser menos.

Su aparición data de 1861, cuando el que se convertiría en jefe indio Big Sky robó de niño dos pequeños aguiluchos de un nido. Uno murió, y al otro lo estuvo alimentando algunas semanas. En un intercambio de víveres con un hombre blanco de nombre Daniel McCann, entregó la pequeña ave a cambio de un saco de maíz. El aguilucho acabó en el 8º Regimiento de Infantería de Voluntarios de Wisconsin por poco más de dos dólares y le pusieron el nombre de Old Abe, en honor al presidente Abraham Lincoln.

A modo de estandarte, sobre una especie de percha, acompañaba a sus nuevos amigos. Con el transcurso de los días, se convirtió en un símbolo para las tropas durante la batalla. Las alentaba y motivaba en el campo de batalla, hasta acompañarlas a la victoria final. Murió el 26 de marzo de 1881 por inhalación de humo durante un incendio en el Capitolio.

De mascotas y pavos

Una tradición clásica estadounidense son las mascotas presidenciales. Data de la presidencia de Thomas Jefferson, a principios del siglo XIX: este tuvo en la Casa Blanca un ruiseñor y una pareja de cachorros de oso. Caballos, gatos, conejos, pájaros y hasta un dromedario han cohabitado con distintos presidentes, aunque lo más común y práctico han sido los perros. Quizá el más querido y recordado sea Fala, el terrier escocés de Franklin D. Roosevelt.

Regalado a Eleanor Roosevelt, su marido lo hizo famoso al aparecer junto a él en numerosas ocasiones, ampliamente divulgadas por la prensa, y lo llevó consigo en viajes oficiales. En la Segunda Guerra Mundial se convirtió en símbolo de la austeridad de la Casa Blanca, que donó en su nombre un dólar diario al esfuerzo de guerra. Sobrevivió siete años a su dueño.

La otra gran tradición «animalesca» es el perdón o indulto presidencial a un pavo el Día de Acción de Gracias. El rito comenzó durante el gobierno del presidente Abraham Lincoln, después de que su hijo Tad le pidiera que perdonara al pavo que tenían preparado para la cena.

No obstante, en los últimos tiempos, bajo los mandatos John F. Kennedy, Ronald Reagan, Richard Nixon y Bill Clinton, el «perdón del pavo» se celebró de manera irregular, pues algunas veces el animal terminó sobre la mesa de la Casa Blanca.

Los estadounidenses se lo toman muy en serio. La selección de las aves dura varios meses y está a cargo de la Federación Nacional del Pavo. Sus miembros examinan la calidad, salud física, apariencia y facilidad de manejo que presenta el ave. Al final se escogen dos, uno para la ceremonia que se lleva a cabo en el jardín de las rosas de la Casa Blanca y el otro como reserva. Los nombres los escogen niños de escuelas primarias.

La tradición es la tradición, y el martes previo al día de Acción de Gracias los pavos son conducidos a un hotel de Washington. Allí, en una *suite*, los alimentan con maíz y arándanos, y los preparan para una sesión de fotos en la azotea. Como auténticos reyes.

Dos mentirosos compulsivos: Hearst y Pulitzer

Las *fake news* no son un invento del siglo XXI. Mucho antes de que las noticias engañosas a partir de la emergencia de Internet y las redes sociales aparecieran y sigan inundando las cabeceras de los medios de comunicación hoy día, dos pioneros del periodismo inventaron a finales del siglo XIX las *yellow news*. Una tira publicada por los diarios estrella de Randolph Hearst (San Francisco, 1863-Beverly Hills, 1951) y Joseph Pulitzer (1847-1911) sirvió para acuñar el llamado «periodismo amarillo».

Y es que en el convulso Estados Unidos de aquella época, el «país de las oportunidades» recibía a diario a miles de inmigrantes que venían procedentes de todas las partes del planeta, por lo que la necesidad de consumir información era creciente cada día que pasaba, y las cabeceras de prensa escrita brotaban como champiñones.

Dos de los periódicos que más éxito gozaban entre el público eran el *New York World* y el *New York Journal*, propiedad, respectivamente, de los multimillonarios Joseph Pulitzer y William Randolph Hearst. Vendían millones de ejemplares, pero a costa de publicar noticias de fuentes dudosas y sin contrastar en muchas ocasiones. La poca veracidad de la información era notoria muchas veces, como la de la que publicó Hearst para inducir a la guerra hispano-estadounidense de 1898.

La cobertura en sus medios que ofrecieron ambos empresarios sobre el hundimiento del acorazado Maine resultó abrumadora, y enviaron a varios corresponsales a Cuba para cubrir el conflicto. Como la información obtenida no era fiable y no podía ser contrastada, Pulitzer y Hearst acabaron por inventarse la mayoría de las noticias.

Este suceso supuso el inicio del periodismo amarillo: un estilo de informar que presenta noticias con titulares llamativos, escandalosos o exagerados para tratar de aumentar las ventas, aunque por lo general estas noticias no cuenten con ninguna evidencia y sin una investigación bien definida. En definitiva, falta de ética profesional y desprecio absoluto por el periodismo responsable.

El origen del nombre procede de unas viñetas cómicas que dibujaba Richard Felton Outcault en las páginas del *New York World*. Las protagonizaba un grupo de niños traviesos. En una de ellas, apareció un pequeño pillo pelón con modismos irlandeses y vestido de amarillo llamado Mickey Dugan, que pronto llamó la atención del público por sus ocurrencias.

Debido al éxito de la sección, Hearst ofreció una suma importante de dinero a Outcault para que se incorporara a la plantilla del *New York Journal*. El dibujante aceptó a cambio de que la serie se llamara *The Yellow Kid* ('El niño amarillo').

Ante tal afrenta, Pulitzer decidió contraatacar fichando a un nuevo ilustrador, George Luks, para que la serie continuara en su cabecera, a la que se llamó *Hogan's Alley*. De esta manera, aparecía lo mismo o muy parecido en ambos tabloides, en una hostil competencia por atraer a más lectores. Con el paso del tiempo, se fueron añadiendo a los personajes de *The Yellow Kid* cuadros de diálogo, globos o bocadillos que se convirtieron en los pioneros de los cómics.

La deriva sensacionalista y carente de total verosimilitud de estas cabeceras no hizo otra cosa que encender los ánimos de muchos profesionales del sector, que pronto las motejaron de «amarillas», aludiendo al vestido del personaje del cómic publicado en ambas.

Pulitzer supo ganarse el favor del público publicando grandes titulares que llamaban la atención con historias que reflejaban las necesidades que tenía la población, haciéndose adalid de azote de la corrupción y benefactor de los indefensos, lo que hoy llamaríamos populismo. Hearst, viendo el triunfo de su adversario, no se iba a quedar atrás. Y a golpe de talonario, contrató a los profesionales más destacados del país (incluso a varios que trabajaban para Pulitzer). Ambos no dudaban en atacarse mutuamente desde las páginas de sus periódicos, empleando en muchas ocasiones la mentira y la tergiversación de los hechos para ganarse el favor de la opinión pública.

Tras el final de la guerra hispano-estadounidense, la circulación de periódicos sufrió una disminución importante, por lo que ambos magnates decidieron reducir los gastos. Pulitzer sabía que si reducía personal, los trabajadores se irían con Hearst, y tampoco podía subir los precios porque descenderían aún más las ventas. Por lo que ambos pusieron su foco en el eslabón más débil, aprovechándose de los repartidores de periódicos, la mayoría niños empobrecidos, que debían pagar una cierta cantidad de ejemplares si querían repartirlos. Pulitzer y Hearst decidieron cobrar diez centavos extra por cada paquete de cien periódicos que compraran los niños para vender.

La disputa entre ambos magnates decayó con la llegada del nuevo siglo, sobre todo debido al delicado estado de salud de Pulitzer, que le restó ánimos para seguir confrontándose con Hearst, circunstancia que también le hizo ir dejando paulatinamente el periodismo amarillo que le había caracterizado.

UNA ESTAFA LE UNIÓ AL PERIODISMO

El premio de periodismo más prestigioso del mundo en lengua inglesa lleva su nombre. Hasta llegar a este reconocimiento, la vida de Joseph Pulitzer estuvo jalonada de vicisitudes que le hicieron convertirse en el personaje más afamado de su época. Nacido en Hungría en 1847 y de origen judío, como tantos otros emigrantes en busca de la tierra de las oportunidades, nuestro protagonista arribó a Estados Unidos siendo menor de edad y sin saber hablar ni una palabra de inglés. Llegó como soldado del Ejército unionista para participar en la guerra de Secesión.

Finalizada la contienda, trabajó como mesonero y aprendió el idioma en plan autodidacta hasta que una historia rocambolesca le uniría para siempre al periodismo. Pulitzer resultó ser víctima de una estafa cuando respondió a un falso anuncio de empleo en el que se solicitaban jornaleros. Un periodista del *Westiche Post* descubrió la farsa y le pidió que escribiera una crónica relatando su experiencia. Y así lo hizo. Pulitzer relató como él y el resto de personas contratadas fueron abandonadas a sesenta kilómetros de Saint Louis, y se vieron obligados a regresar andando durante tres días y sin los cinco dólares de depósito que les habían pedido como fianza.

Al director del diario le impresionó tanto el suceso como la manera en la que la historia había sido redactada, por lo que no se lo pensó dos veces y lo contrató en su plantilla. Pulitzer se mostró como un ambicioso plumilla, al mismo tiempo que estudiaba derecho, y fue escalando en la pirámide social de los *mass media*.

Reunió una pequeña fortuna que le permitió comprar las cabeceras *Saint Louis Evening Post* y *Evening Post*, que refundó como el *Post Dispatch*. El gran salto lo dio cuando adquirió el *New York World*, que se haría famoso por sus artículos sensacionalistas. Gracias a su empeño, en apenas cinco años el diario aumentó diez veces su circulación, pasando de quince mil a ciento cincuenta mil ejemplares vendidos.

Polémico donde los hubiera, en 1892 Pulitzer se ofreció de manera gentil a financiar la primera escuela de periodismo del mundo, instalada en la Universidad de Columbia, pero su oferta fue rechazada. Sí resultó aceptada diez años más tarde. Su aportación testamentaria de dos millones de dólares a la universidad motivó la edificación de la Columbia University Graduate School of Journalism en 1912. Y el triunfo sería definitivo en 1917, cuando se instauró el galardón que lleva su nombre y se le reconoció, por fin, su aportación al mundo del buen periodismo.

EL DINERO POR CASTIGO

William Randolph Hearst era de buena cuna. Hijo de un rico propietario de minas de oro y senador por California, estudió en la Universidad de Harvard, pero fue expulsado por su conducta disoluta, ya que era muy aficionado al alcohol y las jaranas.

Siguió el ejemplo de su padre y adquirió en 1887 el periódico *San Francisco Examiner*, que estaba en bancarrota. Sin embargo, tras asumir las riendas, lo sacó a flote y el diario comenzó a dispensar beneficios, cada vez mayores. Ahí es cuando se dio cuenta del potencial que tenía como empresario de los medios de comunicación, y no dudó en emplear su fortuna para levantar todo un imperio mediático a su alrededor. De hecho, se hizo con el control del *New York Mourning Journal* para hacerle la competencia a la estrella periodística que sobresalía por aquella época, Joseph Pulitzer, y que se convertiría en su gran rival en el mundillo de la comunicación en los Estados Unidos.

Los datos corroboran el enorme poder que amasó: en 1935, cuando alcanzó su mayor fortuna, Hearst era propietario de veintiocho periódicos, dieciocho revistas y varias emisoras de radio, productoras de cine y agencias de noticias. Como magnate de la prensa, también tuvo influencia en la política y fue representante de la Cámara de su país.

Como ya hemos puesto de manifiesto, Hearst no vacilaba en absoluto en mentir vilmente desde las páginas de sus periódicos, si era necesario, para vender más ejemplares. En 1903 publicó un artículo afirmando que la famosa tiradora Annie Oakley había sido encarcelada por robar para pagarse la cocaína a la que era adicta. Todo era una falacia: hoy día no resulta claro si fue un caso de periodismo creativo o una confusión con una yonqui que afirmó llamarse Annie Oakley, como podría haber dicho Flora Staunton. La auténtica Annie, indignada, dedicó siete años de su vida a denunciar uno a uno a los periódicos que publicaron la noticia, ganando cincuenta y cuatro de cincuenta y cinco pleitos. Al mismo tiempo, hombre previsor, Hearst aumentó el sueldo de sus guardaespaldas.

La figura de William Randolph Hearst y su aportación al mundo del periodismo y la comunicación han pasado a la historia, no hay discusión alguna sobre este hecho. Es más, el cineasta Orson Welles se basó en la figura del magnate para crear al mítico protagonista de *Ciudadano Kane*.

La voladura del Maine: una maniobra orquestada

Desde 1895, España estaba en guerra con los insurrectos cubanos. El Gobierno de Madrid se aferraba con fuerza a la última gran colonia de América, pues no en vano era la primera productora mundial de azúcar y los impuestos que allí se recaudaban reportaban a las arcas públicas más que cualquier región de la Península.

Desde el punto de vista militar, la contienda no estaba ni mucho menos decidida, y España había enviado doscientos doce mil soldados, dispuesta a defender su soberanía. Mientras tanto, a escasos kilómetros de distancia, Estados Unidos esperaba la victoria de las fuerzas independentistas cubanas.

Desde hacía décadas, los norteamericanos ansiaban incorporar Cuba a su territorio, y en varias ocasiones ya habían planteado a España su deseo de comprar la isla. Sabían, como así sucedió, que una Cuba independiente caería fácilmente bajo su influencia, por lo que no ahorraron apoyos a la causa secesionista.

Además, desde el mismo estallido de la guerra, no habían dejado de enviar con más o menos disimulo armas y pertrechos a los rebeldes, mientras que su prensa lanzaba constantes campañas de desprestigio contra el Ejército español y sus autoridades, con el claro objetivo de enardecer a la opinión pública y predisponerla a favor de una intervención militar con los separatistas y contra España.

Sin embargo, faltaba una excusa clara, un *casus belli* que diera argumentos a Estados Unidos para declarar la guerra. Y ahí entró en juego la oportuna voladura del Maine.

A instancias del cónsul norteamericano en La Habana, Fitzhugh Lee, que era un ardiente defensor del intervencionismo en la isla, fue enviado al puerto de la ciudad el acorazado Maine. En la mañana del 25 de enero de 1898, y solo unas horas después de comunicárselo a España, el navío atracaba en el puerto. Oficialmente, llegaba en visita de cortesía, pero a nadie se le escapaba que el motivo no era otro que presionar a las autoridades españolas para que abandonasen la isla, así como tener ya un pie en Cuba ante lo que pudiese pasar.

Los estadounidenses no querían que una posible súbita victoria separatista los sorprendiese sin presencia militar y sin capacidad de intervención. Al mismo tiempo, las flotas norteamericanas en el Pacífico y Florida recibieron orden de pertrecharse y prepararse para la acción bélica, lo que advertía de que algo más grande se estaba preparando. Durante las siguientes semanas reinó la inactividad e incluso pareció que Washington se inclinaba por retirar el buque de Cuba, a lo que el cónsul Lee se opuso enérgicamente.

La calma se rompió a las 21:40 horas del 15 de febrero de 1898, cuando una terrible explosión (hubo testigos que afirmaron que fueron dos) abrió un enorme boquete en la proa del Maine, echándolo a pique en pocos minutos. La matanza fue horrible: doscientos sesenta y un tripulantes muertos y diecinueve heridos; solo setenta y cinco hombres resultaron ilesos, parte de los cuales eran oficiales que estaban alternando en La Habana.

Las autoridades españolas se volcaron con los damnificados, pero sabían que las consecuencias iban a ser terribles. Tanto el capitán del Maine, Charles Sigsbee, como el cónsul Lee comunicaron al día siguiente que las causas de la explosión eran indeterminadas, pero todo apuntaba a un accidente. De hecho, varios buques de Estados Unidos habían sufrido accidentes similares a causa de la combustión espontánea de los depósitos de carbón, que prendían haciendo estallar la munición.

Casi de modo inmediato, la prensa amarilla norteamericana controlada por Joseph Pulitzer y William R. Hearst comenzó a acusar directamente a España de haber causado la explosión. En concreto, el *New York Journal* mostró además un dibujo inventado y fotos manipuladas que nada tenían que ver con el incidente, pero que presuntamente demostraban cómo se había perpetrado el supuesto sabotaje. Hearst dictó sentencia: «¡Recordad el Maine, al infierno con España!» fue el eslogan con el que su diario llamó al alistamiento de voluntarios. Si el 16 de febrero el diario *World* insinuaba: «No está claro si la explosión se produjo dentro o debajo del Maine», al día siguiente otro periódico titulaba sin ambages: «Destrucción del Maine provocada por el enemigo». La opinión pública, inflamada, pedía una respuesta militar.

El magnate californiano azuzó al presidente McKinley publicando una carta privada, robada por los revolucionarios cubanos, del ministro español en Estados Unidos a Canalejas. Decía que McKinley era un «débil y oportunista necesitado de la admiración de las masas».

Con esta campaña, la opinión pública americana comenzó a clamar venganza y a pedir la intervención. Curiosamente, solo una semana antes de la explosión, el yate de Hearst, el Bucanero, había estado fondeado junto al Maine tomando fotografías.

Dudosa investigación

Obviamente, si alguien seguramente no había sido era España, e inmediatamente Madrid pidió permiso para que sus buzos averiguasen las causas, pero Estados Unidos se negó a colaborar y organizaron ellos solos una comisión investigadora, que comenzó a trabajar el día 20. Su trabajo, aunque riguroso en un principio y apuntando al accidente, fue virando ante las presiones de la prensa y las autoridades de Washington, de manera que el 28 de marzo dictaminó que había sido una mina. España respondió que aquello era imposible pues no había habido columna de agua, ni peces muertos, ni oleaje ni ninguna otra señal de que la explosión hubiese sido debida al estallido de un artefacto.

Pero Estados Unidos ya había decidido la intervención, y al recibirse el informe de la comisión en el Congreso, corrió por todo el país el grito de «¡Recordad el Maine, al infierno con España!». Ante esta situación, el presidente William McKinley acusó sin pruebas a España del atentado y exigió su retirada inmediata de Cuba antes del 25 de abril. En caso contrario, declararían la guerra. Madrid no se plegó a la exigencia y la contienda estalló, concluyendo con la derrota española y la firma de la Paz de París en diciembre de 1898.

Tocado y hundido

En 1911, los restos del Maine fueron hundidos, por lo que fue imposible realizar nuevas investigaciones sobre el barco. Pero en 1978 el almirante norteamericano H. G. Rickover, tras revisar los trabajos de la comisión de investigación, publicó un nuevo informe afirmando que la explosión fue accidental y producida desde el interior.

En efecto, el acorazado, fabricado en 1895, de cien metros de eslora, diecisiete de manga y seis mil setecientas toneladas de peso, llevaba una doble carga que requería medidas de seguridad especiales: por un lado, carbón para alimentar las ocho calderas que movían sus hélices gemelas; por otro, unas sesenta toneladas de pólvora negra usada como munición para sus sistemas de armas, un material muy inestable y fácilmente inflamable.

No se sabe con exactitud qué sucedió. Unos aluden a un sobrecalentamiento del carbón que se habría transmitido, a causa de las deficientes medidas de seguridad, al depósito de pólvora. En los tres años previos al incidente del Maine, una docena de barcos estadounidenses experimentaron incendios asociados a la combustión espontánea del carbón.

Otra investigación con motivo del centenario de la explosión volvió a sembrar las dudas, hasta que otra realizada en 2002 reafirmó la tesis del accidente por combustión espontánea. A pesar de esto, las dudas persisten; en la historia hay pocas casualidades, y es evidente que el accidente del Maine fue un regalo maravilloso para la política expansionista de Estados Unidos, que estaba ansiando entrar en Cuba y que con ello lo consiguió. ¿Accidente espontáneo, inducido o una mina? El misterio perdura a día de hoy.

¿Quién ha sido?

Si se descarta el accidente no provocado, la autoría sigue siendo un enigma. La crónica oficial cubana acusa a agentes norteamericanos de haber hundido su propio barco para tener la excusa de intervenir, como así hicieron. El posterior incidente del golfo de Tonkin, en 1964, en el que Estados Unidos exageró un ataque norvietnamita para justificar su intervención, avala esta tesis.

Sin duda, la presencia del yate de Hearst en el puerto de La Habana la refuerza, pero no hay pruebas irrefutables. Se ha barajado la posibilidad de que fuesen agentes independentistas cubanos los que atentasen mediante una mina buscando, precisamente, la intervención armada de Estados Unidos y, con ello, que la guerra se decantara definitivamente a su favor.

El responsable habría sido un agente cubano llamado Arístides Agüero, con nueve compatriotas más que lo habrían confesado, todos ellos pertenecientes a la Junta Revolucionaria Cubana de Nueva York e instruidos en el uso de explosivos por los anarquistas italianos de la ciudad. Las posibilidades siguen abiertas.

En su historia de Cuba, el historiador Hugh Thomas da el nombre del traficante de armas norteamericano William Astor Chanler como autor de la voladura del Maine. Este joven diputado, amigo del vicepresidente Roosevelt y proveedor de armas a los independentistas cubanos, había confesado años más tarde su autoría al embajador estadounidense en París, William C. Bullitt. Según le reveló, el atentado lo había llevado a cabo junto a sus hermanos, Winthrop y Lewis, situando una mina en el casco del Maine, al que se acercaron desde su propia embarcación.

El hispanista, siguiendo las investigaciones de Salas y Peral, apunta también la posibilidad de que el Maine se hubiera hundido por la explosión de un nuevo tipo de pólvora que llevaba en sus pañoles como munición para unos nuevos fusiles estadounidenses, algo que ya había ocurrido en anteriores ocasiones.

UN CONFLICTO DESIGUAL

La guerra entre Estados Unidos y España duró tres meses. El Ejército americano hizo como que no existía ejército rebelde cubano alguno, y cuando los españoles se rindieron, no se permitió a ningún cubano asistir a la rendición o firmarla.

Tras las derrotas de Santiago y Cavite, los desembarcos estadounidenses en Puerto Rico, Cuba y Filipinas y la imposibilidad de enviar refuerzos al perder España su flota, el gobierno español de Práxedes Mateo Sagasta pidió a Francia que mediara ante Estados Unidos para llegar a un armisticio. El 18 de julio, el embajador francés en Washington entregó al presidente McKinley la propuesta española que otorgaba a Estados Unidos la posibilidad de conferir a Cuba el estatus que deseara a cambio de que asumiera su deuda. España pagaría una indemnización de guerra que fuera razonable.

El 26 de julio McKinley respondió con una serie de exigencias: retirada española de todos los territorios americanos; España debía aceptar o rechazar las propuestas americanas, pero sin modificarlas, y si no las aceptaba proseguiría la guerra incluso en Canarias y en las posiciones españolas al norte y sur del estrecho de Gibraltar. Se posponía el futuro de Filipinas para la conferencia de paz; y se cedería Puerto Rico y Guam como indemnización de guerra a Estados Unidos. Así ocurrió el 1 de octubre de 1898 con la conferencia de paz de París.

Cuando terminó la guerra, los americanos comenzaron a hacerse cargo de los ferrocarriles, las minas y las propiedades azucareras de la isla cubana. Para el final de la ocupación, en 1901, al menos el 80 % de las exportaciones de mineral cubano estaba en manos americanas.

Estados Unidos no se anexionó Cuba, pero advirtió a una Convención Constitucional Cubana que el Ejército del país norteamericano no saldría de Cuba hasta que se incorporase la Enmienda Platt en la nueva Constitución cubana. Dicha enmienda confería a Estados Unidos «el derecho a intervenir para preservar la independencia cubana, la defensa de un Gobierno adecuado para la protección de la vida, la propiedad y la libertad individual…».

7

ESPAÑOLES EN NORTEAMÉRICA

El cine se inventó una conquista del Oeste exclusivamente angloameri-cana, pero nada más lejos de la realidad. Incluso los mapas desmienten esta visión, con topónimos como San Diego, San Francisco, San Antonio, Los Ángeles, El Paso, Florida o Miami. Fueron españoles los primeros europeos que exploraron el Suroeste de Estados Unidos. Hay que citar por fuerza algunas de esas primeras exploraciones, como la de Álvar Núñez Cabeza de Vaca (1528), de quien damos cuenta en este capítulo.

En el siglo XVII, las circunstancias internacionales empujarían a la Corona española a intensificar su expansión para frenar el avance ruso desde Alas-ka. El virreinato de México era uno de los más importantes de las colonias españolas. De allí emanaban el gobierno y la autoridad de la Corona, pero esa influencia iba perdiéndose y debilitándose a medida que se imponían las largas distancias hasta los asentamientos de la frontera norte, que estaban establecidos en Nuevo México, Texas, Arizona o California.

En el norte se encontraban no solo con las tribus indias (navajos, apaches, comanches), que llevaban a cabo incursiones en territorio español destru-yendo pueblos, minas y misiones, sino también las potencias europeas que miraban con envidia las fronteras hispanas.

La organización social hispana en territorio americano tuvo dos siste-mas que se complementaban. Por un lado, estaban las misiones, y por otro, las villas o ciudades. En las primeras, los jesuitas y franciscanos, además de la religión, promovieron la educación y el cuidado de los nativos, además de su progreso material.

Más tarde, comenzó el sistema de organización civil en las villas y ciudades construidas. Una cadena de fundaciones esparció urbes desde Florida has-ta California, desde San Agustín, Nueva Orleans, Galveston, Santa Fe, San Antonio, Albuquerque, hasta Los Ángeles y San Francisco, entre otras muchas.

Hernando de Soto: el descubridor de Norteamérica

Esta es la historia de un aventurero, un explorador español que vagó durante tres años por Norteamérica y murió antes de encontrar las inmensas riquezas con las que había soñado. Un hidalgo pobre, pero duro e implacable. Alguien que pagó un precio caro por su osadía.

Desde el viaje de Solís y Pinzón por el golfo de México a principios del siglo XVI, los españoles supieron con seguridad que al norte de las Antillas existían extensas regiones que pronto rodearon de un halo de misterio y fantasía, dotándolas de un atractivo irresistible. Desde ese momento, varias fueron las expediciones que se adentraron por el sur del subcontinente norteamericano. En 1528, Pánfilo de Narváez encabezó una expedición de colonización a Florida que terminó con la muerte de casi todos sus miembros. Dos supervivientes de la aventura expandieron entre autoridades y aventureros una idea fascinante, a la par que esperanzadora: que en la Florida existía un nuevo El Dorado.

Uno de estos exploradores fue Hernando de Soto. Este extremeño había amasado una gran fortuna desde 1514 en Centroamérica y en la conquista del reino inca del Perú junto a Francisco Pizarro en 1532, participando en la captura de Atahualpa. De vuelta a España, fascinado por las historias que se contaban de la Florida, logró de Carlos V una licencia para explorar esas tierras. Soto se ofreció a costear una expedición a cambio de que la Corona obtuviese el 50 % de los beneficios. Un año después, partía desde Cuba al frente de una flota de nueve navíos, con seiscientos cincuenta hombres y trescientos veintisiete caballos. Soto reunió a su tripulación convenciéndola de que había más oro en Florida que en México y Perú juntos.

La expedición desembarcó en Florida, en la bahía de Tampa o del Espíritu Santo. Soto se adentró en una región insalubre, plagada de pantanos, con un calor húmedo insoportable y habitada por nativos hostiles. El conquistador extremeño había llegado a la Florida convencido de que encontraría tesoros como el que Pizarro obtuvo en Perú.

Los expedicionarios alcanzaron en unos meses los montes Apalaches. Soto envió un puñado de hombres de vuelta a Cuba para dar noticias de la expedición y lograr más hombres y provisiones, aunque los navíos de socorro enviados por la esposa de Soto jamás llegaron a contactar con los expedicionarios.

Sin rumbo conocido, en marzo de 1540 Soto y sus hombres reanudaron la exploración, alentados por las noticias que les dieron algunas tribus sobre la reina de Cofitachequi, un país que suponían rico en oro y perlas. Cuando llegaron, la monarca los recibió con grandes ceremonias y los llevó hasta un rico palacio. Pero los exploradores descubrieron pronto que todo el metal de los indios procedía de unas pobres minas de cobre.

Sin destino claro, atravesaron Carolina del Norte y Tennessee, y descendieron hacia la costa sur por Alabama. Al llegar a cada pueblo indígena, Soto secuestraba al jefe y exigía la entrega de comida, porteadores y mujeres que les sirvieran. En noviembre, los supervivientes llegaron al territorio de los indios choctaw, al sur del actual estado de Alabama.

En Manila (actual Mobile, norte de Alabama), los españoles fueron recibidos con bailes y regalos, pero uno de ellos descubrió que cientos de guerreros estaban agazapados listos para atacarlos. Hernando de Soto decidió sitiar el pueblo y asaltarlo a sangre y fuego. La ciudad fue incendiada, y los choctaw, masacrados. Todos los españoles resultaron heridos, noventa de ellos graves, y en total murieron ochenta y dos hombres y se perdieron cuarenta y cinco caballos. Los indios sufrieron dos mil quinientas bajas.

Nuestro protagonista decidió continuar hacia el norte arrastrando tras de sí a una hueste cada vez más desmoralizada. El invierno les obligó a buscar refugio y descanso. En el poblado de Chizaca tuvieron que aguantar varias inclemencias: el frío, el hambre y el acoso de los indios. Llegó la primavera y la comitiva prosiguió en dirección noroeste hasta encontrar, el 8 de mayo de 1541, un inmenso río que los nativos llamaban *Meatt Massipí* (Misisipi) y que los españoles bautizaron como río Grande o del Espíritu Santo. El poderoso cauce fluvial admiró a los españoles, que tardaron veinte días en cruzarlo, ya que necesitaron construir barcas y piraguas y hacer frente a más de seis mil indios que defendían el paso. Tras culminarlo, prosiguieron su marcha hacia el sudoeste, con la esperanza de alcanzar la inexistente riqueza y el Pacífico como camino de regreso.

A mediados de marzo de 1542, solo seguían vivos la mitad de los hombres que partieron de Cuba. Convencido ya de su fracaso, Soto cambió de rumbo, enfiló hacia el sur y en abril alcanzó de nuevo el Misisipi. Intentando vadear el río, el extremeño se sintió afiebrado, muriendo poco después.

Su lugarteniente Luis de Moscoso Alvarado quedó al mando de la expedición e intentó llegar a México por tierra. Ante la imposibilidad de cruzar el río Trinidad, los expedicionarios retrocedieron hasta el Misisipi, donde construyeron unas pequeñas naves para descender por la corriente y salir al mar. Allí, los vientos les empujaron hacia la costa y les impidieron navegar hasta Cuba. Tardaron cerca de cincuenta días en llegar a Pánuco (México), donde pudieron desembarcar. Más de cuatro años después de la partida, el grupo llegaba sin su cabecilla.

La expedición de Soto fue un rotundo fracaso. Los españoles no encontraron las ciudades esplendorosas con las que soñaban ni un lugar donde asentarse, pero iluminaron una enorme porción de la geografía norteamericana. Recorrieron Florida, Georgia, Alabama, Arkansas y Luisiana. Llegaron a los montes Apalaches y cruzaron el río Misisipi, por el que salieron de nuevo al mar. Toda una gesta.

Soto apenas vivió cuarenta y dos años, pero resultó ser uno de los conquistadores más afortunados. Fue gobernador de Cuba, caballero de Santiago, y adquirió méritos y fortuna luchando al lado de Vasco Núñez de Balboa en Panamá y de Pizarro y Diego Almagro en Perú.

LA EPOPEYA DE JUAN DE OÑATE

Llamado «el Último Conquistador», lo cierto es que la expedición de Juan de Oñate (1550-1626) cerró toda una época. Hijo de Cristóbal de Oñate, compañero de Hernán Cortés y uno de los fundadores de Zacatecas, fue el encargado de establecer por primera vez asentamientos permanentes en lo que hoy es el sur de los Estados Unidos.

Tras criarse en la frontera, reclutó a doscientos hombres para conquistar Nuevo México. La expedición partió el 26 de enero de 1598. En su seno llevaba siete mil cabezas de ganado, mujeres y niños y un pequeño grupo de religiosos, escoltados todos ellos por los soldados del rey Felipe II de España, sin duda los mejores guerreros de su tiempo.

Cuando Oñate partió de Santa Bárbara, esta localidad era en aquel momento la población más al norte de Nueva España. Más allá no había nada, solamente el río Grande y un territorio por explotar. Llegados a este punto, tomaron las tierras el 8 de septiembre de 1598, fiesta del nacimiento de la Virgen María. Este fue el primer Día de Acción de Gracias de la historia en los Estados Unidos. Fray Alonso Martínez, superior de los franciscanos, celebró la misa, y fray Cristóbal Salazar predicó el sermón. Se llevó a cabo la toma de posesión en nombre de Felipe II. Tras la ceremonia hubo una comida, juegos y fiesta. Juan de Oñate compartió un gran banquete con los nativos a las orillas del río Grande para celebrar con júbilo la milagrosa llegada de los colonos españoles, después de recorrer más de quinientos kilómetros por el desierto.

De firmes convicciones, aventurero e incluso cruel, Oñate fundó el 18 de agosto de 1598 la ciudad de San Gabriel, hoy conocida como Nuevo México, en una tierra áspera que agradó a pocos de los colonos que le acompañaban. Se trataba de un terruño seco y pobre, donde era difícil labrar la tierra y que estaba sometido a las embestidas de tribus salvajes de indios.

Oñate se animó a buscar nuevas y mejores tierras, por lo que emprendió una nueva expedición al oeste con la idea de llegar al océano Pacífico. En su camino, se toparon con la brutalidad de los indios pueblo (apaches y comanches, básicamente). Pero la mayor parte de estas tribus se sintieron intimidadas por los caballeros de armadura brillante y accedieron a colaborar con los forasteros.

Y llegaron a Acoma (hoy, al oeste de Albuquerque), la ciudad de las rocas rodeada de precipicios, un lugar habitado por valientes guerreros indígenas. Los notables de este enclave bajaron hasta el improvisado campamento de Oñate y sus hombres para ganarse su confianza. Lo que desconocía nuestro protagonista es que los indios, alarmados por el poder de aquellos extraños soldados blancos, habían decidido eliminarlos.

Invitaron a Oñate y a sus compañeros a subir a la ciudad. Les habían preparado una encerrona. Para llegar a la sala del consejo de la ciudad, debían ascender por una escalera y atravesar una cámara en la que estaba preparada una trampa mortal. Pero Oñate se olió el peligro y rehusó ir. Los indios, tal vez por la intimidatoria presencia de los caballeros cubiertos por sus armaduras, no siguieron insistiendo.

Oñate se marchó de Acoma satisfecho de haber sometido a otra tribu a la autoridad real. Al mismo tiempo que se alejaba de la aldea en su caballo, valoraba que su nueva conquista había resultado sencilla, sin ser consciente de que el mayor botín del día había sido conservar la vida. No correría la misma suerte Juan Zaldívar, sobrino de Oñate, quien se detuvo en Acoma tiempo después para requisar harina cuando regresaba de explorar las llanuras del este.

Como su familiar, también fue invitado a subir. Dejando a catorce hombres con los caballos, ascendió con la otra mitad a lo alto de la ciudad. Los dieciséis españoles se fueron dispersando por Acoma mientras los nativos les trataban con amabilidad. Pero no tardaría en llegar la tragedia. Cuando los soldados españoles estaban bien distanciados unos de otros, el jefe de la tribu ordenó el ataque contra ellos.

La lucha fue desigual y brutal. No obstante, los valerosos soldados españoles se defendieron del ataque a la desesperada, con arrojo, matando a decenas de enemigos. Además de Zaldívar cayeron dos oficiales, seis soldados y dos indios cristianos que les acompañaban. Quedaron otros cinco que, acorralados, saltaron al vacío desde una altura de algo más de cuarenta metros. Solo murió uno, al parecer porque cayeron en una duna de arena. Espantados, los jinetes que permanecían abajo con los caballos acudieron tras observar la escena dantesca. Al lado de sus compañeros, se hicieron fuertes en los riscos, donde permanecieron hasta que los heridos pudieron recuperarse. Su salida con vida de Acoma permitió avisar a Oñate y a las misiones de franciscanos aisladas de que estaba en curso un levantamiento de los indios pueblo.

Nuestro protagonista decidió entonces tomar definitivamente la ciudad de Acoma. Vicente Zaldívar, hermano del ayudante de Oñate, fue quien pidió capitanear la expedición contra Acoma, pese a que los recursos humanos de los que disponía eran más bien irrisorios. Medio millar de indios defendían la ciudad de las nubes frente a sesenta soldados españoles.

El objetivo de Zaldívar era el siguiente: con los medios de los que disponía era imposible el éxito, pero si conseguía la entrega de los culpables de la matanza y los sometía a un castigo ejemplar tras un juicio en San Gabriel, sería posible conseguir la pacificación del territorio sin demasiado coste.

Mientras los escasos hombres con armas de fuego realizaban un ataque de distracción en el norte, el 22 de enero de 1599 Zaldívar ordenó a doce españoles que escalaran la parte más afilada del talud en la zona norte para colocar en un saliente rocoso de la plataforma un pequeño cañón. Los impactos de sus proyectiles destrozaron las casas de adobe y madera como si fueran de cartón.

En una desproporción de uno contra diez, los españoles comenzaron a abrirse paso entre los guerreros indios con sus picas, alabardas, dagas y espadas, y mucho valor. Y lo que parecía una quimera se cumplió: pudieron tomar la gran aldea, un escenario casi en ruinas por los cañonazos. Los «diablos blancos» habían conquistado la ciudad de las nubes. Dado que la mayoría de los responsables del asesinato de su hermano habían perecido en el combate, Vicente Zaldívar no castigó con la muerte a ninguno de los queres rebeldes. La rápida victoria, que costó dos muertos a los españoles a pesar de la terrorífica desproporción de fuerzas, sirvió para pacificar al resto de tribus de la zona.

Cabeza de Vaca y la búsqueda de la ciudad de oro

Tras sobrevivir a un naufragio en 1527 en la desgraciada expedición de Pánfilo de Narváez a Florida, caminó más de cinco mil kilómetros con tres compañeros durante ocho años y medio por todo el suroeste de Estados

Unidos, desnudos y sin armas, hasta llegar a México. El relato de su aventura, *Naufragios y comentarios*, es un libro que aún hoy asombra e ilustra sobre la pasta de la que estaban hechos estos hombres.

Álvar Núñez Cabeza de Vaca (Jerez de la Frontera, entre 1490 y 1500-1560) fue el protagonista de una de las mayores gestas realizadas en el Nuevo Mundo. Mantuvo un gran tacto con los indígenas, circunstancia que le permitió salvar la vida; sin embargo, no le ayudó con los endurecidos españoles del Río de la Plata, adonde llegó como adelantado y de donde al poco fue devuelto a España cargado de cadenas.

Pongámonos en antecedentes. Después de muchas calamidades y la muerte de la mayoría de los hombres de dicha expedición, los supervivientes intentaron llegar al golfo de México en frágiles balsas construidas con cueros de caballo. Ante la falta de alimentos, llegaron al canibalismo. Cabeza de Vaca fue uno de los pocos que en estas condiciones alcanzaron en 1528 las costas de Texas, donde fueron esclavizados por los indígenas de la zona. Los diferentes jefes tribales se pasaron a Cabeza de Vaca unos a otros; cuando se cansaban de verlo, lo regalaban para entablar alianzas. Iba de aquí para allá con un taparrabos. Si tenía suerte, le pagaban menos y le permitían comer las sobras de los perros. Lo consideraron una rareza, y le hacían trabajar en una especie de esclavitud que, aunque con mucho sufrimiento, pudo soportar haciéndose casi insensible al dolor y a las desgracias.

Permanecieron en compañía de distintos grupos, en calidad a veces de cautivos, otras de amigos y algunas de aliados o curanderos, puesto que nuestro protagonista, que tenía algunos conocimientos de medicina, ganó fama como sanador y también como hacedor de milagros, ya que envolvía sus prácticas curativas con rituales basados en la invocación a la Virgen María, la práctica de signos de la cruz sobre el enfermo o el soplo de algún tipo de aire «mágico».

El plan de fuga de Cabeza de Vaca descartó el sur y el este porque allí estaba el mar y quedaría acorralado. Tampoco podía dirigirse al norte, ya que tan solo conocía a los pueblos que allí habitaban por referencias. La única opción era dirigirse al oeste. Antes o después, llegaría a Nueva España. Junto con Andrés Dorantes de Carranza, Alonso de Castillo Maldonado y Estebanico «el Moro», comenzaría el largo tránsito que le llevaría a los anales de la historia.

El itinerario de Cabeza de Vaca y sus compañeros comprendió Texas, las áridas mesetas de Chihuahua y Sonora y el remonte del río Grande hasta El Paso. Este delirante viaje nos permite descubrir las costumbres y la forma de vida de los apalaches, los charros y otros pueblos que les dieron cobijo.

Cuando parecía que todo estaba perdido, una patrulla española que merodeaba a la caza de esclavos fugitivos los localizó en las cercanías de San Miguel de Culiacán, en la costa mexicana del océano Pacífico, en 1536. Su aspecto era desastroso, pero estaban vivos. Su increíble relato dejó atónito al gobernador de Nueva Galicia, Nuño Beltrán de Guzmán.

Cabeza de Vaca regresó a España y Carlos V lo nombró gobernador de Río de la Plata. Partiendo de Cádiz en 1540, decidió alcanzarlo por tierra, y en el camino descubrió las cataratas de Iguazú. Fue el primer europeo en contemplar aquella maravilla de la naturaleza.

A su llegada a Asunción (Paraguay) dos años después, pudo comprobar la desastrosa situación de la provincia. Desde allí dirigió una expedición hacia Potosí, y quiso limitar el abuso de los encomenderos españoles sobre los indígenas. Aquello levantó el odio contra su persona, por lo que fue depuesto de su cargo, apresado y enviado a España. Se le juzgó y desterró a Orán (Argelia) durante ocho años, hasta que Felipe II le concedió el indulto.

En 1555, Cabeza de Vaca publicó en Valladolid *Naufragios*, una obra en la que quedó reflejada su particular odisea americana. En el libro, al margen de su valor literario como relato de aventuras, se compendian interesantes descripciones etnográficas sobre los pueblos nativos del norte de México y el sur de los actuales Estados Unidos.

Sobre su muerte mucho se ha elucubrado; algunos aseguran que aconteció en Sevilla en 1560, aunque el inca Garcilaso de la Vega dejó escrito que el fallecimiento del singular explorador se dio en Valladolid entre los años 1556 y 1559.

La vida del conquistador Álvar Núñez es la historia de un fracaso hecho victoria. Porque Cabeza de Vaca falló en su empresa de conquistar y gobernar el sur de la Florida, pero logró vivir con los indios seis años, aprendiendo sus costumbres y dando al mundo uno de los primeros tratados sobre América.

ESTEBANICO Y LAS SIETE CIUDADES DE CÍBOLA

Las noticias de alguna posible riqueza en el norte tras el regreso de Cabeza de Vaca pesaron más que la narración de sus desgracias, y Estebanico, esclavo como era, fue enviado de nuevo allá junto a fray Juan de Olmedo. Llegaron hasta la frontera de lo que hoy es Arizona, sin hallar más que pobreza, cíbolos (una especie de bisontes) y noticias de siete ciudades fabulosas más al norte. Y eso fue su perdición.

Desde la Edad Media, existía en España una leyenda sobre siete obispos que, tras la invasión musulmana, navegaron hacia el oeste y encontraron una tierra maravillosa en la que fundaron siete ciudades. Otro religioso, fray Marcos de Niza, asoció la leyenda a esas Siete Ciudades de Cíbola (como llamaron a aquella tierra), y partió en su busca, de nuevo con Estebanico al frente.

En un principio la cosa no pareció salir del todo mal, ya que entre los dos lograron llegar al país de los zuñis, en Nuevo México, para encontrar un pequeño grupo de aldeas que precipitadamente interpretaron como Cíbola. Pero lo peor para ellos aún estaba por llegar, porque la presencia española estaba a punto de ser contestada de forma hostil por algunos de los pueblos indígenas que habitaban la zona. Inmediatamente comenzaron a acosar a los castellanos con una serie de rápidos golpes de mano que diezmaron a los conquistadores. En uno de estos ataques, terminó cayendo el moro Estebanico, después de que una traicionera flecha le segase la vida.

La muerte del que siempre se consideró el *alma mater* de la expedición hundió la moral de los españoles, que finalmente huyeron en desbandada para llegar con más pena que gloria a tierras de Nueva España, donde los pocos supervivientes que habían logrado salvar el pellejo trataron de justificar su comportamiento magnificando todo aquello que habían visto y recorrido. Tan convincentes resultaron sus explicaciones, que los españoles terminaron organizando una nueva expedición, pero esta de mayores proporciones.

El nuevo intento se produjo en 1540 y tuvo como protagonista a Francisco Vázquez de Coronado (1510-1554). Mucho más ambicioso que los anteriores, logró reunir para dicha empresa a trescientos cincuenta españoles y a ochocientos indígenas mexicanos, por lo que los conquistadores se tuvieron que emplear a fondo para reunir todo el dinero posible para financiar el viaje. El mismo Coronado se vio obligado a hipotecar las posesiones de su inocente mujer, no sin antes convencerle de toda la gloria que el destino les tenía reservada a él y a todos los suyos, al estar a punto de descubrir una ciudad inundada de oro e indescriptibles riquezas.

Con gran pompa, esta enorme comitiva se puso en marcha hacia las tierras de ese remoto e inexplorado territorio que años atrás había recorrido Cabeza de Vaca, pero a los pocos días de marcha los víveres comenzaron a escasear. Afortunadamente, en esta ocasión los castellanos habían sido más previsores que sus antecesores y por eso se hicieron acompañar de un enorme rebaño compuesto por varios centenares de bueyes, ovejas y cerdos para cuando apretase el hambre.

No sin dificultades lograron llegar al fin a Culiacán, Sinaloa, para desde allí iniciar un épico viaje en el que se vieron obligados a atravesar el árido desierto de Arizona, seguidos bien de cerca por una enorme piara de animales famélicos que no habían logrado probar bocado desde hacía ya varias jornadas. Pero todos estos padecimientos eran necesarios para llegar al lugar de ensueño del que habían oído hablar gracias al bueno de fray Marcos.

Por eso decidieron seguir andando, insensibles al calor, a la enfermedad y a los esporádicos ataques de unos nativos que los miraban con desconfianza, y los recibían a flechazos. Y por fin, lejos en el horizonte, pudieron vislumbrar eso por lo que tanto habían sufrido, las aldeas de los indios zuñi, el lugar donde les esperaban las ciudades de Cíbola.

Cuando se acercaron, descubrieron para su pesar que allí no había nada: ninguna ciudad tan bella como dos Sevillas juntas, ni grandes catedrales tocadas con hermosas cúpulas doradas y puertas de turquesa, como describían las fuentes las siete legendarias ciudades; solo unas pequeñas casuchas hechas con barro y cubiertas de paja pobladas por unos indios con cara de pocos amigos. No había duda, fray Marcos de Niza y los suyos les habían tomado el pelo. Ya no quedaba mucho por hacer, pero Vázquez de Coronado no se dio por vencido.

No estaba dispuesto a volver con las manos vacías a Nueva España, para convertirse en el hazmerreír de todos aquellos que vieron con incredulidad el inicio de su viaje. Tampoco le tentaba el recibimiento de su querida y arruinada esposa, cuando le comunicase que había vuelto sin encontrar ni un solo gramo de oro. Por eso decidió dividir su contingente para seguir explorando en busca de su quimera. Pero jamás hallaron las Siete Ciudades de Cíbola.

El inventor del sueño americano fue un español

Tripulante del segundo viaje colombino como mayordomo de Cristóbal Colón y proveedor de la Armada, Francisco Roldán Jiménez (1462-1502), natural de Torredonjimeno (Jaén), fue, en palabras del historiador y escritor Juan Eslava Galán, «el primer revolucionario del Cono Sur, primer golpista, primer impulsor del sueño americano, primer defensor del estado de bienestar, primer gánster, primer propagador del amor libre y primer quién sabe cuántas cosas más».

El regreso del primer viaje del almirante genovés trajo a España la leyenda de un Nuevo Mundo repleto de oro y riquezas, lo que despertó el deseo e interés de muchos compatriotas por viajar a aquellas tierras ignotas en busca de un mejor futuro. Grandes expediciones se embarcaron con destino a América, con nuestro protagonista en una de ellas; pero tras llegar allí, muchos comprobaron que la realidad no era tal y como se la habían vendido. En lugar de decepcionarse, Francisco Roldán trabajó para labrarse una reputación, y logró que Colón se fijara en él para promocionarle como alcalde mayor de la colonia.

Sin embargo, Roldán denunciaría las injusticias y el mal gobierno del genovés y sus hermanos. Hastiado, reunió a una cuadrilla y huyó a las tierras de varios caciques locales de la provincia de Jaraguá, quienes les proporcionaron comida, cobijo y servidumbre. Y se acostumbraron a una vida repleta de comodidades a costa de los indígenas. Roldán «vendía» las excelencias de aquellos lugares, por lo que muchos españoles que llegaban a América deseaban sumarse a su causa. El «sueño americano» estaba tomando fuerza.

Colón no tuvo más remedio que pactar con él y amnistiarlo, pese a que no se soportaban. Roldán regresó a su cargo de alcalde y, según nos cuentan las crónicas, pereció en un viaje en barco de regreso a Castilla.

San Agustín: la primera ciudad de los Estados Unidos

Que Estados Unidos ha sido un país conformado desde sus cimientos como nación por la presencia en su territorio de europeos es un hecho indudable. Lo que pocos lectores sabrán es que la primera ciudad del país norteamericano como tal fue fundada en el año 1565 por un español. El explorador y almirante asturiano Pedro Menéndez de Avilés (1519-1574) se convirtió en el afortunado que levantó el asentamiento europeo continuamente poblado más antiguo de los Estados Unidos que se conoce, cuarenta años antes de la fundación de la primera colonia inglesa en Norteamérica (Jamestown): se trata de San Agustín.

La actual ciudad del estado de Florida, con casi doscientos mil habitantes, es conocida en la actualidad por su arquitectura colonial española y sus playas atlánticas. Anastasia State Park es un santuario protegido de especies silvestres; por su parte, el castillo de San Marcos es una fortaleza española de piedra del siglo XVII con vistas al entrante de St. Augustine. Son dos de los principales reclamos turísticos del lugar, pero la historia de San Agustín comienza mucho atrás.

Hasta la mitad del siglo XVI, todos los intentos españoles por asentarse en la Florida habían fracasado. Los indios, los huracanes y los conflictos entre exploradores y colonos habían transformado los conatos de establecerse en un fiasco tras otro.

Hasta allí partió una expedición comandada por Avilés, por orden del rey Felipe II, para expulsar a un grupo de rebeldes hugonotes franceses que amenazaban con asentarse en la desembocadura del río St. Johns. El explorador español partió con tres navíos y casi trescientos hombres. Sofocada esta rebelión, los españoles establecieron una base, fundaron un fuerte y luego ciudad, que sería conocida como San Agustín de la Florida, el 8 de septiembre de 1565.

Una vez eliminada la amenaza francesa, Avilés trabajó enconadamente para consolidar la nueva colonia. Ordenó levantar ranchos, poblados, misiones y otros tantos fuertes. Incluso proyectó el Camino Real que debía unir San Agustín con México, bordeando la costa del Golfo, y seguir hasta el Mar del Sur, con la meta de asegurar la ruta de la plata desde América a España.

La presencia española en la costa sureste de Estados Unidos no gustaba al resto de potencias imperiales. El corsario Francis Drake, al servicio de la monarquía inglesa, intentó en varias ocasiones atacar San Agustín por vía marítima, pero los españoles consiguieron frenar sus acometidas.

Buena parte de la culpa de esa irreductible resistencia la tiene el castillo de San Marcos. Construido con conchas de coquina (más duras que la piedra), jamás fue tomado por el enemigo. Se convirtió en el símbolo del poder español en la costa atlántica de América del Norte. En 1685, el fuerte estaba listo. Tenía forma de estrella y estaba protegido por un foso.

Símbolo de la liberación esclava

San Agustín también merece la pena ser destacada por haberse convertido en un símbolo para la liberación de los esclavos negros. La cercanía de las colonias inglesas de Carolina del Sur resultó decisiva para que la ciudad de la Florida pudiera albergar a los negros que huían de la esclavitud británica, una práctica que también era legal en tierras españolas, pero aquí gozaban de mayores derechos, como tener dinero propio o poder acudir a los tribunales.

En 1687 llegó el primer grupo de fugitivos; a partir de ahí, el goteo resultó incesante. Hasta que los españoles se vieron obligados a levantar una población fortificada a unas millas al norte del castillo de San Marcos, el fuerte Mosé: un asentamiento acompañado de la conversión católica. Ya en la ciudad, fue en la iglesia misión de Nombre de Dios de San Agustín donde se celebró la primera misa sobre lo que actualmente es suelo estadounidense.

La conquista española se fundamentó más en el control religioso que militar. Los jesuitas fueron los responsables de levantar las primeras misiones; les siguieron los franciscanos, que se establecieron primero en San Agustín para luego expandirlas por otras zonas. En los primeros veinte años de la colonia española de la Florida, los jesuitas establecieron trece misiones, mientras que los franciscanos establecieron medio centenar.

Pero las continuas disensiones de índole militar entre españoles, ingleses y franceses por tratar de imponer su hegemonía en tierras americanas brotaron de nuevo. La presión de los colonos angloamericanos de Carolina del Sur comenzó en la década de 1680 con el asalto de las misiones españolas.

En mayo de 1702, el primer ataque inglés a la Florida se dirigió directamente contra San Agustín, el epicentro del poder español en aquellos territorios. En septiembre de ese año, una alianza de ingleses e indios se presentó ante las defensas de San Agustín. Los defensores del sitio se atrincheraron en el fuerte de San Marcos, mientras que sus adversarios arrasaron la ciudad, aunque no pudieron tomar la fortaleza.

Dos años después, el antiguo gobernador de Carolina del Sur, James Moore, planificó una incursión contra Florida. Los ingleses eran bastantes superiores en número, circunstancia que aprovecharon para seguir saqueando misiones españolas. El ataque de Moore cortó el Camino Real entre San Agustín y Pensacola, y alcanzó la frontera de la Luisiana francesa. Era el principio del fin.

El conflicto entre las dos potencias llegó a su conclusión el 27 de marzo de 1713, cuando se firmó la Paz de Utrecht, cuyo resultado fue la partición de los estados de la monarquía española, un país inmerso en la guerra de Sucesión. No obstante, en América del Norte la Florida quedó bajo soberanía española, algo más bien simbólico, pues solo se mantenían Pensacola y San Agustín.

A España le surgió otro enemigo: Francia, que le declaró la guerra en 1719. Un año antes lo había hecho Inglaterra. Al estallar ambos conflictos, Florida parecía en principio la provincia más amenazada, pues tenía territorios británicos al norte y franceses al oeste. Pensacola cayó en manos galas el 14 de mayo. No obstante, Francia se la devolvió a España en 1721 como parte de lo estipulado en el tratado de paz que ponía fin a la contienda en Europa.

Las contiendas bélicas no cesaban en Europa, y también se trasladaban a América del Norte. Tras el fin de la guerra de sucesión austriaca, España había restaurado el fuerte Mosé y reconstituido la milicia de negros libres que lo defendía. Se repararon las fortificaciones de San Agustín y se mejoraron las defensas de la fortaleza española más destacada del Atlántico. También llegaron cincuenta familias canarias para repoblar la ciudad. La plaza era clave porque servía de eje con Cuba y el paso de las Bahamas para controlar el tráfico marítimo y las comunicaciones entre España y México.

Pero de nuevo, los ingleses volvieron a contraatacar. La embestida iba dirigida en esta ocasión hacia Cuba, con la idea de romper la línea de flotación española. La Habana cayó en manos inglesas el 12 de agosto de 1762. El final de las hostilidades llegó con el Tratado de París en 1763. Con él se ponía fin a la guerra de los Siete Años, en la que España había entrado en 1761 tarde y mal, pues salió bastante perjudicada. En lo que se refiere a América del Norte, la Corona española cedía pacíficamente la Florida a Inglaterra. Y con ella, San Agustín, así como la bahía y los fuertes de Pensacola y los territorios al este y oeste del río Misisipi, a cambio de la devolución de La Habana y Manila.

La Florida volvió a España en 1783 a cambio de las Bahamas. Pero por entonces ya había surgido una nueva potencia que deseaba afanosamente incorporar territorios para convertirse en un primer espada mundial. Estados Unidos logró negociar el control absoluto de la península, y la incorporó en 1821 después de pagar cinco millones de dólares a nuestro país.

En la guerra de Secesión, que enfrentó al Norte y el Sur de la joven república estadounidense, Florida combatió en el bando confederado. En 1862, San Agustín se rindió ante las tropas unionistas y fue ocupada de forma pacífica. Fue a partir de entonces cuando esta ciudad de origen español se abrió al turismo, explotando los recursos de índole patrimonial, sobre todo, de los que disponía.

La universidad española en América

Con la conquista española de San Agustín y otros territorios, España también introdujo la cultura y la formación en tierras americanas, compartiendo con los nativos muchos aspectos de su propia idiosincrasia. A diferencia de otros reinos europeos, que no tuvieron el mismo interés en civilizar a los habitantes de aquellos lugares ignotos, como Holanda, Francia o Portugal, los conquistadores españoles llevaron consigo la implantación de universidades en las colonias americanas.

Tras la caída de Tenochtitlán (México) en 1521, el Imperio español estableció en la actual Centroamérica, así como en el norte y oeste de América del Sur, el virreinato, su máxima expresión territorial y político-administrativa, destinada a garantizar el dominio y la autoridad de la monarquía peninsular sobre las tierras recientemente descubiertas. Los más importantes fueron el de Nueva España y el del Perú, que subsistieron durante todo el periodo colonial.

No se tardaría mucho tiempo en levantar la primera universidad en tierras americanas por españoles. En concreto, tuvo lugar en 1538: la Real y Pontificia Universidad de Santo Tomás de Aquino, fundada en Santo Domingo (hoy República Dominicana). Tomando como modelos las de Alcalá de Henares, en Madrid, o la de Salamanca, la nueva universidad americana estuvo controlada por la congregación de los dominicos. Dejó de ser un *studium generale* para convertirse en el centro de la educación en el Nuevo Mundo. El objetivo primordial de la enseñanza era evangelizar y cristianizar a un pueblo pagano; pero además también se trataba de desarrollar intelectualmente a los indígenas.

Los ingleses no fundarían Harvard (o más bien, el colegio colonial que le precedió), por citar una comparación, hasta 1636, cien años más tarde. Y hasta 1780 no fue reconocida como universidad por el estado de Massachusetts.

Aparte de esta universidad, los españoles fundaron misiones y colegios en la Nueva España. Los franciscanos jugaron un papel decisivo, ya que fueron los pioneros en la educación de los indígenas.

Unos de los frailes más destacados fue Pedro de Gante, firme partidario de la instrucción de los nativos. Pidió a Hernán Cortés que le permitiera educar a los hijos que tuvo con la indígena Malinche en Texcoco. Fundó un colegio en el convento de San Francisco, donde se enseñaba a los niños a leer y escribir, latín, música y canto.

En 1548 apareció el Colegio de San Juan de Letrán, fundado por el virrey Don Antonio de Mendoza con la finalidad de acoger a los niños mestizos que no eran reconocidos por sus padres. Doce años antes había hecho lo propio el Colegio de Santa Cruz de Tlatelolco, al que asistían indígenas hijos de la alta jerarquía de los mexicas. Lectura, escritura, gramática latina, retórica, filosofía, música y medicina mexicana eran las materias que allí se impartían.

Los jesuitas recogieron parte del legado que habían establecido los franciscanos. Y los datos dan fe de la labor instructora que los españoles llevaron al Nuevo Mundo: entre el siglo XVI y el XVIII se crearon veintitrés universidades y más de ciento cincuenta mil titulados se licenciaron en estas universidades españolas levantadas en América. En las mayores se estudiaba Derecho canónico, Leyes, Teología, Medicina, mientras que en las menores, Artes y Filosofía.

El legado hispano en la toponimia de Estados Unidos

Como apunta The Hispanic Council (un *think tank* dedicado a promover las relaciones entre España y la comunidad hispana de Estados Unidos) en un informe, la alargada huella de estos exploradores españoles resulta fácil de desempolvar simplemente siguiendo el rastro de los numerosos topónimos hispanos todavía presentes en estados, condados y municipios del país presidido por las barras y estrellas. Como muestra, un botón: hasta un 15 % de los estados del país, como es el caso de California, Texas, Nevada, Colorado, Utah, Florida, Montana o Nuevo México, deben su nombre a la herencia española.

Así, en la geografía estadounidense se pueden encontrar ciudades llamadas Sevilla, Granada, Salamanca, Madrid, Laredo, Durango, Valencia, León, Córdoba, Andalucía, Aragón, Oviedo, Ebro, Toledo, Coruña, Cádiz o Navarra. Gran parte de estos lugares se escriben directamente mediante su traducción al inglés, como *Seville*, *Andalusia*, *Navarre*, *Corunna* o *Grenada*; resulta curioso que, por otra parte, algunas ciudades como Madrid han sido adaptadas con pequeños cambios, como es el caso del condado de *New Madrid*.

Según este informe, el topónimo de California se cita en el libro *Las sergas de Esplandián* (obra de Garci Rodríguez de Montalvo publicada en 1510), donde se menciona una isla idílica de fantasía y llena de riquezas con ese nombre. Por su similitud, así denominaron el territorio. Por su parte, Texas debería su apelativo a dos posibilidades: a *taysha*, 'amigo' o 'aliado' en el idioma de los caddo, o al nombre del árbol del tejo europeo, con parecido a otro en América.

Florida, al parecer, fue llamada así por ser una zona descubierta en la Pascua de Resurrección (conocida también como Pascua Florida); aunque también se dice que el conquistador Ponce de León designó así el territorio por su abundante y llamativa vegetación; mientras, Montana es una derivación de la palabra «montaña», así como Nevada hace referencia a la abundancia de nieve presente en sus montañas (fue llamada Sierra Nevada por el sacerdote español Pedro Font). Y Colorado proviene probablemente del color rojizo del río que atraviesa el estado, debido al sedimento que el agua arrastraba desde las montañas. Los exploradores españoles se dieron cuenta de esta circunstancia y lo bautizaron de esta manera.

No acaba ahí el legado español que sigue perdurando en la actualidad en la toponimia americana. Dos casos más son los de Arizona y Oregón, sendos estados del país de las barras y estrellas. En el primer caso, se da una teoría que defiende que el nombre deriva de la expresión nativa *alĭ sonak*, que significa 'primavera pequeña'. Al parecer, los españoles primigenios que exploraron aquel territorio castellanizaron la expresión dando lugar a la palabra Arizonac, que con el paso del tiempo se convertiría en el nombre del estado. Otra hipótesis sugiere que el topónimo provendría del vasco. En concreto de las palabras vascas *Aritz onak*, que literalmente significan 'robles buenos'.

En el caso de Oregón, territorio que destacaba por sus vastas zonas de bosque, la teoría que tiene más arraigo nos dice que el nombre proviene de la palabra francesa *ouragan* ('huracán' o 'tormenta de viento'), y que estaría basado en cuentos de los nativos americanos sobre los poderosos vientos chinook en la zona. Si la hipótesis la vinculamos con el castellano, se defiende que su nombre se debe a la palabra «orejón», empleada por los exploradores españoles para definir a los nativos, o bien algunos accidentes geográficos.

Al estudiar el caso de Utah, nos daremos cuenta que el nombre de este estado deriva del nombre apache *Yuttahih* o *Yuddah*, que significa 'está más arriba' o 'los que están más arriba'. Se castellanizó como «Yuta», y al final prevaleció la toponimia anglosajona.

Aunque no sean estados, existen otros territorios vinculados a los Estados Unidos de América también marcados por la influencia hispana. De esta manera tenemos, por ejemplo, a Puerto Rico. Su nombre original fue San Juan Bautista, aunque su denominación actual procede de las riquezas que partían de la isla y del dominio que los españoles allí ejercieron.

Cristóbal Colón dio nombre a las Islas Vírgenes, pese a que en sus cuadernos de viajes las denominara «Islas de las Once Mil Vírgenes». En la actualidad llevan añadida la apostilla «de Estados Unidos» para diferenciarlas de las británicas. Ya en los propios Estados Unidos, el almirante genovés dio nombre al Distrito de Columbia.

La monja española que evangelizó el suroeste de EE. UU. sin salir del convento

Entre otras cualidades, esta monja española (nacida en Ágreda, Soria) poseía el don de la *bilocación;* es decir, podía estar en dos lugares a la vez, por lo que sin salir del convento evangelizó Nuevo México, Texas y extensos territorios del suroeste de los Estados Unidos de América. O eso aseguran las crónicas de aquella época.

A mediados del siglo XVII María de Jesús de Ágreda (1602-1665), con fama de visionaria y milagrosa, amistó nada menos que con el rey Felipe IV, del que se hizo una especie de consejera y, de camino, le sacaba algunas prebendas para el convento y el pueblo. Incluso se dice que aconsejó al monarca firmar las paces de Westfalia (1648) y de los Pirineos (1659) para poner fin a la sangría de las guerras en las que participaba España.

El monje franciscano portugués Alonso de Benavides recabó testimonios de indígenas del Nuevo Mundo que aseguraban que una dama azul había llegado hasta allí para hablarles de dios, pese a que no habían tenido contacto anterior con ningún evangelizador. Cuando los frailes mostraron a los nativos diversos retratos de monjas, todos sin excepción coincidieron en señalar a sor María como aquella mujer «joven y hermosa vestida de azul». Su descripción coincidía con la de la religiosa española.

Lo curioso es que la monja nació y murió en su pueblo, jamás salió de allí ni del claustro del convento de Ágreda en el que ingresó con dieciséis años. Investigada a fondo por la Inquisición, la monja, bajo juramento, afirmó que era llevada por ángeles a países para ella desconocidos a predicar la palabra de Jesucristo entre paganos e idólatras. Todo ello, sin desatender su vida y obligaciones religiosas. Una experiencia mística en toda regla que asombró a propios y extraños. Finalmente, el Santo Oficio no pudo demostrar ningún acto fuera de los cánones establecidos por la Iglesia.

Fueran ciertas o no sus bilocaciones y místicos estados de trance, lo cierto es que el cuerpo de María Jesús de Ágreda permanece incorrupto expuesto al público en el mismo convento donde ejerció como abadesa. Falleció el 2 de mayo de 1665, y desde entonces han sido varios los intentos de que sea beatificada, sin éxito por el momento.

Los dragones de cuera: el cuerpo de élite del Ejército español

La conocida estampa del *cowboy* que puebla el paraje más recóndito de los Estados Unidos y que nos ha mostrado Hollywood tiene su origen en España, nada menos. En concreto, a las orillas del río Guadalquivir. El sombrero de ala ancha, las espuelas, la silla de montar, los rodeos o el manejo del ganado han bebido de la influencia de la cultura equina que introdujeron nuestros compatriotas en Norteamérica. La estética del clásico vaquero del Oeste americano debe su forma de ser a los españoles asentados en el norte de América.

Para controlar las gigantescas extensiones de lo que hoy son los Estados Unidos (desde el este de Texas hasta los lejanos puestos de la costa del

Pacífico, en Canadá) con un ejército profesional que ejerciera la soberanía del virreinato de Nueva España y controlara las acometidas de las tribus autóctonas, se creó un cuerpo de élite, el de los dragones de cuera.

En un texto de la época se los describía así: «El vestuario de los soldados de presidio ha de ser uniforme en todos, y constará de una chupa corta de trie, o paño azul, con una pequeña vuelta y collarín encarnado, calzón de triple azul, capa de paño del mismo color. Cartuchera, cuera y bandolera de gamuza, en la forma que actualmente las usan, y en la bandolera bordado el nombre del presidio, para que se distingan unos de otros, corbatín negro, sombrero, zapatos y botines».

El apelativo de cuera viene por el tipo de abrigo largo sin mangas que usaban, de hasta siete capas de piel, que era resistente a las flechas de los indios enemigos y que sustituyó a las corazas metálicas de los conquistadores. Dicha vestimenta procede de los vaqueros que pastorean desde hace siglos en el valle del Guadalquivir, y que fue introducida en América por los conquistadores en el siglo XVI.

Como armamento, los dragones de cuera portaban una espada ancha (con la inscripción «No me saques sin razón. No me envaines sin honor»), lanza, adarga (escudo en forma de dos círculos traslapados), escopeta y pistolas. El soldado debía contar con seis caballos, un potro y una mula. Contra los indios, que atacaban dispersos y preferían la lucha cuerpo a cuerpo, las tres primeras armas resultaban más eficaces. Mientras, las armas de fuego se mostraron útiles cuando el enemigo presentaba un grupo compacto y daba tiempo a recargarlas.

Además de a las tribus indias, los dragones de cuera también se enfrentaron a ingleses, franceses, rusos, norteamericanos y mexicanos en tierras americanas. Una compañía no la formaban más de doscientos hombres; eso sí, siempre hacían gala de sus enseñas y de dónde provenían: con banderas blancas y el escudo en el centro, que solía llevar las armas de España (escudo de Castilla y León), o la bandera con la cruz de Borgoña en color rojo.

Sus ocupaciones eran continuas: cuando no estaban en campaña, tenían que escoltar convoyes de pasajeros o mercadería que entraban o salían de sus demarcaciones, así como ocuparse de vigilar las enormes caballadas que componían la guarnición de los presidios.

En el Archivo General de Indias se conserva un manuscrito fechado en 1772 en el que se detalla la composición de cada compañía: un capitán, un teniente, un alférez, un capellán, un sargento, dos cabos y cuarenta plazas de tropa. Cada compañía debía contar, además, con diez indios exploradores, uno de los cuales solía hacer las funciones de cabo. Al principio, la composición de estas unidades era completamente de procedencia española, pero poco a poco empezaron a entrar en ellas mulatos y mestizos de la América española, así como indios.

Un autor anónimo de la época nos describe la forma de pelear de los soldados:

> Los bárbaros (se refiere a los indios) son temibles, manejan el arco y las flechas con audacia, suma destreza y temeridad, como si no les diese miedo morir, sus flechazos son terribles pues producen el mismo efecto que una escopeta de cinco cuartas, como se ha demostrado muchas veces haciendo prácticas, tirando al blanco los soldados con los indios amigos, penetrando igualmente en una pared o un *árbol* lo mismo las flechas que las balas, con la diferencia que, mientras el soldado recarga su arma, el indio dispara 25 flechas, y así, *casi siempre logramos buen éxito* en el combate más por las armas de los indios amigos que acompañan a los soldados que por los disparos de las escopetas, distinguiéndose los soldados principalmente por la agilidad con que manejan el caballo, pues hacen lo mismo con un potro que con el más dócil, manteniendo con la mano izquierda las riendas y la adarga, con la que reciben con gran habilidad todas las flechas que vienen a *él* o al caballo, con la derecha, amagando con la escopeta, pues, generalmente, no disparan porque si los viesen los indios privados de esta defensa cargarían todos sobre él de tal forma que no habría resistencia. Si llegan a mezclarse con el enemigo es la espada con la que consiguen la victoria.

A finales del siglo XVIII algunos pesados dragones de cuera comenzaron a ser reemplazados por otros soldados con una carga más ligera, lo que les dotaba de mayor libertad de movimientos. Se trataba de las Compañías Volantes, que eliminaron la adarga y la cuera y las sustituyeron por sable, pistola y carabinas. Tan solo disponían de tres caballos y una mula por cabeza. Las cueras, que al principio llegaban hasta las rodillas, se fueron recortando. A su vez, los caballos carecían de protecciones.

LA FIGURA DEL *COWBOY*

La figura del dragón de cuera evolucionó hacia la del ganadero o *cowboy* que conocemos actualmente. El vaquero a caballo apareció en los territorios de Nueva España como respuesta a unos climas secos y de poco pasto, que motivaban la realización de largos desplazamientos con el ganado en busca de mejor alimento. Estos grandes espacios abiertos se convertirían en lo que hoy conocemos como ranchos.

Varios factores más, sobre todo el desarrollo del ferrocarril, que permitía la exportación de carne a Europa, consolidó la existencia del *cowboy*, uno de los protagonistas más destacados del Estados Unidos de la segunda mitad del siglo XIX. Desde Texas y Chihuahua hacia el norte del país estadounidense, comenzaron a brotar rutas ganaderas que se convertirían en célebres.

Para conducir a las reses, por su tamaño y número (podían llegar a las tres mil cabezas), la figura del *cowboy* se hacía imprescindible. Su experiencia montando a caballo y destreza en el manejo del ganado resultaban fundamentales en aquellos territorios áridos.

En la actualidad, siguen ejerciendo ese papel que les ha dado fama en el mundo entero. Se encargan de la alimentación de las reses, de marcarlas y pasearlas por las distintas zonas de pasto. Asimismo, vigilan el territorio de la granja, controlan a los depredadores y solucionan problemas en las cercas. Y su destreza para domar los caballos sigue estando presente en el deporte del rodeo, que consiste en montar a pelo potros salvajes o reses bravas.

Precisamente, el caballo era la posesión más importante del vaquero americano. El potro era dejado en libertad en el rancho los dos o tres primeros años, y después era llevado al corral, donde era domado.

LA APORTACIÓN DEL CABALLO

Fueron los españoles quienes introdujeron los caballos en tierras de América gracias, en buena medida, al uso que hicieron de ellos los dragones de cuera para vigilar las fronteras. Estos animales, abandonados por los españoles en las praderas del Camino Real, dieron lugar a la denominada raza mesteña, conocida en Estados Unidos como *mustang*, de pequeña alzada y apariencia robusta. A través del robo y del trueque, la cultura equina se extendió con rapidez entre las tribus indias. En 1630 no quedaban pueblos nativos que no montaran a caballo. Y en 1750, todas las tribus de las llanuras y la mayoría de indios de las Montañas Rocosas empleaban caballos con tamaña destreza.

Más bien, la introducción del caballo en América se debe a los conquistadores nacidos en nuestro país que, durante el siglo XVI, trajeron sus tradiciones ganaderas al principio por Nueva España (lo que hoy en día es México y el suroeste de Estados Unidos), para con el tiempo extenderse por otros territorios. La mayoría eran de procedencia andaluza y árabe.

Y es que el caballo es un poderoso animal que engrandece la figura del ser humano; por ello es un símbolo de belleza, lealtad, fuerza y, sobre todo, libertad. El caballo es civilización. La rueda y el arado, los primeros inventos de la humanidad, van ligados a la domesticación del equino. Nos encontramos con la figura del caballo en prácticamente todas las culturas y en sus leyendas. Se usó primero como transporte, pero pronto sustituyó a asnos, bueyes y onagros en el arrastre del arma pesada más potente, que dominó los campos de batalla más de mil años. El caballo es trabajo y riqueza. Tener un equino es contar con una poderosa herramienta para arar la tierra y un valioso medio de transporte; por eso, la herradura es señal de fortuna.

Y EL BURRO NO SE QUEDA ATRÁS

La conquista del Oeste americano fue cosa de burros. O al menos, jugaron un papel decisivo en la expansión de los Estados Unidos. Sobre todo los *asini catalani*, autóctonos de Cataluña. El cine, sin embargo, prefirió popularizar la imagen icónica de la caravana, pero no todo se desarrolló tal y como se refleja en nuestro acervo cultural.

Las mulas nacen del cruce de un burro y una yegua. Son estériles y no tan rápidas como los caballos, pero más resistentes y de paso más firme, sobre todo en terrenos tan escarpados como Sierra Madre, escenario de una de las últimas grandes operaciones militares contra los indios. El cruce de un caballo y de una burra también da lugar a una hibridación, los burdéganos, de cabeza más grande y cuerpo más pequeño. Su cría nunca tuvo muchos adeptos porque no superan a sus primas en docilidad y capacidad de sufrimiento.

Para obtener una buena mula es necesario contar con buenos progenitores. Y es aquí donde entra en liza un animal muy humilde y a menudo olvidado, a pesar de sus muchas virtudes: el burro catalán. Muchos expertos lo consideran el mejor de su especie por su fuerza e imponente estampa. Ya en la Roma imperial se decía que eran los padres de las mejores mulas.

Llama la atención su envergadura. Pueden medir 1,70 metros hasta la cruz y pesar cerca de 450 kilos. De hecho, han sido exportados a Europa, África, Asia y América para mejorar las razas autóctonas. También han permitido que los asnos franceses de los Pirineos crezcan un palmo. Pero en ningún sitio se les ha valorado tanto como en Estados Unidos.

Los *asini catalani* y otras mulas que engendraron jugaron un papel determinante en la Fiebre del Oro, la colonización de la última frontera y las guerras contra los indios. De su importancia da fe el que en 1840 la compañía minera Kilgore & Keret, de Kentucky, adquiriera cinco sementales en Cataluña. Por su parte, en 1885, dos estadounidenses apellidados Simons y Palmer se hicieron con ciento cincuenta machos y veinte hembras, también con destino a Kentucky. Y entre 1890 y 1892, un tal míster Emerson adquirió trescientos cincuenta machos y se los llevó a Bowlin Green (Misuri).

Los trabajos de investigación del veterinario Joan Gassó dan a entender que «al menos 532 burros se embarcaron en el puerto de Barcelona a finales del siglo XIX para hacer las Américas, aunque los archivos de los muelles están incompletos y pudieron ser muchos más».

En 1916, la revista estadounidense *The Farmer* calificó a los *asini catalani* de «los mejores del mundo». De extremidades robustas, tienen huesos largos y gruesos, aunque su conjunto es proporcionado y esbelto. En verano su pelaje es corto, casi negro; y en invierno, lanudo y tirando a marrón. Su principal característica son las manchas blancas que rodean sus ojos y morro. No son grandes corredores, pero sí muy versátiles. Jamás se arrugan cuando hay que desplegar una gran fuerza.

Los investigadores Tom Clavin y Bob Drury, autores de *El corazón de todo lo existente: la amarga historia de las guerras indias por la conquista del Oeste*, aseguran que soldados, mineros, exploradores y hombres de la frontera tan experimentados como el general George Crook preferían combatir contra el indio apache Gerónimo a lomos de una mula.

La dolorosa derrota de los dragones

Los dragones de cuera, como el Séptimo de Caballería, al parecer tal y como lo ha vendido Hollywood, también murieron con las botas puestas, y con mucho honor en torno a su líder.

La conocida como expedición de Villasur de 1720 fue una expedición militar española con el propósito de inspeccionar y valorar la creciente presencia francesa en la región de las Grandes Llanuras de Norteamérica, siendo gobernador de Nuevo México Antonio de Valverde y Cosío. Al frente de ella se designó como oficial al vallisoletano Pedro de Villasur, apenas sin experiencia militar.

Bajo su mando se configuró un grupo de cuarenta y cinco dragones de cuera y sesenta indios pueblo auxiliares, que tomaron dirección norte. La expedición partió de Santa Fe, y tras recorrer ochenta kilómetros llegó a territorio de la tribu india pawnee; al ver que la actitud era de hostilidad, retrocedió y acampó en un prado cerca de la actual Columbus (Nebraska); es decir, habían llegado al centro geográfico de los actuales Estados Unidos.

El 14 de agosto de 1720 los pawnee, acompañados por soldados franceses, atacaron por sorpresa a los españoles. Pedro Villasur resultó muerto en los primeros momentos de la batalla; por lo que los soldados españoles, desbordados por la sorpresa y rodeados por un ingente número de enemigos, optaron por una defensa numantina formando un círculo alrededor de su jefe caído.

La contienda fue breve: murieron treinta y cinco españoles y once indios pueblo, a pesar de estar acampados en lugar aparte de los españoles. Del total de la expedición, siete soldados españoles y cuarenta y cinco indios pueblo consiguieron escapar, llegando a Santa Fe el 6 de septiembre.

Tres de los españoles que vigilaban los caballos, un poco más alejados, ensillaron unos animales y corrieron en auxilio de los que estaban siendo atacados. Solo uno de ellos consiguió llegar junto a sus compañeros. Los otros dos murieron. Entre los pocos supervivientes, uno logró escapar con nueve heridas de bala y el cuero cabelludo arrancado.

La expedición, que había viajado más al norte y al este que cualquier otra expedición militar española, marcó el límite temporal de la influencia española en la región central norteamericana de las Grandes Llanuras, hasta que España la recuperó en 1762 mediante el Tratado de Fontainebleau de ese mismo año, creándose la gran provincia de la Luisiana española.

A pesar de aquella derrota, los dragones de cuera se recuperaron pronto. Con un reducido número de jinetes continuaron combatiendo a apaches, comanches, franceses y todo tipo de amenazas hasta mediados del siglo XVIII, con unas lanzas que simbolizaban, literalmente, hasta dónde alcanzaba el poder del rey de España.

Bernardo de Gálvez: el héroe de Pensacola

La ayuda prestada por los españoles a la independencia de los Estados Unidos daría para varios libros. Uno de los personajes más destacados que participó en la contienda de nuestro imperio contra los ingleses en tierras americanas fue Bernardo de Gálvez (1746-1786), quien, en el contexto de aquella guerra, lanzó una ofensiva que sirvió para incorporar la Florida a la Corona española tras su pérdida en 1763. Gracias a su hazaña, el Imperio reverdeció con el control de todo el golfo de México hasta el Atlántico. También resultó clave en la guerra de Independencia de los Estados Unidos: no solo proporcionó ayuda a los rebeldes, sino que infligió severas derrotas a los británicos. El mismo George Washington lo nombró ciudadano honorífico, y hoy es considerado uno de los padres fundadores de los Estados Unidos.

La intervención de España en la guerra de la Independencia de los Estados Unidos fue determinante, sin lugar a dudas. Hasta la entrada de nuestro país en el conflicto, los británicos mantuvieron la ofensiva, basada en su superioridad naval, pero nuestra Armada, sumada a la francesa, no solamente hizo que pasasen a la defensiva, si no que los gobernantes españoles impusieron sus propios objetivos estratégicos a los franceses, haciendo de Gibraltar el principal teatro de operaciones de la guerra, y también llevándola al Caribe. Y Bernardo de Gálvez resultó decisivo para el triunfo de las Colonias.

Repasemos su vida. Con dieciséis años, Gálvez se alistó voluntario en el regimiento francés Royal Cantabre, que vino a España para luchar junto a nuestro Ejército contra Portugal. Durante siete años permaneció en tierras galas para perfeccionar su formación militar.

En 1769 llegó a Nueva España, el más importante virreinato de los dominios españoles. Allí reorganizó la administración e impulsó importantes medidas, como el estanco del tabaco o la reforma de la minería. También trató de pacificar la zona noroccidental de las provincias internas, como eran Sonora, Sinaloa y Nueva Vizcaya, combatiendo a los indios hostiles.

Una vez que llegó a Chihuahua, nuestro protagonista fue nombrado capitán del regimiento de La Corona, con una defensa integrada por los dragones de cuera, de los que hemos hablado en un capítulo anterior. Gálvez dirigió varias expediciones, y en una de ellas alcanzó el río Pecos. Resultó herido y cayó del caballo, por lo que tuvo que regresar a España a comienzos de 1772.

Tres años después ingresó en la academia militar de Ávila, donde entabló amistad con Francisco Saavedra. Fue ascendido a teniente coronel después de haber demostrado enorme valor en una expedición contra Argel, donde fue herido gravemente en una pierna.

Llegaría mayo de 1776, cuando a Gálvez se le nombró jefe del batallón fijo de Luisiana, y en julio recibió el nombramiento de gobernador interino de dicha provincia, cuya capital era Nueva Orleans. Aquí se hizo querer debido a su carácter de líder.

EL LÍDER QUE TODOS NECESITABAN

El 4 de julio de 1776 se produjo uno de los más importantes hitos de la historia moderna: las Trece Colonias británicas de Norteamérica declararon su independencia. El apoyo de España a estas unidades irregulares fue decisivo en forma de suministros de todo tipo: fusiles, bayonetas, cañones, tiendas de campaña, mantas, quinina, pólvora... gracias al apoyo de gobernadores españoles de Luisiana; entre ellos, Bernardo de Gálvez.

El malagueño, en nombre de España, permitió desde Nueva Orleans el paso de abundantes suministros, o también por el río Misisipi, transportados en barcos norteamericanos. Ayuda fundamental para las victorias norteamericanas en Trenton, Princeton o Saratoga.

Precisamente, el éxito en esta última batalla resultó determinante para que Francia decidiese apoyar a los norteamericanos declarando la guerra al Reino Unido en marzo de 1778, seguida al año siguiente por España tras la firma del Tratado de Aranjuez.

A partir de entonces, nuestro país, con su poderosa flota y sus fuerzas militares, resultaría decisivo para el triunfo de George Washington. Las victorias de Gálvez en Luisiana y las de su padre Matías en Guatemala fueron trascendentales para mantener a raya la Armada británica.

Cuando Gálvez comenzó su mandato como gobernador de Luisiana, el 1 de enero de 1777, una de sus principales instrucciones fue la de incrementar la población de aquella importante provincia. Muchos procedieron de las islas Canarias. Al mismo tiempo, debió seguir prestando apoyo logístico a los norteamericanos para frenar la expansión inglesa hacia el oeste.

Los británicos eran superiores en número, por lo que Gálvez, consciente de la inferioridad española, ideó atacar por sorpresa los fuertes enemigos establecidos en la margen izquierda del Misisipi, sin desatender su retaguardia, que podía ser atacada desde La Mobila y sobre todo desde Pensacola, que era la base principal del Ejército británico en la Florida Occidental.

Tras superar un violento huracán que provocó cuantiosos daños en Nueva Orleans, la expedición inició la marcha el día 27 al mando de una tropa multiétnica formada por unos mil cuatrocientos hombres (españoles, franceses, alemanes, negros libres, esclavos, indios y un pequeño grupo de patriotas americanos). Pese a estar en inferioridad, la tropa al mando de Gálvez logró conquistar a los británicos los fuertes Bute, en Manchak, y New Richmond, en Baton Rouge.

En aquella victoriosa campaña, el militar malagueño demostró sus cualidades de estratega. Conquistar todos los establecimientos que los británicos tenían en la orilla oriental del Misisipi supuso para Gálvez dominar el paso por el río, y con ello pudo facilitar decisivamente la llegada de la ayuda española que procedía de La Habana.

No cejó en su empeño

Los éxitos militares obtenidos en el campo de batalla le valieron a Bernardo de Gálvez el ascenso a mariscal de campo cuando acababa de cumplir treinta y tres años. El 11 de enero de 1780 inició desde Nueva Orleans una expedición contra La Mobila con un batallón del regimiento de España como única tropa profesional. La idea era tomar Pensacola. La flota, al mando del general de Marina Solano, estaba formada por siete navíos y cinco fragatas, que daban escolta a un convoy de cuarenta y nueve velas llevando unos tres mil hombres. Pero un huracán los devolvió al puerto de La Habana.

Un nuevo buque partió de Cuba el 28 de febrero de 1781. Con viento favorable y sin incidentes, el 10 de marzo Gálvez consiguió desembarcar sus tropas en la isla de Santa Rosa, que cerraba la bahía de Pensacola. Tres fuertes defendían la ciudad. Por ello resultaba imprescindible que el navío y las fragatas atravesasen primero el canal de entrada a la bahía.

En su bergantín Galveztown, nuestro protagonista inició su entrada en el canal. Los ingleses abrieron fuego, pero no alcanzaron los barcos españoles. Toda la flota, menos el navío San Ramón, entró en la bahía. Tras quedar neutralizadas las fragatas inglesas Mentor y Port Royal por el fuego de los cañones desembarcados en Santa Rosa, las fuerzas pudieron cruzar tierra firme y comenzar la fase de aproximación a los fuertes ingleses.

Después de cincuenta días de asedio, el 8 de mayo las tropas inglesas se rindieron. Los españoles capturaron a más de mil cien hombres, unos ciento cincuenta cañones y numeroso material. Gálvez fue ascendido a teniente general y el rey Carlos III le concedió el título de conde de Gálvez.

Poco tiempo después, nuestro héroe se apoderó de la isla Nueva Providencia, en las Bahamas, abortando el último plan británico de resistencia, con lo que mantuvo el dominio español sobre el Caribe y aceleró el triunfo de las armas estadounidenses.

Bernardo de Gálvez también fue virrey de Nueva España (enero de 1785). Sustituyó en el cargo a su padre Matías, enfermo, conservando al mismo tiempo el de gobernador de Luisiana. No pudo ejercer mucho tiempo su mandato, pues a partir de agosto de 1786 su salud comenzó a empeorar. Ya en noviembre no se mostraba capaz de seguir desempeñando sus funciones. Una disentería amebiana, contraída durante su estancia en la Luisiana, acabó con su vida a finales de noviembre de aquel año.

George Meade: el gaditano héroe de Gettysburg

Otro militar español forma parte de los anales de la historia militar estadounidense. Aunque solamente permaneció cinco años en nuestro país por los negocios de su padre, George Gordon Meade (1815-1872) nació en Cádiz, hijo de dos estadounidenses. Ya en territorio americano, solicitó, cuando apenas tenía quince años, incorporarse como cadete en la academia militar de West Point.

Tras participar en las guerras seminolas y en la mexicano-estadounidense (1846-1848), su reconocimiento le llegó con la guerra civil norteamericana. Integrado en el ejército de la Unión, Abraham Lincoln le ascendió a general en junio de 1863, cargo en el que comenzó a mostrar su valía.

Meade consiguió resistir un furibundo ataque perpetrado por el general confederado Robert E. Lee en las inmediaciones de Gettysburg. Logró imponerse en la que fue la batalla más sangrienta de la guerra de Secesión. No obstante, y pese a la victoria obtenida, el militar de origen español fue duramente criticado al considerarse un fracaso el no haber destruido el ejército de Lee, que había escapado cruzando el río Potomac antes de ser interceptado.

Aunque tuvo un papel determinante a la hora de acorralar al ejército confederado, Meade sin embargo no estuvo presente durante la rendición de Lee en Appomattox (abril de 1865); el mayor rédito por ganar la guerra lo obtuvieron Ulysses S. Grant y el general William T. Sherman.

David Glasgow Farragut: primer almirante de los Estados Unidos

Hijo del militar menorquín Jorge Farragut, David Glasgow Farragut (1801-1870) es considerado el primer almirante que tuvo la Armada de Estados Unidos. Al igual que Meade, recibió grandes elogios por su servicio a la Unión en la guerra civil del país. Y es que fue el artífice de comandar el bloqueo de los puertos del Sur por parte de la Unión, ayudó a capturar la ciudad confederada de Nueva Orleans y brindó apoyo para el asedio de Vicksburg por parte del general Ulysses S. Grant.

Aunque su mayor éxito fue la victoria obtenida en la batalla de Mobile Bay (Alabama, agosto de 1864), en la que ordenó a su flota que ignorara las defensas confederadas en el puerto, proclamando la famosa frase: «¡Malditos torpedos, adelante a toda velocidad!».

Farragut fue adoptado militarmente en Nueva Orleans por el capitán David Porter, a quien sirvió a bordo de la fragata Essex en la guerra anglo-estadounidense de 1812. Mostró aptitudes marineras y de líder a muy temprana edad, y a los veinte años ya era un consumado oficial de barco.

Ya en plena guerra de Secesión, Farragut fue asignado al mando del escuadrón de bloqueo de la Unión en el oeste del golfo de México con órdenes de ingresar en el río Misisipi y capturar Nueva Orleans, un puerto que se antojaba clave. Su fuerza naval logró destruir la mayor parte del escuadrón fluvial confederado, que estaba estacionado río arriba de los fuertes.

Tras convertirse en contralmirante en 1862 y vicealmirante en 1864, fue nombrado almirante en 1866.

El arquitecto valenciano que construyó media Nueva York

No fue profeta en su tierra. Pero en Estados Unidos está considerado como «el arquitecto de Nueva York» (así lo apodó *The New York Times*). El valenciano Rafael Guastavino es el responsable de la edificación de más de un millar de edificios históricos en EE. UU. (sobreviven unos seiscientos), entre los que sobresale, por su magnificencia, la Grand Central Terminal. Construyó no solo en la Gran Manzana, sino también en Boston, Chicago, Filadelfia, Baltimore, Washington… e incluso en Canadá y Cuba. Su obra, que fue inmensa, eclipsó a su persona.

La historia de nuestro protagonista da para un libro. Nacido en Valencia en 1842, era el cuarto hijo de catorce hermanos. Los orígenes familiares son italianos (de ahí el apellido), y su padre llegó a la capital del Turia para trabajar de ebanista. Rafael Guastavino pronto descubrió su faceta artística. Primero quiso ser músico, pero su verdadera pasión era la arquitectura.

En Barcelona encontró un ambiente rebosante en torno a esta disciplina, y tras trabajar en diferentes obras, como la fábrica de los hermanos Batlló en les Corts de Sarriá o en el Teatro La Massa, en Vilassar de Dalt, presentó su obra en exposiciones internacionales como la de Viena (1873) o Filadelfia (1876).

Anticipando la obra de Antoni Gaudí, Guastavino dispuso de una intuición innata para romper con los cánones rígidos de la arquitectura imperante por aquella época. Más allá de cualquier otro material más frágil, la unión del cemento y el ladrillo podía dar lugar a estructuras muy resistentes. De esta manera ideó sus bóvedas, capaces de aguantar más esfuerzos y adaptarse a formas esbeltas.

Sin embargo, la escasa calidad del cemento y la farragosa burocracia que existía en España le impedían alcanzar sus sueños, por lo que ideó marcharse a cumplir el sueño americano.

Guastavino tenía además otro talento: el de meterse en problemas de índole extramatrimonial. Por eso, su esposa, hasta la coronilla de desplantes y escarceos, se marchó a Argentina con sus tres hijos mayores y todos los ahorros familiares.

Con apenas treinta y nueve años y el equivalente a cuarenta dólares en el bolsillo, Guastavino se fue a hacer las Américas en busca de fortuna sin tener ni idea de hablar inglés. Jamás volvería a pisar suelo español. Pero este genial arquitecto escondía un as en la manga: sabía que las frágiles construcciones de madera y hierro que se levantaban en Estados Unidos, muy propensas a la combustión, podían convertirse en esplendorosos y sólidos edificios gracias a técnicas constructivas que bebían de la arquitectura tradicional catalana.

Guastavino llegó a Nueva York con su hijo pequeño, con su amante y las hijas de esta, y vio cómo la gran mayoría de edificios estaban construidos de madera, y apenas alguno de hierro. Y los incendios eran una constante en la ciudad, lo que se convertía en un grave problema. He ahí cuando llegó el momento que soñaba nuestro protagonista.

Presentó su idea de la construcción cohesiva, basada en la construcción romana; es decir, una unión del arte y de lo práctico con materiales resistentes, como el cemento y el ladrillo. Todo eran ventajas, pues era una técnica de construcción más barata, resistente y ligera que la que se empleaba en Estados Unidos. Con el poco dinero que ganó en sus primeros años en aquel país construyó dos pequeñas casas que literalmente quemó para demostrar a la prensa y a los americanos que su sistema de construcción era endeble, y poder poner así en marcha su novedosa técnica de edificación.

De esta manera, comenzó a granjearse la simpatía del mundo de la arquitectura neoyorquina y le empezaron a llover los encargos. Fue contratado por el estudio de arquitectura más importante de la época (McKim, Mead & White), al que se ofreció para construir gratis con su técnica la bóveda de la Biblioteca Pública de Boston, la primera pública y municipal de América del Norte.

Su fama se acrecentó y fundó su primera compañía, la Guastavino Fireproof Construction Company. Patentó su sistema de bóvedas de ladrillo, que bautizó como *Tile Arch System*, aunque sería conocido como «sistema Guastavino». La ejecución de esta técnica era muy rápida, pues las bóvedas se conformaban con elementos de pequeño tamaño (ladrillos planos); la propia forma de la bóveda desviaba las cargas de manera muy eficaz; y al tratarse de un material cerámico, era ignífugo. Los arcos con azulejos gustaban a los estadounidenses.

UNA TÉCNICA PIONERA E INNOVADORA

Todo este tremendo esfuerzo le fue recompensado con dinero. Mucho dinero. No paró de levantar bibliotecas, iglesias, parlamentos, museos y hasta el edificio de la Corte Suprema de los Estados Unidos de América. Una de las bóvedas más majestuosas que diseñó fue en la City Hall Station, la primera estación de metro de Nueva York. El arquitecto valenciano programó un elegante túnel curvo donde las bóvedas avanzaban por el espacio de manera grácil. Ligeras, alternaban los tramos cerámicos con lucernarios de vidrio en bastidores de hierro y plomo. La estación funcionó hasta 1945; se abandonó y fue recuperada en 1979, declarada oficialmente Hito de la Ciudad de Nueva York.

El legado de Guastavino es loable y digno de ser reconocido por la calidad y belleza de las construcciones que ideó, sobre todo bóvedas y edificios de todo tipo: el Carnegie Hall, la iglesia de St. Bartholomew (en la Quinta Avenida de la Gran Manzana), el Ayuntamiento, el Museo de Historia Natural, el Hospital Mount Sinai, el Oyster Bar & Restaurant, el famoso puente de Queensboro (el de la película *Manhattan*, de Woody Allen) o la estación Grand Central de Nueva York, de la que hemos hablado al principio de este capítulo. Una estación que se recuperó gracias a una campaña liderada por Jacqueline Kennedy y que acabó ante el Tribunal Supremo.

Y eso no es todo. En Nueva York se derribaron al menos treinta y dos de sus edificios, como las cocheras de la joyería Tiffanys, el original hotel Ritz-Carlton o los baños públicos de la calle 28 en el barrio de Chelsea. Las principales universidades de Estados Unidos, como Harvard, Yale, Cornell, West Point, la Universidad de Chicago y la Universidad de Carolina del Norte, tienen bóvedas del arquitecto valenciano.

Guastavino falleció en 1908; casi treinta años habían pasado desde que llegara a Nueva York. Sus restos reposan en una cripta de la basílica de Asheville (Carolina del Norte). Como comenta el escritor Javier Moro en su libro *A prueba de fuego*, Guastavino «murió añorando todo lo español, sin volver a ver a los tres hijos de su primer matrimonio».

UNA NUEVA ERA

La invasión de los Estados Unidos

Antes de que los nazis y su adalid Adolf Hitler mostraran, planearan y ejecutaran sus ínfulas territoriales de expansión y superioridad aria con el argumento de unificar a una buena parte de los pueblos de Europa, la llegada al poder de Guillermo II en Alemania en 1888 trajo consigo, entre otras apetencias germanas, la intención de invadir al enemigo estadounidense para establecer su dominio en el centro de América. El Imperio alemán ya había especulado con la posibilidad de invadir Estados Unidos antes del siglo xx, pero fue con el káiser cuando este deseo alcanzó su punto álgido.

Sin embargo, se toparon con un país que no se lo iba a poner nada fácil. Los Estados Unidos se encontraban inmersos en una dinámica parecida, la de la conquista de territorios para afianzar su posición en el mundo. Basándose en la Doctrina Monroe, el país americano no estaba dispuesto a permitir injerencias en las zonas que consideraba propias por derecho, como Latinoamérica o el Pacífico…

Alemania acariciaba la idea de establecer una base naval en el Caribe y, como tal, consideró a Estados Unidos un enemigo de primer nivel por establecerse en la zona. Por lo que a finales del siglo xix Guillermo II ordenó diseñar un plan para invadir Estados Unidos con la idea de debilitar al enemigo y negociar el dominio en Centroeuropa y el Pacífico a su favor. También quería minar el dominio naval de Estados Unidos en el Atlántico.

La idea partió del teniente Eberhard von Mantey, que contó con el asesoramiento del ministro de Marina Alfred von Tirpitz. Su intención pasaba por bombardear los astilleros de Norfolk y Newport News (ambos en Virginia) y Portsmouth (en la frontera entre Maine y Nuevo Hampshire).

Pero el gozo quedó en un pozo. El plan no se llegó a poner en práctica porque no se pudo reunir la cantidad de cruceros de largo alcance que se creían necesarios, debido sobre todo a que los trabajos en los astilleros de Alemania acumulaban retrasos por dificultades financieras.

A esta circunstancia se añadió el estallido de la guerra hispano-estadounidense en 1898, un conflicto que permitió que el país americano se adueñara de las colonias españolas de ultramar, desde Cuba y Puerto Rico a Guam y las Filipinas, lo que limitó la idea germana de expandirse por la zona.

Alemania no desistió, y en la primavera de 1899, pergeñó un segundo plan de invasión de los Estados Unidos. En lugar de por vía marítima, la acometida preveía un ataque terrestre de Boston y Nueva York. Aun así, se acompañaría de un desembarco en cabo Cod o en la playa de Manomet Point.

Pero a Guillermo II, al parecer, se le cruzaron los cables, ya que proponía que la invasión se iniciara desde Cuba, un país donde los alemanes no tenían ninguna base, por lo que deberían conquistarla primero.

De esta manera se llegó a 1903 con un nuevo plan de invasión. Quien lo diseñó en esta ocasión fue el vicealmirante Wilhelm von Büchsel, con una partida desde la base naval de Culebra, en Puerto Rico. Sin embargo, el creciente afianzamiento de Estados Unidos como potencia marítima y militar y el estrechamiento de las relaciones entre Gran Bretaña y Francia en Europa (que suponían un serio enemigo) hicieron desistir a Alemania de su deseo americano.

Nazis en América

Antes de que Pearl Harbor fuera invadida por la aviación japonesa en diciembre de 1941, motivo que desencadenó la participación de Estados Unidos en la Segunda Guerra Mundial para combatir el nazismo, el país norteamericano llegó a contar en los años 30 del pasado siglo con una formación abiertamente pro-Hitler llamada German American Bund que empleaba en sus cónclaves símbolos como la esvástica y que organizaba campamentos paramilitares para adoctrinar a jóvenes y no tan jóvenes.

EE. UU. contaba por aquel entonces con más de un 20 % de población cuyos orígenes eran germanos, sobre todo en la zona del Medio Oeste del país, por lo que los nazis vieron la ocasión perfecta para adentrarse en esa comunidad y captar simpatizantes.

En 1924 apareció en Detroit la primera organización de filiación nazi: la Free Society of Teutonia, una sociedad que se alimentaba de la creciente ola de antisemitismo imperante en Estados Unidos, parecida a la que se estaba dando en Europa con el ascenso de los fascismos. Periódicos como *The Dearborn Independent*, del magnate Henry Ford, ayudaban a la aversión judía.

Llegó 1933, año en que nació una nueva organización, la Friends of New Germany por encargo de Rudolf Hess, mano derecha de Hitler, aunque tuvo poca vida y se disolvió en 1935. Cogió su testigo la German American Bund, con sede en Nueva York. Adoptaron en su atuendo la estética nazi, aunque hacían gala de un patriotismo estadounidense e idolatraban a George Washington, a quien definieron como «el primer fascista de América», porque «sabía desde el principio que la democracia no funcionaría». En un mitin en el Madison Square Garden consiguieron reunir a veintidós mil personas. No obstante, aquel día, cinco veces más personas se reunieron en el exterior del recinto para denunciar el racismo de los nazis estadounidenses y expresarles su rechazo.

Llegó la Segunda Guerra Mundial y la organización fue prohibida porque además acusaba al presidente del país, Franklin Delano Roosevelt, de una conspiración bolchevique-judía con él a la cabeza. La derecha más radical volvió a agruparse en un nuevo partido, el America First Committe, cuyo objetivo era evitar que Estados Unidos entrase en la guerra europea. La organización contaba con el apoyo de gente como Henry Ford o Walt Disney. Uno de sus principales portavoces fue Charles Lindbergh, en cuya figura nos detenemos ahora.

El lado oculto del héroe

Perfecta encarnación del héroe americano, fue el primer aviador en cruzar en solitario el océano Atlántico. Charles Lindbergh (1902-1974) consiguió volar de América a Europa con el Spirit of St. Louis tras, aproximadamente, treinta y tres horas de viaje sin escalas, toda una hazaña que ha pasado a los libros de historia. Pero nuestro protagonista tiene también un lado oscuro, una deriva política que terminó por ensombrecer su figura.

Después de una visita a Alemania, Lindbergh se declaró fiel partidario de Adolf Hitler y su política antisemita, lo que dañó terriblemente su imagen, máxime después de que Estados Unidos entrara en la Segunda Guerra Mundial. El piloto norteamericano llegó a ser condecorado por el mismísimo *Führer*. A partir de ahí comenzó su declive.

Un episodio trágico marcó su existencia tras ser recibido por multitudes enfervorecidas y realizar decenas de giras y discursos. En 1932 secuestraron y asesinaron a su hijo de veinte meses, aunque se pagó un rescate por el menor. Lindbergh siguió en primera línea los detalles del juicio que condenó a muerte al autor de los hechos, Richard Hauptmann.

Operación Paperclip: de enemigos a colaboradores

Pese al repudio que la comunidad internacional mostró por el régimen nacionalsocialista y su líder Adolf Hitler cuando estalló la Segunda Guerra Mundial, un programa militar ultrasecreto ideado por los servicios de inteligencia estadounidenses favoreció la extradición de científicos nazis a su país en el momento en el que Alemania estaba a punto de rendirse. La Operación Paperclip se ponía en marcha.

El presidente de EE. UU. en aquel momento, Harry Truman, dio el visto bueno a la operación, e incluso se «maquilló» el pasado militar nazi de muchos de los científicos, ingenieros, médicos y técnicos reclutados de cara a la opinión pública, como en los casos de Georg Rickhey y Arthur Rudolph, ambos supervisores en la producción de las bombas V1 y V2, o de Walter Paul Emil Schreiber (médico infectólogo especializado en guerras bacteriológicas) y Magnus von Braun.

Los científicos y sus familias fueron trasladados a Fort Hunt (Virginia), donde firmaron un contrato de confidencialidad del trabajo con la denominación de «empleados especiales del Departamento de Guerra».

La Administración Nacional de Aeronáutica y el Espacio (NASA) se nutrió de buena parte de esta comunidad de pasado nazi que ayudó en grado sumo a la llegada del hombre a la Luna, en 1969. Los soviéticos no quisieron ser menos e hicieron lo propio con el reclutamiento de Helmut Grötupp, un ingeniero especializado en la fabricación de cohetes.

Hitler aprendió de la eugenesia americana

Al mencionar la palabra eugenesia (estudio y aplicación de las leyes biológicas de la herencia orientados al perfeccionamiento de la especie humana), nos viene a la mente la asociación de esta práctica con los nazis y el holocausto judío. Pero nada más lejos de la realidad. Es más, «Adolf Hitler aprendió de lo que los estadounidenses habían hecho», asevera el historiador de la Universidad de Yale Daniel Kevles.

En 1907 se promulgó la primera ley de esterilización eugenésica en el país de las barras y estrellas, y en 1929 eran ya treinta y seis los estados que habían adoptado leyes similares, habiéndose llevado a cabo en 1949 un total de 50 193 esterilizaciones. Y es que los primeros quince años del siglo xx en Estados Unidos, debido a los problemas sociales urbanos que padeció el país (crimen, prostitución, pobreza, alcoholismo…) fueron el caldo de cultivo que favoreció la implantación de la eugenesia. Pero por ejemplo, en el estado de Virginia se continuó con esta práctica hasta 1979.

La eugenesia americana se basó en gran medida en el uso extenso y arbitrario de los test de inteligencia, creados por Alfred Binet para determinar «el grado intelectual y mental que es capaz de alcanzar cada individuo dependiendo del tipo de cromosomas que aportan las células germinales». En base a ellos se desarrollaron estrictas leyes de inmigración, especialmente tras la aprobación de la Ley de Inmigración de 1924, que imponía cupos muy restrictivos a la entrada de personas no pertenecientes a la «raza nórdica» y programas de esterilización forzosa.

Se esterilizaba a personas con discapacidades físicas o enfermedades como la sordera, la ceguera, la epilepsia… cualquier individuo considerado como una «rémora» para la sociedad se encontraba en riesgo, incluso la gente de condición económica más humilde, que tenía su propio diagnóstico médico: pauperismo.

La aldea costera de Cold Spring Harbour, cerca de la ciudad de Nueva York, albergó un laboratorio de investigación científica cuya guía explicitaba que «si un humano era considerado indigno de pasar su herencia a generaciones futuras, era esterilizado contra su voluntad».

Si bien fueron los Estados Unidos los primeros en legislar y aplicar prácticas eugenésicas coercitivas, no fueron los únicos. Otros países de Centroamérica, como México, o Europa, como Dinamarca, Alemania, Suecia, Noruega, Finlandia o Estonia, promulgaron leyes similares en las primeras décadas del siglo xx.

La principal peculiaridad del régimen nazi respecto a los países democráticos de su entorno fue el paso más allá dado el 1 de septiembre de 1939, con su programa eutanásico, que prolongaba los objetivos eugenésicos con la eliminación física de los individuos considerados «indeseables» por la sociedad aria del Tercer Reich, y que supuso el exterminio de doce millones de personas en campos de concentración.

Pancho Villa contra el gigante

Lo que muchos lectores quizá no sepan es que Pancho Villa tuvo el arrojo de invadir Estados Unidos. Esta es la historia. El revolucionario mexicano lideró un grupo de quinientos hombres que atacó la localidad estadounidense de Columbus (Nuevo México) el 9 de marzo de 1916. Ese día, por primera vez y única en la historia hasta ahora, Estados Unidos fue atacado e invadido por unas cuantas horas desde territorio latinoamericano, más exactamente desde su país vecino, México.

Al grito de «¡Viva México! ¡Mueran los gringos!», el contingente de guerrilleros mexicanos incursionó en Columbus a las 4:45 de aquel día. Pancho Villa tenía sus razones para atacar los Estados Unidos, que incluían desde cuestiones personales hasta asuntos estratégicos. En términos personales, no admitía que un traficante de armas, residente en Columbus y de nombre Samuel Ravel, le hubiera negado la entrega de unos rifles Springfield que ya le había pagado. Le indignó saber que en la ciudad de El Paso (Texas) hubieran sido asesinados una veintena de mexicanos en una forma brutal, cuando el carcelero les prendió fuego. Pero las razones fundamentales de un militar nato y estratega consumado como era Pancho Villa iban más allá de sus consideraciones personales.

La razón de fondo por la que decidió invadir Estados Unidos fue la de rechazar el apoyo que el gobierno estadounidense de Woodrow Wilson había dado al gobierno constitucionalista de Venustiano Carranza, porque creía que esto significaba el fin de la soberanía mexicana.

Pero el ataque de las huestes guerrilleras comandadas por Pancho Villa fue bastante desordenado, lo que permitió la rápida respuesta de las tropas yanquis, así como de los civiles que se encontraban en el poblado. La respuesta de Estados Unidos, como era de esperarse, fue brutal. Para perseguir a Pancho Villa se organizó una cacería: se puso precio a su cabeza, se le calificó de vulgar bandolero y se le persiguió durante cerca de un año. Pero no pudieron apresarle.

En el norte de México y el sur de Estados Unidos, Pancho Villa cabalga de nuevo. Su espíritu es venerado en los estados de Coahuila, Durango, Nuevo León y Chihuahua, así como por los inmigrantes mexicanos que han cruzado la franja fronteriza. El culto revolucionario ha llegado hasta Chicago y Los Ángeles, donde lo consideran un santo milagrero y le rezan pidiéndole asuntos de todo tipo.

El culto al general revolucionario ha sido permanente desde hace más de cincuenta años. Según los testimonios de diversos dueños de comercios espiritistas y de ciertos curanderos, desde la década de 1960 la gente se ha acercado a comprar velas, imágenes y hasta lociones de Pancho Villa.

La devoción hacia Doroteo Arango, como en realidad se llamaba nuestro protagonista, permanece tan vigente que en la efigie que está a la entrada de su pueblo natal, La Coyotada, en Durango, la gente llega a rezar y prender velas.

Otros tantos acuden hasta la Escuela de Estudios Síquicos Doroteo Arango Arámbula, fundada hace treinta y dos años, donde se ofrecen sesiones y curaciones en las que el espíritu de Villa se hace presente a través de médiums. Juana Hernández Juárez, una vieja habitante del lugar, montó la escuela espiritista en un cuarto de su propia casa, donde recibe a los peregrinos que van a buscar consuelo o sanación ante el espíritu del general.

Un presidente adicto al sexo: ¿rara avis?

Que la muerte no es el final es algo que muchos creen firmemente, y desde luego, en el caso de varios presidentes de los Estados Unidos, se ha cumplido como pocas veces en la historia. La carrera presidencial del país de las barras y estrellas desde sus inicios está plagada de escándalos sexuales. La erótica del poder.

Uno de los casos más llamativos es el de Warren G. Harding, vigesimonoveno presidente del país. Tras su repentino deceso en 1923, comenzaron a destaparse múltiples casos de corrupción, amantes y hasta una hija ilegítima (aunque la familia alegó que era estéril).

Harding sustituyó en la Casa Blanca a un agotado, frustrado y enfermo Woodrow Wilson en 1921. En su día fue el político más popular del país y hoy es considerado uno de los más inútiles; un hombre de expresión torpe que no entendía mucho de nada, al que lo que más le preocupaba era caer bien y que resumía su programa de gobierno en una frase talismán: «Volver a la normalidad». El historiador Javier Rodelas lo califica de «indolente, burdo, incapaz y de inteligencia limitada». De su cargo llegó a decir él mismo: «No estoy cualificado para este cargo y nunca debería haber estado aquí». Y es que no le interesaba la política ni creía que a la gente le pudiera importar.

Unas cartas escritas entre 1910 y 1920, antes de que asumiera la presidencia, ponen de manifiesto la infidelidad de Harding y la relación que mantenía con su amante, Carrie Fulton Philips, unas misivas que muestran la correspondencia más explícitamente sexual de un presidente estadounidense. Por ello, escribían en código: así, a su pene lo llamaba «Jerry», y usaba «Señorita Pouterson» para referirse a su amante. Y algunos de los mensajes eran tal que así: «Me encantan tus muslos cuando me retienen en el paraíso».

Cuando llegó a la presidencia, Harding trató de dejar la relación para no manchar su reputación, aunque siguieron viéndose a menudo. Su esposa lo sabía, y se dice que cuando el mandatario falleció, en 1923, ella quemó muchos de los papeles personales de su marido. También existe una hipótesis respecto al papel desempeñado por Philips. Algunos historiadores le acusan de ser una espía.

Antes de Philips, Harding conoció a Nan Britton, quien perdió su virginidad con el político cuando tenía veinte años (él tenía más de cincuenta) en un hotel de Nueva York. Seis años duró su relación, tiempo en el que mantuvieron relaciones sexuales en lugares tan dispares como el sofá de la oficina de Harding en el Senado, hasta dentro de un armario de la Casa Blanca. Un agente de confianza del servicio secreto llamaba a la puerta para avisarles cuando se acercaba la esposa de Harding, Florence.

La relación entre ambos amantes dio lugar al nacimiento de un bebé. El asunto no salió a la luz hasta tiempo después. Harding realizaba pagos frecuentes de manutención a Britton para preservar el secreto y nunca llegó a conocer a su hija. También se comenta que el mandatario habría tenido otra hija, Marion Louise Hodder, con una de las amigas de la infancia de su esposa. Pero es algo que no está probado.

Ya sea debido a sus relaciones sexuales extraconyugales o no, lo cierto es que la figura de Harding ha sido vilipendiada, y se trata de uno de los presidentes estadounidenses peor valorados de la historia, si no el peor. A decir verdad, la Administración que comandó pecó de corrupta, revocó las reformas del gobierno progresista anterior y promulgó leyes de inmigración de corte racista.

Quizá el caso más grave de corrupción durante su mandato fue el que implicó a Albert B. Fall, director del Departamento de Interior, quien concedió en 1922 hasta tres reservas petrolíferas hasta entonces dependientes de la Marina (con la complicidad de su amigo Edwin Denby, secretario de la Marina), a las compañías petrolíferas de L. Doheny y Harry F. Sinclair, de quienes recibió al menos cien mil dólares, y trescientos mil en regalos y préstamos personales.

Otra anécdota: en 1920, el profesor universitario William Estabrook Chancellor, racista en ciencia y demócrata en política, trató de hundir la candidatura republicana de Warren Harding afirmando que tenía ancestros negros y que esa tara le incapacitaba para ser presidente. Hasta buscó en la comarca natal de Harding a personas que confirmasen su bulo.

Este norteamericano fue el primer presidente desde Abraham Lincoln que se atrevió a hablar en el sólido Sur de los derechos de los negros. Resulta curioso que Harding se convirtiera en el candidato más votado de la historia de América, con más de dieciséis millones de votos. ¿La razón? Que el país permitió el sufragio femenino.

LAS AMANTES DE FRANKLIN D. ROOSEVELT

Mientras que su esposa Eleanor era socialmente retraída, Franklin Delano Roosevelt (1882-1945) tenía carisma... y una innegable afición a la infidelidad. Tenía la apariencia de un hombre bueno e inofensivo, pero engañó a su esposa con varias mujeres. Las principales amantes del mandatario que presidió Estados Unidos hasta en cuatro ocasiones (en 1932, 1936, 1940 y 1944; entonces no había un límite legal a ello) fueron dos secretarias, Lucy Mercer y Marguerite LeHand, y sobre todo su confidente, archivista y prima lejana Margaret *Daisy* Suckley.

En 1918, Eleanor descubrió la infidelidad por unas cartas y quiso divorciarse, pero su suegra, Sara, para que el escándalo no acabara con la carrera política de su hijo, les hizo llegar a un pacto: vivir como amigos, sin sexo y en casas separadas (ella financió la de Eleanor). Y así lo hicieron hasta la muerte de Roosevelt.

Fue en 1903 cuando Roosevelt conoció a la que sería su mujer en una recepción en la Casa Blanca (aunque, como primos, se habían tratado de niños). Pese a la oposición de su madre, Sara Delano, que no quería perder el control sobre él, Franklin se casó con Eleanor el 17 de marzo de 1905. Se mudaron a una casa comprada por Sara, invitada habitual para disgusto de su nuera.

Franklin y Eleanor tuvieron seis hijos en rápida sucesión, cinco varones y una hembra: Anna Eleanor, James, Franklin Delano Jr. (muerto antes de nacer), Elliott, un segundo Franklin Delano Jr. y John Aspiwall. Sus vidas no fueron fáciles: entre todos acumularon quince matrimonios y diez divorcios. En la prole de los Roosevelt, marcada por la fuerte personalidad de sus padres, abundaron las depresiones y los negocios ruinosos. Los cinco varones lucharon y fueron condecorados en la Segunda Guerra Mundial, y dos serían efímeros congresistas.

Ilustre y joven abogado, Franklin se inició en política en 1910 como senador por Nueva York. Su carrera fue fulgurante, ocupando cada vez cargos más altos, hasta que en agosto de 1921, estando de vacaciones, contrajo poliomielitis por nadar en agua estancada, infección que le dejó paralizadas para siempre ambas piernas. Todos le dieron por acabado, pero, ayudándose de muletas o un bastón (aprendió a andar distancias cortas impulsando el torso), regresó a la arena política en 1928 con renovada fuerza.

El 12 de abril de 1945, a mediodía, mientras posaba para un retrato para la pintora Elizabeth Shoumatoff, se quejó de una fuerte cefalea y de inmediato se desplomó. Falleció de hemorragia cerebral tras más de cuatro mil días de mandato. Mercer y Shoumatoff se marcharon inmediatamente para evitar cualquier rumor que manchara la imagen de Roosevelt. Los doce años pasados por el matrimonio en la Casa Blanca acumularon tal cantidad de objetos, que su viuda necesitó dos meses para empaquetar las pertenencias y veinte camiones del Ejército que las trasladaran.

Eleanor tampoco fue fiel a su marido. Harta de sus experiencias extraconyugales, la mujer del presidente mantuvo un intenso *affaire* con una periodista llamada Lorena Hickok que se mantuvo en el más absoluto sigilo. Se conocieron durante la campaña presidencial de Roosevelt y comenzaron a intimar. Más de tres mil cartas jalonan su romance lésbico, en una época en la que las relaciones entre mujeres, y más en esas altas esferas, eran inconcebibles para una sociedad tan hipócritamente puritana.

CLINTON Y EL *AFFAIRE* LEWINSKY

Más contemporáneos han sido los problemas extraconyugales del cuadragésimo segundo presidente de los Estados Unidos de América. Y eso que durante la campaña electoral de 1992, el candidato Bill Clinton (1946) prometió establecer «la Administración más ética de la historia». A su ya conocido *affaire* con la becaria Monica Lewinski, en el que luego entraremos en detalle, se suman otros «escarceos» amorosos que también levantaron ampollas.

Una funcionaria de la Administración estatal en Arkansas, Paula Jones, demandó a Clinton en 1994 por acoso sexual. Según ella, el político le hizo subir a una habitación para que le practicara sexo oral, lo que le provocó trastornos psicológicos y obstaculizó su carrera profesional. Finalmente Clinton se vio obligado a pagar ochocientos cincuenta mil dólares a Jones para cerrar el juicio.

Sin embargo, la primera amante «reconocida» de Clinton fue Gennifer Flowers. Saltó a la palestra en 1992, cuando contó en un periódico su romance con el entonces futuro presidente de Estados Unidos. Un *affaire* que, según ella, se prolongó doce años. En 1998, en el marco del juicio contra Clinton por acoso sexual a Paula Jones, bajo juramento, el mandatario reconoció que había mantenido relaciones sexuales con Flowers en 1977.

En 1997 una funcionaria federal, Linda Tripp, comenzó a grabar las conversaciones de Clinton con una «amiga», Monica Lewinsky, otra empleada administrativa que había trabajado en la Casa Blanca y decía haber sido amante del presidente. Un vestido como prueba y la «famosa» mancha de semen corroboraban su versión.

Clinton juró al principio (con cuarenta y nueve años de edad) que no había tenido ningún tipo de contacto sexual con Lewinsky (de veintidós años por aquel entonces), pero la aparición de nuevas pruebas le dejaron en evidencia. Hasta la primera dama, Hillary Clinton, llegó a asegurar que todo el escándalo respondía a «una vasta conspiración de la extrema derecha».

La aventura que mantuvieron el mandatario y la joven duró casi dos años y, según relata esta, al menos tenían un encuentro sexual por semana. La mayoría se producían en la oficina privada de Clinton, nunca en el Despacho Oval.

La Cámara de Representantes, de mayoría republicana, aprobó dos cargos contra Clinton (demócrata): obstrucción a la justicia y perjurio a un gran jurado. El 7 de enero de 1999 se inició el juicio por *impeachment*, que finalizó con el rechazo de las acusaciones que se le imputaban.

El propio Gerald Ford, expresidente de los Estados Unidos fallecido en 2006, aseguró en el libro *Escríbelo cuando me haya ido: notables conversaciones confidenciales con Gerald Ford* que Bill Clinton «tiene una adicción. Necesita tratamiento».

EL INSACIABLE KENNEDY

Si de adicción al sexo seguimos hablando, uno de los mandatarios que más ha padecido sus síntomas es John Fitzgerald Kennedy, un «santo» en su vida pública e icono de la política estadounidense, en contraste con su vida privada, repleta de amoríos, infidelidades y trágicos sucesos. Al primer ministro británico Harold MacMillan le llegó a comentar que si pasaba tres días sin acostarse con una mujer «sufría terribles dolores de cabeza».

Su currículum de amoríos extraconyugales le delata. Kennedy tuvo más de quince amantes y, según la historiadora Eleanor Herman, se acostó con estrellas como Marilyn Monroe, Ava Gardner y Marlene Dietrich, ya entonces de sesenta años. Tenía una necesidad patológica de mantener relaciones sexuales, por lo que solía meter a todo tipo de mujeres en su cama u oficina, la mayoría rubias. Incluso llevaba a hombres, ya que le gustaba practicar tríos.

JFK tampoco se lo pensó lo más mínimo para seducir a dos de sus secretarias de la Casa Blanca, Priscilla Weir y Jill Cowan, con quienes se bañaba desnudo en la piscina presidencial. Sus aventuras extramatrimoniales se multiplicaron cuando llegó a la presidencia.

El libro *La cara oscura de Camelot*, de Seymour M. Hersh, recoge que los ligues de JFK «se producían casi a diario». Según esta obra, prostitutas y amigas de Kennedy se divertían en la piscina de la Casa Blanca mientras agentes del servicio secreto trataban de que Jacqueline Kennedy, su esposa, no merodeara cerca. Incluso mantuvo un romance secreto con la actriz Audrey Hepburn y lo intentó con la italiana Sophia Loren, pero esta le rechazó, algo inédito en la vida amorosa y sexual del presidente.

Su sucesor en el cargo, Lyndon B. Johnson, también presumía de un apetito sexual insaciable. Tuvo relaciones con cuatro de sus seis secretarias, y alardeaba del tamaño de su miembro viril. Como la sombra de JFK era tan alargada, Johnson se propuso superarlo en el número de féminas que pasarían por su lecho. «He estado con más mujeres por accidente de las que él ha estado por voluntad», alardeó el dirigente. No consiguió su propósito.

Mucho más reciente en el tiempo, puede recordar el lector o lectora la controvertida figura del penúltimo presidente del país. Donald Trump (1946), quien ha tenido tres matrimonios y cinco hijos, califica como «guerra de Vietnam» su agitada afición a acostarse con mujeres. Eso sí, antes de tener relaciones, la mujer o mujeres tenían que pasar un «test» con su médico personal para ver si estaban «limpias» de virus y bacterias. Sus aventuras sexuales son bien conocidas, y algunas mujeres lo han acusado de acoso sexual. De hecho, en una aparición pública se atrevió a decir que «cuando eres una estrella, ellas te dejan hacerles cualquier cosa, como agarrarlas por el coño».

La exactriz porno Stormy Daniels denunció públicamente que había mantenido relaciones íntimas con el expresidente en 2006, cuando apenas llevaba un año casado con Melania. Con el fin de evitar que divulgara el *affaire* en plena campaña presidencial de 2016, el abogado de Trump pagó a la chica más de cien mil dólares. Pero el escándalo saltó a la prensa.

HOMOSEXUALIDAD LATENTE

Un tema que sigue despertando recelos en la conservadora sociedad estadounidense es reconocer que uno de sus presidentes, James Buchanan (dirigió el país entre 1857 y 1861), fuera homosexual. Permaneció soltero toda su vida, aunque mantuvo una larga relación con William Rufus King, un senador por Alabama y exvicepresidente de Franklin Pierce. Según el libro *Sex With Presidents* (*Sexo con presidentes*), de Eleanor Herman, «vivían juntos y asistían a los eventos oficiales. Por eso, en los círculos políticos se les conocía como el señor y la señora Buchanan, o la señorita Nancy y la tía Fancy». Tras su mandato, empezó la guerra de Secesión.

También suscita un recuerdo indecoroso referirse a uno de los Padres Fundadores de la Constitución como mujeriego y libertino. Fue una persona avanzada para su tiempo, al inventar las gafas bifocales o el primer servicio de bomberos. Como reconocido masón, Benjamin Franklin (1706-1790) pertenecía a la sociedad secreta Hellfire Club (Club del Fuego Infernal), en cuyas reuniones, al parecer, abundaban el alcohol y las prostitutas. La rumorología apunta a que Franklin era uno de los organizadores de las orgías.

Asimismo, Franklin mostraba su predilección por las amantes maduras en lugar de por las jóvenes porque, según relataba en una carta, «tienen mayor conocimiento del mundo y sus mentes están mejor provistas de observaciones», añadiendo que «no pueden quedar embarazadas y son más discretas para evitar las sospechas al llevar adelante una intriga».

Los Kennedy: ¿una familia maldita?

El asesinato de John Fitzgerald Kennedy se inscribe en una larga lista de hechos luctuosos entre los Kennedy (muertes, accidentes...), que creó el mito de una maldición (quizá un castigo kármico a su ambición desmedida). La primogénita de Joseph y Rose Kennedy, Rosemary, nació con una discapacidad mental; luego verían morir a Joe Jr. en 1944, a John en el atentado de 1963 y a Robert en el de 1968. Tampoco se libraron los nietos. Jackie y John habían perdido a dos hijos recién nacidos y, treinta y seis años después del magnicidio en Dallas, su hijo John-John moriría al estrellarse la avioneta que pilotaba. Drogas y accidentes acabaron asimismo con otros miembros de la familia, como Kathleen, que falleció en un siniestro aéreo mientras volaba con su amante desde Gran Bretaña al sur de Francia en 1948.

Ted pudo haber sido el tercero. Edward *Ted* Kennedy (1932-2009) fue también un prominente político (senador hasta su muerte) que se vio envuelto en un incidente muy poco conocido el 29 de noviembre de 1979, en plena campaña de las primarias del Partido Demócrata para elegir candidato a las presidenciales de 1980.

Ted le disputaba el puesto al presidente Jimmy Carter (que acabó ganando la nominación y perdiendo las elecciones frente al republicano Ronald Reagan). A primera hora de la mañana de aquel día, una mujer de nombre Susan Osgood, de treinta y ocho años de edad y natural de Boston, fue detenida por los agentes del servicio secreto en la antesala del despacho del senador en Washington, en donde había logrado colarse armada con un cuchillo de caza y con la clara intención de asesinarlo.

La providencia quiso que Ted Kennedy no llegara a correr peligro directo y la mujer, que al parecer tenía trastornadas sus facultades mentales, resultó rápidamente reducida y desarmada, aunque no sin antes forcejear y herir levemente en la muñeca a uno de los agentes.

Este conocido clan familiar se fundamenta principalmente en la figura de Joseph P. Kennedy (1888-1969), el padre de JFK, un hombre de pocos escrúpulos, que hizo todo lo que estuvo en su mano para convertir a su familia en una estirpe obsesionada con el triunfo. Ambicioso desde muy joven, su gran salto social daría inicio cuando contrajo matrimonio con Rose Fitzgerald, la hija del alcalde de Boston.

La leyenda en torno a su figura nos lo muestra como un personaje de turbia trayectoria (fue empresario y diplomático) cuya fortuna se debió, en parte, a que estuvo involucrado en el contrabando de alcohol durante la Ley Seca en los años veinte del pasado siglo, y a que gozó de ciertas simpatías con importantes mafiosos, aunque no existen pruebas concluyentes.

Lo que sí resulta verídico es que Joseph autorizó una lobotomía a su hija Rosemary, que sufría un leve retraso mental. La chica tenía apenas veintitrés años. Se creía que esta técnica, una nueva operación «psicoquirúrgica» que implicaba la separación o eliminación de vías entre los lóbulos del cerebro, suponía una cura para una gran cantidad de males psicológicos, como el alcoholismo y la ninfomanía. Después de perforar agujeros en el cráneo de Rosemary, Freeman insertó un cuchillo y comenzó a cortar los lóbulos frontales de su cerebro. Atada a la mesa, ella estaba despierta y aterrorizada durante el procedimiento. No podía imaginar el bueno de Joe el trágico desenlace que iba a producirse: reducida a un estado prácticamente vegetativo, la joven pasaría el resto de su existencia en una institución psiquiátrica. Sus padres ocultaron este episodio para evitar el estigma social. ¿Fue Joseph un monstruo que tiranizaba a sus hijos, a quienes obligaba a competir entre ellos por alcanzar el éxito a toda costa?

Rivalidad entre hermanos

Nacido en Brookline (Massachusetts), el padre de la madre de John Fitzgerald Kennedy (1917-1963) fue el primer alcalde de Boston católico y de origen irlandés. El abuelo Kennedy también había hecho carrera política, siendo elegido en las cámaras legislativas regionales del estado de Massachusetts.

Ser el segundo hijo (de ocho hermanos) fue decisivo, porque el padre, Joseph *Joe* Kennedy, hacía competir constantemente a sus dos hijos mayores, y John tenía siempre las de perder frente al alto, fuerte, deportista y competitivo Joe Jr. Solo la heroica muerte de este en 1944 (era piloto de bombardero) le liberó de esa lucha, y le convirtió en el nuevo candidato de la familia a la presidencia del país.

Desde los tres años, John no pasó un año sin una afección: escarlatina, sarampión, malaria... También padecía el síndrome poliendocrino autoinmune tipo 2. Enfermizo, tenía muchas carencias físicas y problemas médicos, que se agravaron tras la guerra.

En 1937, la vida de John y las de todos los Kennedy cambiaron radicalmente cuando su padre fue nombrado embajador en el Reino Unido por el presidente Franklin D. Roosevelt. Era el máximo puesto diplomático al que se podía aspirar en Estados Unidos.

A su vuelta al país de las barras y estrellas, JFK convirtió, en 1940, su tesis doctoral en el libro *Por qué dormía Inglaterra*. Obtuvo buenas ventas y críticas. Más tarde, en su etapa de senador y durante la convalecencia de una operación de espalda, escribió *Perfiles de coraje*, que recibió el Premio Pulitzer y contribuyó a posicionarle en el camino a la Casa Blanca. Sin embargo, el escritor Garry Wills sostiene que JFK no fue el auténtico autor del libro, sino que lo fueron Theodore Sorenson y Jules Davids (profesor de Historia de Jackie Kennedy en Georgetown). Una obra que sería pagada, a juicio de Wills, por el padre de John, obsesionado por auparle a lo más alto.

Guapo, carismático e inteligente, John Fitzgerald se inició en la política en 1946 y, para 1959, ya sonaba como un firme candidato a la presidencia del país. Cuando Estados Unidos entró en la Segunda Guerra Mundial (a pesar de sus problemas de espalda y de otras afecciones importantes, sobre todo de estómago), John se enroló en la Marina y fue destinado a la guerra en el Pacífico. Su patrullera fue atacada por un destructor japonés y Jack, malherido, fue capaz de salvar a tres soldados de su tripulación. Su heroica acción lo convirtió en un héroe de guerra y obtuvo tres medallas al valor.

Kennedy fue miembro de la Cámara de Representantes por Massachusetts de 1947 a 1953 y senador del 53 al 61. Candidato presidencial del Partido Demócrata en 1960, con cuarenta y tres años, derrotó a Nixon en una ajustada votación. En 1961, con cuarenta y cuatro años, JFK se convirtió en el trigésimo quinto presidente de Estados Unidos, el segundo más joven de su país después de Theodore Roosevelt (1858-1919), que accedió a la presidencia con tan solo cuarenta y dos años.

Un asesinato envuelto aún en polémica

El asesinato de John F. Kennedy tuvo lugar el viernes 22 de noviembre de 1963 en Dallas (Texas), a las 12:30 horas. JFK fue mortalmente herido por disparos mientras circulaba en el coche presidencial en la plaza Dealey. Fue el cuarto presidente de Estados Unidos asesinado y el octavo que murió en el ejercicio de sus funciones (el primero demócrata).

Kennedy recibió dos de los tres disparos efectuados. Apenas fueron siete segundos en total, pero iban a convertirse en uno de los instantes más analizados de la historia y, sobre todo, en el epicentro de mil investigaciones y especulaciones que marcaron el inicio de una nueva era. El disparo que le impactó en la cabeza y fue mortal se hizo desde unos sesenta y cinco metros de distancia. El vehículo iba a veinte kilómetros por hora.

Las investigaciones concluyeron que Lee Harvey Oswald, un empleado de almacén, fue el asesino. Una de ellas afirmó que Oswald actuó solo y otra sugirió que actuó al menos con otra persona. La misma noche de la detención, la policía declaró que las evidencias en su contra eran abrumadoras: el rifle, encontrado en el quinto piso del almacén de libros escolares de Texas (sito en las inmediaciones de la escena del crimen), tenía las huellas dactilares del sospechoso; también se encontró una carta de su puño y letra en la que solicitaba el arma por correo; además, las pruebas de parafina habían revelado restos de pólvora en sus manos, y estaba en el almacén en el momento del crimen. Oswald negó los hechos hasta su muerte. Hasta aquí la versión oficial.

Teoría de la conspiración

La presidencia de nuestro protagonista había alcanzado unas altas cuotas de aceptación porque, aunque cosechó un terrible fracaso en el intento de derrocar a Fidel Castro en la bahía de Cochinos, en 1961, y comenzó la intervención en Vietnam de manera más bien torpe, había gozado de otros éxitos que le otorgaron una tremenda popularidad, como emprender la carrera espacial, el exitoso pulso con la crisis de los misiles soviéticos en Cuba o reivindicar la libertad de Berlín occidental. Todo ello hizo que se desatasen miles de teorías y especulaciones sobre quién estaba detrás del magnicidio.

El presidente ingresó cadáver en el Hospital Parkland Memorial de Dallas pocos minutos después del atentado. Inmediatamente después, el vicepresidente Johnson ordenó que la limusina, manchada de sangre y llena de pruebas, fuera limpiada por los agentes del servicio secreto en el aparcamiento de ambulancias del hospital.

En torno al presunto asesino los enigmas son unos cuantos. La experiencia en los marines de Oswald, su personalidad inestable y su temporal deserción a la Unión Soviética lo convirtieron en el candidato idóneo para ser acusado del crimen, a pesar de haberse declarado inocente. Sin embargo, al ser asesinado dos días después por Jack Ruby (un personaje relacionado con la mafia) en un acto de aparente venganza, no se le pudo interrogar más para acabar de esclarecer su participación en el asesinato. Obviamente, enseguida surgió la sospecha de que se había querido silenciar a Oswald e impedir que delatase a sus posibles cómplices e inductores.

¿Quién podría estar detrás? Si de teorías hablamos, una primera hipótesis señalaría, de manera conjunta, a los cubanos anticastristas y a la mafia como cerebros del magnicidio, aunque con la imprescindible colaboración de la CIA. Estas tres partes estarían indignadas con Kennedy por haber dejado la isla en manos del comunismo, lo que les habría supuesto la pérdida de millonarias inversiones. Acabando con el presidente se castigaba su traición, su presunta rendición ante los soviéticos (tras la negativa de prestar apoyo aéreo a la invasión anticastrista de bahía de Cochinos), y de esta manera se abría la posibilidad de que un nuevo presidente actuase con más mano dura en la isla de Cuba.

Una segunda tesis señalaría como autores a agentes cubanos comunistas, que habrían actuado en defensa de la isla ante la posibilidad de que Kennedy autorizara nuevos ataques. Incluso se barajó la posibilidad de que el magnicidio se hubiera tramado como respuesta a los diversos atentados que la Agencia Central de Inteligencia estadounidense había organizado contra Fidel Castro y otros líderes revolucionarios cubanos.

Según esta teoría, Oswald habría sido manejado por los servicios secretos cubanos, siempre apoyados por los soviéticos que, a su vez, estaban ansiosos por acabar con el carismático nuevo líder del mundo libre; un presidente que, además, les había plantado cara exitosamente tanto en Cuba como en Berlín y que había obligado a los comunistas a levantar el muro en la capital alemana en agosto de 1961.

Seguramente, nunca sabremos si alguna de estas teorías tiene una base suficientemente sólida, pero es incuestionable que en el asesinato de JFK abundan los agujeros, algunos de los cuales forman ya parte de la cultura popular a través de la prensa, la televisión o el cine.

Una bala, ¿dos blancos?

El segundo disparo de Oswald es el más polémico. Es conocido como la «bala mágica» por los conspiracionistas, que defienden que un único proyectil no puede causar tales heridas a dos personas a la vez, lo que probaría que había dos asesinos y dos balas. Sin embargo, la trayectoria del proyectil analizada por el programa de ordenador Failure Analysis demuestra que una sola bala pudo herir a los dos.

Los testigos que presenciaban el desfile aseveraron haber escuchado un tercer disparo, pero no procedente del almacén, sino de algún punto situado delante del convoy presidencial; en concreto, de un montículo de hierba en la calle Elm.

Otros testigos aseguraron que vieron alejarse de esa zona a un hombre que llevaba un rifle encima; algunos incluso se acercaron a él, pero resultaron interceptados por unos supuestos miembros del servicio secreto, a pesar de que ningún agente del mismo estaba destinado allí.

Tampoco existe acuerdo sobre el número de disparos: muchos defienden la existencia de al menos uno más que en la versión oficial, que es el que habría herido al gobernador de Texas, John Connally, en lugar de que una sola bala impactara primero en el presidente y posteriormente hiriese a Connally de rebote trazando una trayectoria tan sorprendente.

Aún hay más: los veintiséis segundos del atentado captados con su cámara por un cineasta aficionado, Abraham Zaprider, demostrarían para algunos que el primer disparo habría impulsado hacia atrás la cabeza de Kennedy, prueba de que se habría efectuado desde delante.

La otra Rosa Parks

En 1955, en la localidad de Montgomery (Alabama) Rosa Parks, una mujer negra, se negó a ocupar los asientos reservados a los afroamericanos en el autobús y se colocó en los destinados a los pasajeros blancos. Fue el principio de una lucha por el fin de la segregación racial en Estados Unidos en la que participó Martin Luther King, en aquel momento un reverendo sin trascendencia pública.

Solo nueve años después, el 2 de julio de 1964, se aprobaba la Ley de Derechos Civiles. Auspiciada por Lyndon B. Johnson, el trigésimo sexto presidente de Estados Unidos tras el asesinato de J. F. Kennedy, esta ley transformó profundamente el país, dando espacio no solo a la población negra, sino también a las mujeres, los latinos, los homosexuales y las personas con discapacidad, como reconocería años más tarde Barack Obama. El primer presidente afroamericano siempre destacó que no hubiera llegado a la Casa Blanca de no ser por esa ley y por Rosa Parks.

Finalmente, y al menos desde el punto de vista legal, los afroamericanos habían logrado la igualdad de oportunidades. Ahora, los americanos, independientemente de su origen racial, eran libres; sin embargo, el propio Martin Luther King apenas tuvo tiempo de disfrutar de ese logro. Fue asesinado el 4 de abril de 1968, probablemente por un individuo llamado James Earl Ray, por motivos puramente raciales.

Pero antes que Rosa Parks (en marzo de 1955), una adolescente de quince años de nombre Claudette Colvin había hecho lo propio: negarse a ceder su asiento a una mujer blanca joven. «He pagado mi billete y es mi derecho constitucional», proclamaba continuamente la adolescente durante el trayecto. El conductor del autobús continuó su ruta hasta que se detuvo en una calle donde había varios policías. Los agentes subieron al vehículo, tiraron al suelo los libros que llevaba Colvin y la arrancaron del asiento. La esposaron y la llevaron a un centro de reclusión para adultos. Permaneció tres días allí hasta que su familia pagó la fianza y pudo salir. Poco después, Colvin fue acusada de violar las leyes de segregación racial y de resistencia a la autoridad.

En el verano de aquel año, al parecer, Colvin quedó embarazada de un hombre blanco casado, a quien nunca denunció, por lo que se vio obligada a dejar el colegio y buscar trabajo. El movimiento de la comunidad negra no vio con buenos ojos que nuestra protagonista se convirtiera en el icono de la lucha por reivindicar sus derechos, por lo que decidieron esperar a otra persona… que sería Rosa Parks. Olvidada y marginada por los suyos, Claudette Colvin se marchó a Nueva York a emprender una nueva vida. Sin embargo, su recuerdo todavía permanece.

El solidario Al Capone

Sin duda, se trata del gánster más famoso de todos los tiempos, del mafioso más sanguinario de los Estados Unidos. Dominó los bajos fondos de Chicago durante años a base de sobornos y asesinatos. Era la viva imagen del villano, pero también fue, a su manera, todo un triunfador americano. Finalmente pagó su deuda con la ley y fue encarcelado por evadir impuestos. Nos estamos refiriendo, como usted, lector o lectora bien avenido sabrá, a

Al Capone (1899-1947), cuyo lado menos conocido y solidario desentrañamos en este capítulo.

Al Capone se mostraba encantado con el modelo económico que imperaba en Estados Unidos en la primera mitad del siglo xx. El gánster celebraba que el capitalismo americano, al que llamaba «americanismo», fuera realmente la tierra de oportunidades del *American Way of Life* y concediera una oportunidad a todo el que quisiera emprender un negocio. Los asuntos ilegales que él desarrolló le aportaron una fortuna de más de sesenta millones de dólares.

Con buen espíritu americanista y proteccionista de su país, cuando tuvo lugar la Gran Depresión en 1929, dejando a miles de trabajadores en la calle, el popular gánster abrió el primer comedor gratuito de Estados Unidos. Durante el juicio que finalmente terminó condenándolo por evasión de impuestos en 1931, sus abogados intentaron ablandar al jurado recordando la solidaridad de Capone con los más necesitados, al dar de comer gratuitamente a miles de personas. En sus comedores se servían gratuitamente tres comidas diarias, con el fin de asegurarse de que cualquiera que hubiera perdido su trabajo pudiera alimentarse. Pronto todas las ciudades del país lo imitaron. No solo eso, sino que él mismo acudía en ocasiones a servir las comidas, y se calcula que mantener las cocinas abiertas le costaba miles de dólares a diario.

Capone tuvo también su corazoncito en las pequeñas distancias. El escritor colombiano Daniel Samper Pizano asegura en su libro *Camas y famas* que el gánster «era un padre de familia y un marido ejemplar». Tuvo un matrimonio idílico con su esposa Mary Josephine Coughlin que duró treinta años. En las cartas de amor que Capone enviaba a su señora se pone de manifiesto que se trataba «de un marido profundamente enamorado», según opina Pizano. Aunque era notoria la afición del gánster a acostarse con otras mujeres. Le gustaban mucho las rubias, por lo que Mary «un día se enfureció y se tiñó el pelo completamente de rubio», explica el autor, «con tal de permanecer a su lado».

Comparte opinión Deidre Bair, autora de *Al Capone: su vida, su legado y su leyenda*. Según ella, Capone fue «un marido y un padre cariñoso que se consideraba un empresario». El mafioso mostraba dos caras: una tierna, humana y sensible para la familia y otra más vil y sanguinaria para los negocios. Aunque despertaba temor, caía bien. «Una noche fría de invierno estaba en un restaurante cuando un joven repartidor de periódicos, empapado y tiritando, le pidió que le comprara un ejemplar del montón que llevaba bajo el brazo.

Capone se los compró todos, pagando al chico una cantidad equivalente al salario mensual de un trabajador», explica Deirdre Bair.

Por su parte, Alva Johnston, Premio Pulitzer de Periodismo, describió a Capone en *The New Yorker* como un tipo «de inteligencia zorruna que aceptaba con satisfacción un título que le concedía el primer puesto en su campo, pero que no dejaba que se le subiera a la cabeza». Sensatas palabras dirigidas a todo un capo de la criminalidad.

Resulta cierto que Capone ordenó matar a muchos enemigos, pero también ayudó a gente necesitada y abrió comedores sociales durante la Gran Depresión. Era un buen amigo de sus amigos y un hombre familiar, que había recibido una buena educación de unos padres italianos honrados y religiosos que le enseñaron a ser generoso con quienes lo necesitaban. También se llevaba bien con la comunidad negra; que se lo digan al célebre trompetista Louis Armstrong, que gozó durante años de su protección cuando tocaba en Chicago.

Otro legado que la historia ignora sobre Capone es el que hace referencia a la huella que dejó en el consumo de leche: se preocupó porque la gente se alimentara con lácteos de calidad y creó las fechas de caducidad en los productos.

Comenzó comprando leche en el estado de Wisconsin, donde era más barata, para llevarla a Chicago, donde la embotellaría y rompería el mercado comercializándola a un precio más asequible. De esta manera, rompió el monopolio del que se aprovechaba el sindicato de la leche.

Una vez en prisión, a Capone le llegó la noticia de que una sobrina suya había enfermado por consumir leche en mal estado, por lo que presionó al Consejo Municipal de Chicago con la intención de que aprobara una ordenanza que obligase a etiquetar la leche con la fecha de caducidad. Y así hasta hoy…

Scarface: Cara Cortada

De Capone conocemos su aspecto más escabroso y sanguinario. Buena parte de la culpa de su conducta residió en la educación que recibió de joven. Nacido en Nueva York de ascendencia italiana, nuestro protagonista abandonó el colegio con apenas catorce años de edad antes de que fuera expulsado por una pelea que mantuvo con un docente. Capone no retomó sus estudios y decidió unirse a varias bandas callejeras. Una de ellas le llevó a Chicago.

Allí conoció a Johnny Torrio, conocido gánster local que nunca se manchaba las manos. Capone fue tutelado por él, y ascendió escalones tras pegar una paliza de muerte a un matón de una banda rival que le hizo comentarios ofensivos sobre las irlandesas que se casaban con italianos. Hasta que cogió el testigo de su antiguo jefe, que se retiró a Italia tras un intento de asesinato que casi acaba con su vida.

Uno de los rasgos más distintivos del rostro de Capone era la gran cicatriz que mostraba en su lado izquierdo y que le hizo ganarse el sobrenombre de *Scarface*. Tuvo su origen a principios del siglo xx, cuando Capone trabajaba de camarero en Coney Island. En una ocasión, uno de los clientes entró en el local con su hermana y Capone comenzó a sonreír a la mujer. El cliente le obligó a retractarse de su actitud, pero Al añadió más leña al fuego al exclamar que la joven tenía «un bonito culo». Este comentario desató la ira del cliente, que sacó una navaja y le asestó a Capone tres cortes en la cara.

Tras ser acuchillado en el rostro, Capone usaría polvos de talco para ocultar las cicatrices y evitaría que le tomasen fotos desde su lado izquierdo. Pero su rasgo facial no le impedía ser opulento en su coquetería: siempre que podía se pavoneaba por Chicago con sus gorilas, con sus carísimos trajes de colores chillones, su sombrero Fedora gris y un largo puro en los labios. Llevaba una aparatosa sortija en el meñique y gruesos diamantes en alfileres de corbata, gemelos y hebillas de cinturón.

Nuestro protagonista se vio inmerso en uno de los capítulos más sangrientos de la primera mitad del siglo xx: la conocida como Masacre de San Valentín. Acaeció el 14 de febrero de 1929, cuando cinco hombres disfrazados de policías entraron en un garaje del mafioso Bugs Moran, rival de Capone. Ametrallaron a siete miembros de la banda enemiga, una banda que a manos de Moran había atacado previamente los camiones de abastecimiento de licor de Capone y hecho volar por los aires varios de sus locales. Al se las ingenió para que nunca fuera culpado del delito, pese a que era el autor intelectual.

A favor de la Ley Seca

Capone basó gran parte de su fortuna gracias al contrabando ilegal de bebidas alcohólicas durante el periodo conocido como de la Ley Seca, una controvertida medida del Gobierno que prohibió la destilación, venta y consumo de alcohol en Estados Unidos. Todas estas restricciones dieron pie al estraperlo y el gansterismo, hasta ser derogadas en 1933 por el presidente

Franklin Delano Roosevelt. Fue aprobada en 1919 y entró en vigor el 16 de enero de 1920.

El origen de todo el conflicto se remonta a la aparición de los *urban saloons*, una especie de tabernas que proliferaron por las áreas urbanas y en las que los dueños intentaban ganarse a los clientes con políticas agresivas que rayaban el límite de la legalidad, ya fuera abriendo los domingos o permitiendo el juego o la prostitución. A finales del siglo XIX, ya había más de trescientos mil en todos los Estados Unidos.

El auge o furor por el consumo exacerbado de alcohol en bares y tabernas fue tal, que no tardaron en aparecer movimientos sociales que clamaban por ponerle freno. Nació así el Movimiento por la Templanza, cuya meta era conseguir la abstinencia absoluta; otros grupos que ejercieron su cruzada particular fueron la Unión de Mujeres por la Templanza Cristiana o la Liga Antitabernas (ASLA).

El Gobierno vio un filón en el asunto y quiso aprovecharlo creando nuevos impuestos para gravar la fabricación del alcohol, su ingesta y transporte. Pero la ASLA fue creciendo en tamaño y se convirtió en un grupo de presión capaz de trabajar en una enmienda constitucional que prohibiera fermentar, fabricar, transportar y vender bebidas alcohólicas en todo el país. En las elecciones de 1916 ya casi una veintena de estados secundaron la moción.

De esta manera nació la Ley Volstead, que prohibía las bebidas con más de un 0,5 % de alcohol, aunque se permitía su consumo en privado por cuestiones religiosas, medicinales o económicas. Pero la norma (que fue apodada Ley Seca) comenzó pronto a ocasionar problemas. La Oficina de la Prohibición (la sección encargada de su ejecución) no tenía fondos para ello y delegó en la ASLA. No tardaron en aparecer casos de corrupción, y el alcohol comenzó a venderse de manera clandestina.

Ahí aparecieron las bandas de gánsteres diseminadas por el país, que comenzaron a importar alcohol de Canadá o el Caribe y también a fabricarlo de manera clandestina. El control de una industria que resultaba inmensamente rentable había pasado a manos del hampa.

Los beneficios fueron tremendos, pero también a costa de una violencia cada vez más cruenta: la lucha por el control del negocio del alcohol ilegal dejaría en tres años más un millar de muertos en Nueva York y ocho mil en Chicago. A las muertes se les sumaba una clase política corrupta que poco hacía para controlar la situación.

La venta de alcohol prohibido provocó, asimismo, otras muertes y muchas secuelas entre la población, por lo que a partir de 1926 comenzaron a levantarse voces en contra de la Ley Seca. Hasta que el 5 de diciembre de 1933 dicha norma fue declarada anticonstitucional y se permitió nuevamente la fabricación y el consumo de bebidas alcohólicas.

No obstante, la Ley Seca también dejó algún que otro dato a tener en cuenta: logró descender el consumo de alcohol. La ingesta anual por persona bajó de los 9,45 litros de 1915 a los 3,66 litros de 1934.

Capone fue un gran defensor de la Ley Seca, con frases que han pasado a la posteridad como «Todo lo que hago es cubrir una demanda pública», o «Solo soy un hombre de negocios que da a la gente lo que quiere». Y es que, gracias a él, el jazz se asentó como género musical, que pasaría a la posteridad con grandes artistas de la talla de Earl Hines (conocido como Mr. Piano Man), que fue protegido por Capone en su local Grand Terrace. Protegía a los músicos: les prevenía contra los peligros de las drogas, aunque él era un consumidor secreto de cocaína.

El mafioso dio empleo a otros músicos, como el contrabajista Milt Hinton, quien ampliaba sus ingresos distribuyendo licor clandestinamente. Mientras ejecutaba esta tarea, sufrió un accidente que habría desembocado en la amputación de un dedo de no ser por la advertencia de Al Capone al médico: había que preservarle la mano sí o sí. Él se hizo cargo de los gastos hospitalarios.

De hecho, el desarrollo del jazz hubiera sido más lento de no haber contado con el patrocinio de Capone y otros gánsteres. Dejando aparte su *modus operandi*, parece que Al carecía de prejuicios raciales: se casó con una irlandesa, admiraba a los judíos y dio empleos a negros.

A pesar de la restricción de la venta de alcohol, Capone tuvo inmunidad legal gracias a que proporcionó bebidas a la policía y a la clase política. Ganaba alrededor de cien millones de dólares al año. Era tal la protección que tenía, que el FBI no podía probar que Capone estaba cometiendo un delito federal, pese a que los asesinatos ordenados por su persona estaban a la orden del día.

El famoso agente Eliot Ness y su equipo de «Intocables» ya estaban tras los pasos del mafioso. Pero fue un investigador del Departamento del Tesoro llamado Frank J. Wilson quien descubrió los recibos que relacionaban a Capone con ingresos derivados del juego ilegal y de la evasión de impuestos.

Hasta que en 1931 los agentes descubrieron un resquicio legal y encontraron pruebas que incriminaban a Capone en un delito fiscal. Tras ser encarcelado en Atlanta, el gánster fue trasladado a la famosa prisión de Alcatraz. En esta cárcel, Capone formó un trío musical con otros presos. Primero tocó el banjo. Luego, la mandolina. Mientras mostraba su nuevo instrumento a un funcionario, un reo le clavó una cuchilla de barbero. Lo superó.

Durante un examen médico le diagnosticaron sífilis, y comenzaron a brotar síntomas de demencia. En 1939, Capone fue liberado y empezó a recibir tratamiento contra la enfermedad. Siete años más tarde, un psiquiatra determinó que el gánster tenía la mentalidad de un niño de doce años; hasta que el 25 de enero de 1947 sufrió un derrame cerebral que acabó con su vida. Tenía cuarenta y ocho años.

Aunque Capone fue el enemigo público número uno de la policía de Chicago, su muerte, como habría sido de esperar, no se produjo como consecuencia de una redada policial o huyendo de la Justicia.

El presidente con el coche del gánster

Lo que desconoce una buena parte del público lector es que Franklin Delano Roosevelt, presidente de Estados Unidos entre 1933 y 1945, declarara la guerra a Japón el 8 de diciembre de 1941 a bordo de un Cadillac antibalas propiedad de Al Capone.

Los servicios de seguridad de la Casa Blanca decidieron, después de que el país entrara en guerra, que el mandatario debía viajar en un coche a prueba de bombas. Y el que mayores garantías de seguridad ofrecía por aquel entonces era un Cadillac 431A Town Sedan, de carrocería y cristales blindados, que el Gobierno americano había requisado a uno de los capos de la Mafia.

Aquel vehículo estaba equipado con la última tecnología de la época: sirena, luces ocultas, radio de la policía, un blindaje de casi tres centímetros de espesor y ventanillas a prueba de balas. Tan solo hubo que modificar ciertas partes de la mecánica y realizar un lavado de cara del coche, que llevaba varios años en los depósitos del Departamento del Tesoro.

Las relaciones con la Mafia

Sobre las relaciones de los presidentes de Estados Unidos con la Cosa Nostra ha habido muchas denuncias, pero sin pruebas concluyentes que las sustenten (lo que no quiere decir que sean falsas). Uno de los que más nos suena es John F. Kennedy, que pudo haber recibido dinero en su campaña electoral, haber compartido amante con un capo de Chicago... y haber sido asesinado por la Mafia.

El periodista Seymour M. Hersh, autor de *La cara oscura de Camelot*, asegura que en 1960, para empujar a su hijo hacia la Presidencia, Joseph P. Kennedy (el padre de JFK) se reunió clandestinamente con el mafioso de Chicago Sam Giancana. Al parecer, el patriarca de la familia prometió una Casa Blanca que se lavaría las manos respecto a sus actividades delictivas si los sindicatos dirigidos por la mafia otorgaban fuerza y dinero para conseguir la candidatura de Kennedy.

Otro es Nixon, al que le atribuyen una relación homosexual con un banquero mafioso (algo no fácil de creer, a tenor de su público comportamiento homófobo). En cualquier caso, las cinco familias mafiosas principales (Genovese, Colombo, Bonanno, Lucchese y Gambino) aún son influyentes y, de los últimos expresidentes, algunos han sido relacionados con el crimen organizado (Reagan, Bush padre, Bush hijo o Clinton), lo mismo que Donald Trump, vinculado cuando la hija del capo Gotti afirmó que su padre y el expresidente se conocían y compartían abogado.

LA INDOLENCIA DEL FBI

Uno de los grandes misterios que rodean la controvertida figura de J. Edgar Hoover, el todopoderoso director del FBI desde su creación en 1935, fue su desinterés por la persecución del crimen organizado, del cual incluso llegó a negar su existencia.

Mientras centraba su actividad en la persecución de bandidos de poca monta como John Dillinger o Bonnie y Clyde, la Mafia consiguió crecer a unos niveles que quizás el FBI nunca se hubiera dedicado a luchar contra ella con la misma fuerza que empleó en otras causas.

Los biógrafos de Hoover apuntan que temía que el poder corruptor de la Mafia pudiera afectar a su organización, como había entrado en tribunales y departamentos de policía. Arrestar o matar a criminales comunes daba muchas menos complicaciones, y más titulares en prensa. Otros, como el escritor Hank Messick, señalaron causas más directas: Hoover estaba apoyado por hombres de negocios de la derecha radical que a su vez tenían tratos con los gánsteres; si perseguía a los últimos, podía perjudicar a los primeros.

Asimismo, el director del FBI tenía algunas cosas en común con los capos: un vehemente anticomunismo, coincidencia que le permitía verlos como un seguro contra la infiltración soviética en Estados Unidos; y un gran interés por las carreras de caballos, que en aquellos momentos estaban controladas por la Mafia. Hoover habría llegado a recibir pistas del capo Frank Costello sobre los caballos a los que debía apostar. Sea como fuere, la indolencia de los federales hacia el crimen organizado se prolongó más allá del retiro de J. Edgar Hoover, y no comenzaron a luchar en serio contra él hasta después de su muerte en 1972.

LOS ORÍGENES DE LA MAFIA

«La Mafia y la nueva nación de Italia nacieron juntas». Con esta afirmación del historiador John Dickie se ponen los cimientos del origen del crimen organizado. Las primeras noticias de su existencia comienzan en la isla de Sicilia, coincidiendo con su conquista en 1860 por parte de Giuseppe Garibaldi y sus mil camisas rojas que lograron derrotar al ejército borbónico. Lo hicieron con la ayuda de unas «fuerzas mucho más consistentes que surgieron, numerosas y aguerridas, de la realidad popular siciliana», según comenta el experto Giuseppe Carlo Marino.

Aunque los antecedentes, al parecer, están relacionados con la Garduña, una oscura sociedad secreta criminal fundada en Toledo en el siglo xv. Después de la sublevación, con el paso de los años, estos sicilianos comenzaron a tejer una red de favores, terror e influencia por toda la isla con el apoyo de la burguesía local, de donde surgieron los primeros capos.

La familia (en la más extensa acepción del término) y el clan comenzaron a emerger como la primitiva estructura social y política dominante en el sur italiano; a partir de ellos, surgió la inevitable constitución de grupos armados que operaban, en la práctica, como pequeños ejércitos privados que llegaban allí donde no lo hacía el Estado. Se trataba de grupos que ofrecían su protección a los terratenientes de la isla y que acabaron haciendo de la extorsión y el abuso de poder su medio de vida.

Nacía así la Mafia siciliana como una estructura bien organizada, cuyas relaciones de favores mutuos, intimidación y subordinación se extendieron por todos los ámbitos, desde las iglesias y los ayuntamientos de los pueblos más humildes a los palacios de la aristocracia. A su vez, la Mafia dio origen a tres organizaciones clandestinas que cristalizarían en la Cosa Nostra, la 'Ndrangheta y la Camorra.

Uno de sus primeros actos fue el asesinato del marqués Emanuele Notarbartolo, a finales del siglo xix, cuyo juicio destapó casos de corrupción, tráfico de influencias, chantajes, sobornos, prácticas fraudulentas... Detrás estaba la Mafia.

La amplia red de conexiones y vínculos con muchos estamentos permitía a la Mafia operar con total impunidad. Incluso establecieron estrechos vínculos con los servicios de inteligencia estadounidenses. De hecho, el gánster Lucky Luciano colaboró con los aliados ofreciéndoles información sobre quién o quiénes podían estar detrás del hundimiento en 1942 del navío Lafayette. Los muelles estaban controlados por los gánsteres, que hicieron de vigilantes de posibles sabotajes. Luciano, que cumplía condena en Nueva York por proxenetismo, gracias a su inestimable colaboración, fue trasladado a una celda más confortable en la prisión de Comstock. Luciano también posibilitó ayuda para que las tropas aliadas desembarcaran en Sicilia durante la Segunda Guerra Mundial.

Una de las colaboraciones más estrechas entre la Mafia y la CIA tuvo lugar con la Operación Mangosta, que tenía como finalidad el asesinato de Fidel Castro, que había establecido el comunismo como régimen de gobierno tras su llegada al poder en Cuba. Tuvieron protagonismo mafiosos como Myer Lansky, Johnny Rosselli o Sam Giancana, a los que se unirían Santo Trafficante y Carlos Marcello. Pero la Mafia se entregó a un doble juego: según historiadores como Carl Sifakis, su verdadero propósito fue mantener a la CIA interesada el mayor tiempo posible mientras reunían dinero y pruebas para chantajear a la propia agencia.

Según los testimonios de Bernardo Provenzano y Salvatore Loppicolo en 2007, los quince mandamientos mafiosos resultaban de obligado cumplimiento para los miembros de la organización:

1. El primero y principal es la *omertà* o ley de silencio.
2. Prohibido prestar dinero directamente a un amigo.
3. No desearás a la mujer del prójimo.
4. Prohibido cualquier tipo de relación con la policía.
5. Disponibilidad absoluta si el deber te llama.
6. Puntualidad y respeto a todas las citas.
7. Respeto a la esposa.
8. Decir siempre la verdad.
9. Se puede matar, extorsionar, traficar, pero nunca robar dinero de otros clanes mafiosos.
10. Invisibilidad, evitar todo tipo de publicidad.
11. Mediación y consenso para negociar.
12. Religiosidad; Dios como aliado.
13. Flexibilidad política, según los negocios requieran.

14. Reinvención y modestia.
15. No se permite la entrada de quien tiene un familiar en las fuerzas del orden, quien ha traicionado sentimentalmente a la mujer, quien tiene un mal comportamiento o no demuestra valores morales.

LA IMPORTANCIA DEL RITO

El ingreso en una *cosca* mafiosa (y, por consiguiente, el «bautizo» como hombre de honor) está reservado a unos pocos «privilegiados». Antes de entrar a formar parte de la familia, el aspirante tiene que superar una prueba de fuego, generalmente consistente en un asesinato.

Una vez decretada la admisión, es el momento de la *punciuta*, el singular rito de ingreso de los *pentiti* que, con pequeñas variaciones, se oficia también entre los nuevos reclutas de las mafias campana y calabresa. Durante el ritual, el aspirante se sienta alrededor de una mesa al lado del *capofamiglia* y en presencia de otros hombres de honor que ejercen de testigos.

Tras un pinchazo con un objeto punzante en el dedo del iniciado, este recita el juramento de rigor mientras derrama su sangre sobre la imagen de un santo. Finalmente, el padrino recita las siguientes palabras: «No deberéis nunca traicionar nuestros secretos. Se entra en la Cosa Nostra con la sangre y se sale a través de la sangre». Un elogio de la *omertà* que pone fin al ritual más característico de la Mafia.

Otros clásicos, como el «beso de la muerte», tienen más de leyenda que de realidad. Con todo, ese beso tan cinematográfico posee un papel muy relevante entre los gestos simbólicos de la Camorra. El beso, generalmente en la boca, es una expresión de la solidaridad de grupo, una forma de transmitir a un tercero que puede contar con el apoyo de la familia y que, a cambio, debe sellar sus labios y acatar religiosamente la ley del silencio.

La ilusión de Kruschev por visitar Disneylandia

En 1953, Josef Stalin falleció y fue sustituido al frente de la URSS por Nikita Kruschev (1894-1971), un político más aperturista con el que se inició el llamado Deshielo. Como parte de esa nueva estrategia, el 13 de septiembre de 1959 Kruschev llegó a Estados Unidos en viaje oficial para entrevistarse con el presidente Eisenhower, pero antes de la cumbre entre los mandatarios se le organizó al soviético una gira un tanto surrealista que incluyó cenas de gala, discursos, encuentros con granjeros y con la flor y nata de Hollywood...

Sin embargo, por motivos de seguridad, no pudo cumplir su inesperado sueño: visitar Disneylandia (el parque original, inaugurado en 1955 en Anaheim, California). Al parecer, Kruschev se enfadó y estuvo a punto de volverse a Moscú sin ver a Ike. Casi tiembla el mundo por aquel incidente. ¿Pudo haber sido tal anécdota el detonante de la Tercera Guerra Mundial? Todo un episodio «caliente» en plena Guerra Fría, aquel periodo político, económico, social, ideológico, militar e informativo que enfrentó a las dos mayores potencias tras el fin de la Segunda Guerra Mundial y que finalizó con la caída del Muro de Berlín (1989) y la desintegración de la URSS en 1991.

Aunque no pudo visitar su admirada y capitalista Disneylandia, Kruschev sí tuvo tiempo de conocer Nueva York y asistir a la asamblea anual de las Naciones Unidas. Luego, se paseó por los estudios de la 20th Century Fox, donde en esos momentos se rodaba la película musical *Can Can*. El mandatario comunista y su esposa conocieron a todas las estrellas que protagonizaban el filme: Shirley MacLaine, Frank Sinatra, Maurice Chevalier... Incluso la actriz, con ideas de izquierdas, invitó a bailar a Kruschev uno de los números de la película. Este declinó la oferta con guasa y eligió mirar el número musical en su honor. Y como maestro de ceremonias ejerció Sinatra, un destacado anticomunista... E incluso Kruschev se «atrevió» a seducir a Marilyn Monroe en otra ocasión. «Me miró como un hombre mira a una mujer», dijo la artista.

A su regreso a la URSS, Kruschev trajo consigo algunas ideas que pudo ver *in situ* en Estados Unidos y que llamaron su atención, como la construcción del primer campo de golf en tierras soviéticas o la importación de tres helicópteros como los que usaba Eisenhower en sus desplazamientos.

El mandatario soviético, por extraño que parezca, mantuvo unas relaciones cordiales con su homólogo en Estados Unidos John Fitzgerald Kennedy. Tanto, que la hija de este, Caroline, recibió de regalo un cachorro de can de nombre Pushinka, que era una cría del primer perro soviético lanzado al espacio. Finalmente, los Kennedy tuvieron que regalar el animal a uno de los jardineros de la Casa Blanca porque no paraba de morder a cada miembro de la familia del presidente.

Tan bien se llevaban JFK y Kruschev, que ambos países se plantearon realizar una misión espacial a la Luna en conjunto, en plena Guerra Fría. El líder soviético se mostraba convencido de que Kennedy sería un buen aliado. Todo cambió cuando el americano fue asesinado. Kruschev dejó entonces de confiar en el sucesor de JFK, Lyndon B. Johnson.

Las buenas relaciones entre Kennedy y Kruschev tienen su máxima expresión en la Crisis de los Misiles, un acontecimiento que puso en vilo la estabilidad y la paz mundial y casi originó la Tercera Guerra Mundial. La crisis se originó en 1962 por la presencia en Cuba (país aliado de la URSS) de cuarenta y dos misiles soviéticos que apuntaban a su archienemigo. Estados Unidos los descubrió en octubre de ese mismo año y el día 23 estableció un bloqueo a la isla para exigir que se retiraran. El mundo entero contuvo la respiración mientras buques soviéticos se acercaban a Cuba. Finalmente, el 28 de octubre Kruschev aceptó retirar las armas nucleares y JFK se comprometió a no invadir Cuba. Ambos salieron como ganadores de esta partida de ajedrez y con un nuevo canal de comunicación más rápido, el que se conocería como teléfono rojo, directo entre la Casa Blanca y el Kremlin.

DISNEY AL SERVICIO DE LA PROPAGANDA

«Acción y efecto de dar a conocer algo con el fin de atraer adeptos». Así define la Real Academia Española de la Lengua (RAE) el concepto de propaganda, una herramienta muy útil en tiempos de guerra. Hasta el cómic o las películas de animación de Disney se han empleado para reforzar ideas como el patriotismo, el sacrificio o el desprecio hacia el enemigo.

En concreto, durante la Segunda Guerra Mundial, el gobierno de Estados Unidos, después de su entrada en el conflicto tras el ataque a Pearl Harbor, decidió unir fuerzas con los estudios de animación de Disney, que tanta popularidad tenía entre los ciudadanos del país.

Personajes como el Pato Donald o el perro Pluto lideraron una corriente en las películas y cortos en los que eran protagonistas, donde ensalzaban los ideales norteamericanos con una intención educativa y moralizante: alabar el valor de las tropas y fomentar el reclutamiento, así como ridiculizar al adversario.

Por ejemplo: en el corto *Der Fuehrer's Face* vemos a Donald viviendo en Nutzilend (en inglés, 'Nuzilandia') sometido al esclavismo por oficiales del Ejército nazi. Pero todo es un sueño; Donald se despierta y agradece que vive en el país de las libertades, Estados Unidos.

Mientras, en *Sky Trooper*, Donald trata de convertirse en piloto del Ejército estadounidense; y en *Commando Duck*, el pato más famoso de los dibujos animados llega a una selva asiática para destruir Japón. En otros cortos de Disney la figura del lobo feroz representa a oficiales alemanes que portan brazaletes con la esvástica.

No solo Disney participó en dicha campaña de propaganda. Otro estudio de animación exitoso por aquel entonces, Warner Brothers, hizo lo propio en cortos como *Duffy Commando*, protagonizado por otro ánade, el Pato Lucas, que se infiltra en una base nazi. En 1942 se estrenó *The Ducktators*, un cortometraje donde Hitler, Mussolini e Hirohito son representados como patos que toman el control de un corral.

DISNEY Y LAS LEYENDAS URBANAS

Se trata de una de las leyendas urbanas más conocidas del siglo xx. Tiene que ver con los esfuerzos de algunos científicos visionarios para congelar el cuerpo de personas recién fallecidas con el objeto de «resucitarlas» cuando exista un remedio para la enfermedad que les causó la muerte, un proceso denominado criogenización, y que la leyenda urbana vincula de alguna manera a Walt Disney. ¿Qué hay de cierto en ella?

La historia del creador de sueños infantiles nos remonta a las 9:30 horas de la mañana del 15 de diciembre de 1966, cuando murió en su habitación del hospital Saint Joseph, en Burbank, condado de Los Ángeles. Acababa de ser operado de su cáncer, pero el paso por el quirófano no sirvió de nada. Su enfermedad era terminal.

Según la historia popular, su cuerpo fue trasladado a un centro científico de California. Allí, su sangre fue sustituida por un líquido que no cristaliza, lo cual es un paso fundamental para poder congelar a alguien. Acto seguido, la temperatura de su cuerpo se fue reduciendo de forma progresiva hasta que se estabilizó. Después, fue encerrado en una cápsula con forma de tubo, en donde permanece hasta el día de hoy.

Sin embargo, la realidad es más prosaica. Tras celebrarse un funeral íntimo al que solo asistieron los más cercanos familiares y amigos, los restos de Walt Disney fueron incinerados. Después, las cenizas quedaron enterradas a dos metros de profundidad junto a una pequeña escultura en su honor que se levantó en un jardín privado en el Forest Lawn Memorial Park, cerca de Los Ángeles.

FIEBRE ANTICOMUNISTA

En plena Guerra Fría, el anticomunismo que se vivía en Estados Unidos llegaba al paroxismo. Los políticos, quienes más lo alentaron, no tardaron en reaccionar con medidas directas y represivas: llegó entonces la era del macartismo. Se llamó así a la ola de histeria anticomunista (y la subsiguiente caza de brujas contra funcionarios, periodistas, intelectuales, políticos y gentes de Hollywood) que se desató en el país americano entre 1947 y 1962, cuyo punto álgido coincidió con la presidencia de Dwight D. Eisenhower (1953-1961).

Debe su nombre al senador republicano por Wisconsin Joseph McCarthy (1908-1957), de ideología ultraderechista, que con el HUAC (Comité de Actividades Antiamericanas) emprendió las más sonoras purgas de sospechosos de ser comunistas o simpatizantes: muchos perdieron el trabajo y otros fueron encarcelados. Eisenhower no aprobaba a McCarthy y sus métodos, pero fue incapaz de pararle los pies.

McCarthy procedió a usar su lista de «comunistas activos» y la «amenaza» de una infiltración enemiga como una narrativa falsa perpetua, con el propósito de hacer campaña en quince estados, avanzar en su carrera y obtener publicidad nacional para los próximos cuatro años.

El Comité de Actividades Antiamericanas de McCarthy creó una lista negra por la que se negó trabajo a unos quinientos artistas y artesanos, lista que provocó el despido y posterior condena a prisión de los llamados Diez de Hollywood. Como respuesta, se creó el Comité de la Primera Enmienda, que abogaba por la libertad de expresión y los derechos civiles y que contaba entre sus miembros con cineastas como John Houston, Lauren Bacall o Humphrey Bogart.

El Comité presionó hasta que el anticomunismo se convirtió en una paranoia y la represión cultural alcanzó Hollywood, lo que provocó tanto que Bacall como Bogart (y otros) reculasen. Este publicó el artículo «No soy comunista» en la revista *Photoplay* para intentar desmarcarse de la defensa de los Diez de Hollywood y defender que lo único que apoyaba era la libertad de expresión. McCarthy se valió de la mentira para acusar falsamente a una lista de «proscritos», sin proporcionar ninguna evidencia. Después de cuatro años de narrativas infundadas, el Senado de los Estados Unidos censuró a Joseph McCarthy.

El execrable Eisenhower

Uno de los protagonistas más destacados de los Estados Unidos en la Segunda Guerra Mundial fue Dwight David Eisenhower, comandante supremo de las fuerzas aliadas en Europa y cuya reputación militar en la contienda le aupó a la presidencia de su país en 1953. Pues bien, uno de los grandes héroes del imperio americano nos dejó en herencia la creación de la OTAN, la Guerra Fría, la consolidación del franquismo en España, el bloqueo comercial en Cuba o la brillante idea de cortar el país de Corea en dos mitades.

Su pasado militar pone en duda su pericia. En la Primera Guerra Mundial fue responsable de la instrucción de los soldados. Sin pisar un campo de batalla, nuestro protagonista acabó el conflicto como mayor. Era más un soldado de despacho que de campo de batalla.

Se le recuerda especialmente por ser el cerebro del famoso Desembarco de Normandía, una acción que estuvo muy cerca de fracasar por culpa de su impaciencia. La Operación Market Garden, que pretendía invadir los Países Bajos con paracaidistas, fue más bien una chapuza que facilitó el contraataque alemán en las Ardenas belgas.

Una vez acabado el conflicto y con la vuelta de Ike a Estados Unidos, negoció al mejor postor con qué partido iba a presentarse a las elecciones presidenciales: demócratas o republicanos. Finalmente escogió a estos últimos y formó tándem electoral con Richard Nixon. Una de sus peores manchas como presidente de los Estados Unidos fue la orden que mandó ejecutar en la silla eléctrica al matrimonio formado por Julius y Ethel Rosenberg, acusados de ser espías para la URSS en una farsa de juicio.

EL TRIUNFO DE PEPSI SOBRE COCA-COLA

El éxito y la difusión de la marca comercial de refrescos de cola Pepsi por todo el mundo van muy ligados a su implantación en tierras soviéticas. La historia comienza en la Exposición Internacional Americana celebrada en Moscú en el verano de 1959, en un momento de relaciones bilaterales respetuosas entre Estados Unidos y la Unión Soviética.

Nikita Kruschev y el vicepresidente estadounidense por aquel entonces, Richard Nixon, paseaban por la muestra cuando de repente Donald Kendall, vicepresidente de *marketing* de Pepsi, ofreció al líder ruso un vaso de refresco al verlo sudoroso, en una instantánea curiosa y que ha pasado a la historia. Imposible una campaña de promoción mejor.

A raíz de aquel hecho, Pepsi firmó el acuerdo con las autoridades soviéticas para instalarse allí y copar un enorme mercado, un mercado en el que su competidor Coca-Cola no había logrado penetrar. Pepsi se iba a convertir en el primer producto extranjero que se vendiese en la URSS. Pero como el rublo no podía ser intercambiado en el mercado internacional, los soviéticos pagaban los refrescos enviados desde Estados Unidos mediante vodka.

Ya con la caída del régimen soviético en los años noventa, Pepsi no pudo mantener su posición dominante y Coca-Cola pudo introducirse en el mercado ruso.

John Lennon: un elemento incómodo para Nixon

El más famoso fan desquiciado de la historia del rock quizá sea Mark David Chapman, el asesino de John Lennon. Chapman, identificado con el protagonista de la novela *El guardián entre el centeno* (J. D. Salinger, 1951) y convencido de que el ex-Beatle era un «vendido», cruzó los Estados Unidos para acabar con su vida en la puerta de su apartamento en Nueva York, en el edificio Dakota, no sin antes pedirle un autógrafo. El 8 de diciembre de 1980 tuvo lugar el fatal desencuentro.

John Lennon fue asesinado después de ser el blanco de una campaña de espionaje orquestada por el Gobierno de Richard Nixon. Debido a que el asesino admitió su crimen y fue detenido en el lugar de la escena, no se llevó a cabo ninguna investigación oficial... Ahí comienzan las dudas con respecto a quién estaba detrás realmente de uno de los crímenes más icónicos del siglo xx.

Como el lector sabrá, Lennon fue asesinado frente a los Dakota Apartments de Nueva York, edificio que había sido retratado por el cineasta Roman Polanski en los años 60 como guarida de las actividades de un culto satánico (en su película *Rosemary's Baby*, en español conocida como *La semilla del diablo*). No mucho antes del homicidio de Lennon, Chapman se había acercado al cineasta ocultista Kenneth Anger y le ofreció un regalo, que consistía en unas balas de verdad. Pocos días después de que Lennon fuera asesinado, el estreno de *Lucifer Rising* hizo su debut en Nueva York, no lejos de los terrenos manchados de sangre del edificio Dakota.

Todo se remonta a aquel trágico 8 de diciembre. A las 17 horas Lennon salía de los estudios Record Plant con la fotógrafa Annie Leibovitz y su pareja Yoko Ono tras hacerse unas fotos para la revista *Rolling Stone*. Fueron parados por varias personas en busca de autógrafos. Uno de ellos era Chapman, un joven de veinticinco años de Honolulu (Hawái), que le entregó una copia del recientemente publicado *Double Fantasy*. Lennon se lo firmó preguntándole: «¿No quieres nada más?».

Con Ono delante y el músico detrás de ella, se dispusieron a entrar al edificio Dakota, cuando Chapman apareció de nuevo llamándole «Sr. Lennon» y le disparó con un revólver 38 Special cinco balas. Cuatro alcanzaron a

Lennon, dos en el lado izquierdo de la espalda y otras dos en el hombro. Una de ellas le seccionó la vena aorta.

Teorías de la conspiración

La muerte de John Lennon disparó las elucubraciones y teorías de la conspiración. Muchos fueron los que creyeron y argumentaron que fue la CIA o el FBI quien asesinó al ex-Beatle, aunque la mano ejecutora fuera Chapman.

Y es que Lennon era una persona problemática para el Gobierno de los Estados Unidos. Su relación con Yoko Ono le había radicalizado, y la guerra de Vietnam se había convertido en el detonante para que fuera beligerante con la administración americana. Viró hacia un activismo de izquierdas incómodo debido a su popularidad, como pacifista y encima provocador. La CIA y el FBI lo señalaron como uno de los enemigos del país de las barras y estrellas. En 1968 fue detenido junto a Ono por posesión de marihuana y se le negó durante mucho tiempo la residencia en EE. UU.

Llegados a este punto, todo lo que Lennon significaba debía ser desfigurado y desacreditado tarde o temprano. Lennon tenía millones de seguidores no solo en Norteamérica, sino en todo el mundo, y era cuestión de tiempo que gracias a él, la gente comenzara a despertar.

Meses antes de su muerte, John sabía que estaba amenazado y se había vuelto paranoico. Después del caso Watergate, puso una demanda por la escucha y vigilancia ilegales a las que estaba siendo sometido. El Departamento de Justicia del Gobierno estadounidense nunca admitió que efectivamente llevara a cabo la escucha telefónica y culpó a otros. Después de obtener su *green card* (residencia americana) en 1975, Lennon renunció al litigio con el Gobierno. El artista superó su miedo al acoso federal y dejó de hacer declaraciones públicas antisistema.

La teoría de la conspiración que más se sustenta es la que hace referencia al asesinato de Lennon por parte de dos francotiradores, posiblemente de la CIA o el FBI. Resulta extraño que si Chapman llamó a Lennon momentos antes de los disparos, y este se giró, las balas le entraran por la espalda. Además, si Chapman había disparado cinco veces, con un lanzamiento errado y dos balas alojadas en el cuerpo, ¿cómo es que había tres agujeros de proyectil en el lobby del hotel?

Regresemos de nuevo al edificio Dakota. El inmueble era uno de los más seguros de la Gran Manzana, pues tenía personal de seguridad las veinticuatro horas del día que, curiosamente, no estuvo presente la noche de actos. El portero era un cubano de nombre José Sanjenis Perdomo, que con el tiempo se demostraría que era exagente de la CIA y había participado en la invasión de la bahía de Cochinos. Él dijo haber visto disparar a Chapman. Lo curioso es que el día en que murió Lennon, varios testigos identificaron a un individuo de raza latina cerca del Dakota, que era precisamente el portero.

El periódico *The New York Times* publicó al día siguiente una reconstrucción de los hechos, dejando caer que el asesino de Lennon se encontraba en el interior del edificio Dakota, no fuera del porche, como estaba Chapman. Una versión alternativa a la oficial señala a Perdomo como autor del crimen. El portero cubano se habría encargado de dejar el arma asesina al lado de Chapman y de mentalizarle del crimen que había cometido. Aquel era un asesino profesional que había trabajado estrechamente con el «merodeador» condenado por el caso Watergate Frank Sturgis (fallecido), durante unos diez años en nómina de la CIA.

Uno de los oficiales que arrestaron a Chapman, Peter Cullen, no creyó que aquel hubiera matado a Lennon. El agente tenía sospechas de que el tirador era un «manitas» que trabajaba en el Dakota, pero Perdomo convenció a Cullen de que había sido Chapman. Cullen pensó que Chapman «parecía un tipo que trabajaba en un banco».

Una vida de película

La propia vida del asesino confeso da para un libro aparte. En 1977, Chapman abandonó su religión cristiana fundamentalista y se convirtió en un satanista. A los diecinueve años, en 1975, firmó con el YMCA (programa internacional de consejeros de campamentos cristianos) y fue enviado a Beirut (Líbano), donde supuestamente recibió instrucciones sobre artes letales en la escuela de terror de la CIA.

Su preocupación por John Lennon no surgió hasta los meses previos al asesinato. Chapman declaró que el 30 de octubre de 1980 viajó a Nueva York con la intención de matar a Lennon, pero tras un debate interno no pudo hacerlo y regresó a Honolulu. ¿Por qué el 8 de diciembre sí pudo ejecutar el crimen? ¿Por qué esperó y no lo asesinó la primera vez que se encontró con él? ¿Quizá para que no hubiera testigos? Pero la duda surge de nuevo: ¿por qué se quedó esperando a que lo arrestaran para declarar lo primero de todo: «Lo he hecho solo»?

Mark David Chapman eligió no declararse culpable del asesinato debido a que «seguía» la dirección de voces en su cabeza. Su abogado J. Marks puntualizó el argumento «por razón de locura». Más concretamente, Chapman declaró: «Puedo oír sus pensamientos, puedo oírlos hablar, pero no desde el exterior, desde dentro». Ninguno de los tres psiquiatras en el juicio exploró la posibilidad del control mental, teoría recogida por la obra *Who Killed John Lennon?*, de Fenton Bresler. Para este, Chapman fue un asesino robot, víctima de un lavado de cerebro, programado para ser culpable.

La primera vez que Chapman solicitó la libertad condicional, en octubre del año 2000, se le negó. En su instancia, el convicto esperó estar profundamente arrepentido de sus actos, pero dejó claro que veía a Lennon y Yoko Ono como dos elementos más de su tragedia personal, en lugar de dos vidas que dañó y destruyó.

NIXON PREDIJO LA VICTORIA DE TRUMP EN 1987

«Querido Donald. No vi el programa, pero mi esposa me dijo que estuvo fantástico en el *show* de Phil Donahue. Como podrá imaginar, ella es una experta en política y predice que el día que decida competir por ser presidente de Estados Unidos usted va a ser el ganador».

Esta es la traducción de una carta remitida al expresidente Donald Trump en ¡1987! por su homólogo Richard Nixon (gobernó el país de las barras y estrellas de 1969 a 1974), y que resultó totalmente profética a tenor de los resultados que obtuvo el candidato republicano. ¿Casualidad?

Según cuenta la BBC, la misiva de Nixon fue entregada por el biógrafo de Trump, Michael D'Antonio, al diario *New York Times* cuando preparaba un libro sobre el magnate que pensaba llamar *Never Enough* (*Nunca es suficiente*), pero que terminó titulándose *The Truth About Trump* (*La verdad sobre Donald Trump*).

La carta concluía con un saludo «cálido» del expresidente, quien había renunciado a su cargo por el conocido escándalo del Watergate el 9 de agosto de 1974.

Gerald Ford y sus problemas con las mujeres

Quizá sea uno de los presidentes de la historia de los Estados Unidos con menor pedigrí para sus contemporáneos. Vicepresidente durante la etapa de Richard Nixon (quien gobernó de 1969 a 1974), Gerald Ford asumió la presidencia del país debido al escándalo del Watergate que acabó con la dimisión de aquel. Su mandato (hasta enero de 1977) resultó anodino, si no hubiera sido por su torpeza al subir y bajar las escaleras del Air Force One (el avión presidencial), con unas cuantas caídas, o por su ignorancia en unos cuantos asuntos de índole política (en un debate televisado contra Jimmy Carter, Ford llegó a afirmar que no había dominación soviética en Europa del Este, algo que sabía porque había visitado Polonia, Yugoslavia y Rumanía).

De Gerald Ford se dice que se convirtió en el primer expresidente que aceptó convertirse en una máquina de facturar. Él y su secretario de Estado, el controvertido Henry Kissinger, fueron miembros del consejo de administración de la 20th Century Fox. No acabó ahí su periplo mercantil: Ford también perteneció a la dirección de otras grandes empresas como American Express, Peabody International y Santa Fe International Corporation.

Pero también fue noticia porque sobrevivió a dos intentos fallidos de asesinato, protagonizados ambos por mujeres que actuaron en solitario. El 5 de septiembre de 1975 tuvo lugar el primero. Una acólita del criminal satanista Charles Manson disparó contra Ford en Sacramento (California). Se trataba de Lynette Alice *Squeaky* Fromme quien, al parecer, cometió el atentado porque había sido ignorada por las autoridades de San Francisco. Lynette, preocupada por las noticias que hablaban de la desaparición de las secuoyas debido a los efectos de la contaminación, denunció este hecho e instó a que se tomaran medidas para evitarlo.

Decepcionada por el encuentro, retornó a Sacramento. Allí se enteró de que el presidente Gerald Ford se disponía a realizar una visita oficial a la ciudad. Se le encendió la bombilla y no se le ocurrió otra cosa que disponerse a atentar contra la vida del mandatario para llamar la atención sobre su apoyo a los árboles milenarios.

Ataviada con una larga túnica roja y una pistola atada a su pierna, esperó a la comitiva del presidente, mientras este se disponía a retornar al hotel donde se hospedaba para descansar de una larga mañana de visitas y encuentros con gente del lugar. Cerca del Capitolio de Sacramento, Lynette sacó su colt y apuntó a Ford, pero rápidamente fue reducida por los guardaespaldas.

Esta era una de esas chicas que, rapadas y con símbolos marcados en la frente hechos con cuchillo, llamaron la atención en el juicio contra su amado líder, un personaje en quien debemos detenernos un momento. Pongámonos en antecedentes para conocer cómo llegó Charles Manson a un estado de psicosis continua. Una juventud alterada, con una familia desestructurada, le conformaría una personalidad particular. Charles Miller Maddox nació en Cincinnati (Ohio) el 12 de noviembre de 1934, hijo de una joven alcohólica de dieciséis años y de padre desconocido. El chaval se crio con sus abuelos, y pasó más tiempo en la calle que en casa. Desde una edad muy temprana,

Manson comenzó con sus fechorías: robos de coches y de algún que otro comercio, lo que le llevó, con apenas nueve años de edad, a un correccional que, lejos de reformarle, ahondó más en su carácter delincuencial.

Mediante el robo de una tienda de comestibles reunió el dinero suficiente para «independizarse» y aprendió a sobrevivir a través de pequeños hurtos, hasta que, con apenas catorce años, fue detenido por primera vez. A partir de ahí comenzó una serie de sucesivas detenciones, puestas en libertad y fugas de centros penitenciarios, que hicieron que Manson pasase más de la mitad de su vida en la cárcel.

A los diecinueve años se casó con una joven camarera dos años más joven llamada Rosalie Jean Willis, con quien cruzó la frontera del estado en un coche robado. Este delito le llevó de nuevo a la cárcel, y de ahí cayó en picado. Al salir en libertad condicional, «ejerció» de proxeneta con una chica de dieciséis años y volvió a contraer nupcias con una prostituta de nombre Leona. Con ambas cruzó el país hasta llegar a México, y por ello resultó condenado a diez años de cárcel en la Penitenciaría de McNeill Island (Washington).

Aquí, entre barrotes, pareció alcanzar el nirvana. Inició su formación esotérica con lecturas sobre budismo y orientalismo. Fue miembro, según dijo él mismo, de la Iglesia de la Cienciología (secta a la que pertenecen, entre otros famosos, John Travolta y Tom Cruise), y comenzó a interesarse por la música rock, en concreto la de los Beatles, por la que alcanzó una pasión desmesurada.

Manson aprendió a tocar la guitarra y la batería, y pasaba muchos tiempos muertos en prisión componiendo letras de canciones. El uso de conceptos como el del karma pareció que habían calmado su psique, pero su mente, que seguía enferma, le llevaría a tramar una atrocidad sin parangón conocido.

«La Familia» de Charles Manson

A las 8:15 horas del 21 de marzo de 1967, Manson salió de la cárcel por enésima vez y se dirigió a San Francisco. Allí, en el barrio Haight Ashbury, nacería «La Familia». Nuestro protagonista tenía entonces treinta y dos años, diecisiete de los cuales los había pasado en la cárcel. El movimiento *hippie* se encontraba en su momento de mayor auge en los Estados Unidos, y hordas de jóvenes buscaban la conciencia colectiva a base de LSD, marihuana y anfetaminas.

Manson dio con un grupo de jóvenes desubicados con mentes fáciles de manipular, que lideró como gurú de una secta muy peculiar. Les «ofrecía» universos de libertad lisérgica. Adoraban a aquel personaje transgresor y más veterano que ellos y que había luchado contra el sistema en la cárcel. Trató de crear una filosofía propia, pseudoreligiosa y mística, que le hizo ir ganando adeptos. Además, Manson añadió conocimientos de ciencias ocultas, satanismo e incursiones en la Iglesia de Satán.

Manson y las chicas de su grupo iban a las fiestas como una «gran familia». Se sentaban en círculo y tomaban LSD juntos, entre otras drogas. Paul Watkius, miembro del cónclave, se percató de que Manson era el único que distribuía el ácido. Siempre se aseguraba de tomar menos que los demás. Siempre controlaba la situación para ejercer el liderazgo.

El estreno criminal de «La Familia» tuvo lugar el 27 de julio de 1969, cuando Bobby Beausoleil, Susan Atkins y Mary Brunner asaltaron la casa del músico Gary Hitman, que los había acogido un año atrás. Tras atarle y torturarle, entró Manson en acción para cortarle una oreja, y al ver que no reaccionaba, ordenó que lo matasen ante su presencia, porque «ya no valía para nada». Con su sangre escribieron en la pared *Politicial Piggie* («Cerdo político»).

Entramos ahora de lleno en el desarrollo de los acontecimientos de su crimen más atroz. Era viernes 8 de agosto de 1969, cuando Manson ordenó como venganza la ejecución de todas las personas que se encontrasen en el n.º 10 050 de Cielo Drive (California), la vivienda por aquel entonces de Roman Polansky, pero que antes había pertenecido a Terry Melcher, productor que enterró la carrera musical de Manson.

Un manípulo compuesto por Linda Karabian, Susan Atkins, Patricia Krenwinkel y Charles *Tex* Watson, bajo las directrices de Manson, se encaminó a Cielo Drive y asesinó a todos los invitados que se encontraban en la mansión del cineasta: Jay Sebring, Abigail Anne Folger, Steven Earl Pasent, Voytek Frykowsky y Sharon Tate, con un bebé de ocho meses en gestación en su vientre.

La imagen de la escena del crimen fue dantesca. Según las investigaciones de la policía, Frykowsky y Folger parecía que habían intentado escapar, y sus cadáveres estaban en el jardín con el cráneo aplastado y numerosas puñaladas. Sebring tenía un disparo a quemarropa y varias puñaladas, mientras que Sharon Tate recibió diecisiete puñaladas.

Pero la insensatez es una de las características de una sociedad inmadura y caduca. Tras la detención de Manson, se organizaron sentadas y manifestaciones de grupos de seguidores pidiendo su libertad, y se crearon grupos de fans del asesino por todo el país. Hasta tal punto llegaron las cosas, que Charles Manson fue elegido Hombre del Año por la revista *Tuesday's Chile*. Ver para creer.

La devoción que ciertos sectores de la sociedad americana han tributado a Charles Manson ha estado presente hasta hace pocos años, cuando murió en la cárcel (noviembre de 2017). Son numerosos los grupos de rock que han grabado versiones o compuesto canciones sobre él, utilizando en algunos casos su voz real de entrevistas, o incluso del juicio.

El marine que impidió el asesinato

Apenas tres semanas después del primero, Gerald Ford sufrió un nuevo intento de asesinato. Sara Jane Moore, una activista fichada por el FBI porque seguía al SLA (Ejército Simbiótico de Liberación), hizo lo propio en San Francisco. Por fortuna, también sin éxito.

Tras su apariencia de activista concienciada con la causa de los pobres, Moore era en realidad una confidente del FBI que suministraba información sobre movimientos de extrema izquierda. Hasta que un día decidió llevar a cabo una acción que mostrara su causa revolucionaria. Aprovechó para ello la visita que el presidente de EE. UU. iba a realizar el 22 de septiembre de 1975 a San Francisco. Se dirigió al Hotel Saint Francis con un revólver escondido entre sus ropas, y se escondió entre el público que esperaba la salida de Ford. Este abrió la puerta del hotel para subirse a una limusina, no sin antes saludar a la gente que se había acercado para agasajarle.

Entonces Moore sacó su pistola y apuntó hacia la máxima autoridad del país. Un marine que estaba a su lado, vio la acción y de inmediato la agarró del brazo. Durante el forcejeo, Moore llegó a disparar, pero sin alcanzar su objetivo. La detuvieron y juzgaron, condenándola a cadena perpetua.

En ambas ocasiones, Gerald Ford salió ileso. Se había convertido en el primer presidente de los Estados Unidos en sobrevivir a dos atentados, y ambos protagonizados por mujeres.

Ahondando un poco en la «torpeza» de Ford, hay que decir que, poco antes de que Moore intentase acabar con su vida, el mandatario se había abierto una brecha en la cabeza al golpearse con la puerta de un montacargas del hotel de San Francisco donde se alojaba.

Betty Ford, una primera dama inusual

La esposa de Gerald Ford fue insólitamente anormal solo por ser inusualmente normal, y eso llegó a causar escándalo en el pacato *establishment* de Washington. Nunca fue, ni lo pretendió, un icono de la moda, como

Jacqueline Kennedy; tampoco tuvo aspiraciones políticas, como Hillary Clinton.

Betty fue una mujer que, como su marido, residió en la Casa Blanca por una carambola del destino llamada Watergate. Divorciada, antigua bailarina y madre de cuatro hijos, conquistó a la opinión pública norteamericana con su sencillez, sinceridad y simpatía; también, por su atrevimiento y su posicionamiento político, completamente independiente del de su marido.

Feminista, defensora del aborto y de mentalidad progresista, se alejaba de lo esperado en una primera dama (máxime, del Partido Republicano). Habló de forma abierta de su cáncer de mama (entonces, algo tabú) y de su mastectomía, así como de su adicción al alcohol y los analgésicos, que la llevó a fundar el hoy mítico Betty Ford Center (California). Cuando le extirparon un pecho, invitó a los fotógrafos a su habitación del hospital y dejó que la fotografiaran con su bata de casa.

«Betty Ford hizo cosas que las mujeres públicas no habían hecho antes, no solo las primeras damas», comenta John Robert Greene, uno de sus biógrafos. «Tenía tres enfermedades debilitantes: artritis, alcoholismo y cáncer, y sobrevivió a todas».

El obscuro Kissinger

Uno de los hombres fuertes de la Administración de Ford fue Henry Kissinger. Nacido el 27 de mayo de 1923 en la pequeña ciudad alemana Fürth, el origen judío de su familia y el acoso de los antisemitas les obligaron a trasladarse a los Estados Unidos en 1938 como refugiados. Se establecieron en Nueva York, donde Henry comenzó a destacar como buen estudiante.

Ingresó en Harvard en 1946 y de inmediato se consagró al estudio de la política exterior. De brillante expediente académico, le ofrecieron un puesto como consultor de la Casa Blanca en materia de política militar y seguridad. Sus cargos académicos y sus conexiones políticas lo llevaron a formar parte del Partido Republicano y a comenzar a ascender en la escena política nacional. Asesoró a Nelson Rockefeller, gobernador de Nueva York, pero se metió en política de la mano del que iba a convertirse en trigésimo séptimo presidente de los Estados Unidos en 1968.

Kissinger, como consejero de Seguridad Nacional, se convirtió en la mano ejecutora de Richard Nixon para controlar todo lo que ocurría en el patio trasero de Estados Unidos. La política de este binomio se adaptó primordialmente al comportamiento del único rival de América en potencia e influencia mundiales: la Unión Soviética.

Uno de los principales asuntos que ocupó su agenda fue Vietnam. Estados Unidos, como «garante» del orden mundial, se había involucrado en una cruenta guerra de desgaste con la idea de impedir la reunificación del país asiático bajo un gobierno comunista, un conflicto que se alargaría en el tiempo y que minaría la moral de la sociedad estadounidense.

Kissinger se mostraba convencido de que la solución en Vietnam constituía la máxima prioridad de la política exterior americana. El político figuró entre los que apoyaron la participación americana en 1961, pero pronto empezó a temer que los Estados Unidos se comprometerían mucho más allá de la inicial exhibición de resolución y se encenagarían en una lucha que tenía muy poco que ver con sus principales objetivos.

Asimismo, el presidente Nixon no dudó en utilizar la Agencia Central de Inteligencia (CIA) para echar abajo gobiernos latinoamericanos que no siguieran sus directrices. Un ejemplo de esa política fue el Proyecto Fubelt, nombre que se dio a todas las operaciones secretas que llevó a cabo la CIA para acabar con el Gobierno de Salvador Allende; comenzó su andadura en 1970, cuando Kissinger lo firmó con la intención de auspiciar un golpe de Estado en Chile.

El 11 de septiembre de 1973, tras tres años de maniobras de la CIA, el Ejército, al mando del general Pinochet, dio el golpe que acabó con Allende. Este, acorralado en el palacio presidencial y para evitar caer vivo en manos de los militares golpistas, se suicidó con un fusil automático que le había regalado Fidel Castro. Días después, los responsables de la CIA firmaron un convenio de colaboración con el nuevo hombre fuerte de Chile, Augusto Pinochet, que gobernó durante diecisiete años con gran brutalidad.

El famoso caso Watergate, que implicó a la Casa Blanca en escuchas ilegales al Partido Demócrata, obligó a dimitir a Nixon el 9 de agosto de 1974. Semanas después, Kissinger le confió al nuevo presidente, Gerald Ford, que la CIA había espiado a políticos de izquierda y periodistas. Asimismo, Ford recibió un informe que desvelaba los planes de la CIA para asesinar a ciertos líderes extranjeros, entre ellos, los hermanos Castro en Cuba.

Una teoría no constatada oficialmente nos habla de la posible implicación de la CIA en el atentado que acabó con la muerte del almirante Luis Carrero Blanco, presidente del Gobierno de Franco en España, el 20 de diciembre de 1973. La versión oficial asegura que un comando del grupo terrorista ETA hizo explosionar con dinamita el coche en el que circulaba el mandatario en la madrileña calle de Claudio Coello, pero algunas controversias en torno a la organización del atentado la ponen en duda.

El principal aspecto que sigue alimentado hoy la tesis conspirativa es la referencia a un misterioso personaje vestido con gabardina que, en una reunión con dos terroristas vascos en la cafetería Mindanao, les habría informado de la invariable costumbre de Carrero Blanco de acudir a la misa diaria matinal en la misma iglesia (San Francisco de Borja) realizando siempre el mismo itinerario. Este dato resultaría clave para ETA, porque inicialmente la banda había planeado un secuestro, no un asesinato.

No está comprobado que el misterioso soplón existiera, pero la impecable información junto a otros datos colaterales (la cercanía del lugar de los hechos a la embajada estadounidense, en la calle de Serrano, y la visita a Madrid de Henry Kissinger hasta el día anterior al atentado) han llevado a muchos periodistas y autores a apostar por una implicación de la CIA. Según esta versión, Carrero Blanco era más de lo mismo, y a la muerte de Franco habría ejercido de tapón para la conversión de España en una democracia homologada con las occidentales.

Las guerras sucias

Aparte de los conflictos bélicos oficiales que Estados Unidos ha mantenido a lo largo de su historia, cuenta en su haber también con otra serie de guerras «sucias» que ha impulsado por interés propio con la excusa de controlar el continente americano o de «justificar» su lucha contra el comunismo. Las hubo con anterioridad (la Masacre de Veracruz, en 1914, durante la Revolución mexicana; o la intervención en la guerra civil dominicana de 1965), y las ha habido después, pero la década de 1970, en plena Guerra Fría, fue especialmente proclive a la guerra clandestina y el terrorismo de Estado de Estados Unidos, sobre todo en el Cono Sur.

La Administración Nixon, con Henry Kissinger como principal ideólogo, estuvo detrás, aparte del golpe de Chile, de organizar, financiar y entrenar a los militares y policías que ejecutaron la Operación Cóndor, una red de torturas, atentados y asesinatos tejida entre las dictaduras de Argentina, Uruguay, Paraguay, Brasil y Bolivia.

Durante la era Eisenhower (1953-1961), dos operaciones secretas de la CIA muy similares derribaron dos gobiernos extranjeros perfectamente democráticos: fueron los golpes de Estado de Irán (1953) y Guatemala (1954). En ambos países había un presidente elegido con gran apoyo popular y de enorme carisma (Mohammad Mosaddeq y Jacobo Árbenz, respectivamente) que, en su intento de asentar la democracia y mejorar la economía, se había enfrentado a los intereses de una multinacional que explotaba recursos naturales en condiciones abusivas: la Anglo-Iranian Oil Company en el primer caso y la United Fruit Company en el segundo. Los hermanos Dulles (John Foster, secretario de Estado, y Allen, director de la CIA) planificaron y llevaron a cabo su derrocamiento.

El 25 de octubre de 1983, la isla caribeña de Granada fue invadida por una fuerza aeronaval de mil novecientos norteamericanos y trescientos militares caribeños. El objetivo era «acabar con el caos» y «frenar la expansión soviético-cubana» en Latinoamérica, tras un golpe de Estado de signo comunista. Reino Unido expresó sus dudas, pero el resto del mundo, salvo Togo y Zaire, condenó enérgicamente la intervención. Era la primera victoria militar norteamericana desde la Segunda Guerra Mundial. A pesar de la oposición suscitada, años después, en 1989, Ronald Reagan activó asimismo la Operación Causa Justa para intervenir en Panamá y capturar al general Manuel Antonio Noriega, acusado de narcotráfico, pero verdadero gobernante del pequeño pero importante país centroamericano.

El gobierno de los videntes

JOAN QUIGLEY: EL SECRETO DE LOS REAGAN

Poco antes de aquel fatídico 30 de marzo de 1981 en que John Hinckley Jr. intentara asesinar a Ronald Reagan, la astróloga que frecuentaba el matrimonio presidencial, Joan Quigley (1927-2014), advirtió a la primera dama de que algo malo estaba a punto de suceder.

John Hinckley Jr. disparó a Reagan seis veces en tres segundos e hirió a varias personas, incluido el presidente, a quien perforó un pulmón. Se salvó porque la bala rebotó y le golpeó una costilla antes de detenerse a unos dos centímetros del corazón. La culpa la tuvo la obsesión de Hinckley con la actriz Jodie Foster y su papel en *Taxi Driver*. El atacante pensaba que si asesinaba a un presidente conseguiría que Foster se fijara en él.

Desde ese momento, las visitas y la atención a los consejos de Quigley (que asesoraba a la pareja presidencial desde los años 60 del pasado siglo) se convirtieron en una prioridad y casi una obsesión para Nancy Reagan, llegando a condicionar la agenda política del presidente.

Quigley no emergió del anonimato hasta 1988, cuando el presidente americano la presentó en sus memorias como su secreto mejor guardado. Hasta entonces, era una perfecta desconocida, aunque desde muy joven comenzó a codearse con el poder político y económico estadounidense.

Nacida en Kansas City en 1927, Joan Quigley era hija de un adinerado abogado. Estudió Historia en el neoyorquino Vassar College, pero lo que realmente le fascinaba, por influencia de su madre, era la astrología, así que no dudó en iniciarse en el universo de lo esotérico en calidad de aprendiz de un adivino, Jerome Pearson, pese a la firme oposición de su padre.

Hizo carrera en los medios de comunicación leyendo el futuro y participó durante más de una década, desde 1970, en el popular programa televisivo de Merv Griffin. Fue a través de este como Joan conoció a Nancy Reagan, que se encontraba en plena campaña de su marido, candidato por aquel entonces a la reelección como gobernador de California. El futuro presidente de Estados Unidos ganó los comicios, pero demoró diez minutos su aparición para su investidura el 2 de enero de 1967, según algunos, por consejo de Quigley. Poco a poco, Joan fue implicándose más en la carrera política de un Reagan al que, curiosamente, no conocería personalmente hasta 1985.

Como una de las voces más influyentes del entorno del político, siempre con su esposa Nancy como intermediaria, la eminente astróloga participó como voluntaria en la campaña presidencial de 1980. ¿Sus motivos? Según ella, Reagan tenía «el horóscopo más brillante que se haya visto en este país en este siglo».

Fue por entonces cuando se forjó la amistad con Nancy, que decidió confiar en Joan a ciegas tras preguntarle si habría sido capaz de prever el intento de asesinato sufrido por su marido en marzo de 1981. La astróloga respondió afirmativamente, y desde entonces su criterio fue esencial para confeccionar la agenda pública del presidente: se convirtió, desde la sombra, en una de sus más valiosas consejeras.

Joan decidió, al parecer, cuándo debía celebrar el presidente sus encuentros con otros líderes y sus intervenciones en el Congreso, y hasta el momento idóneo para su operación de cáncer. Según relata Reagan, ofreció su asesoramiento a cambio de tres mil dólares mensuales.

En sus memorias, el exsecretario del Tesoro Donald Regan afirma que «casi cualquier decisión importante que los Reagan tomaron durante el tiempo en que estuve en la Casa Blanca como jefe del equipo del presidente se consultaba previamente con una mujer de San Francisco, que hacía horóscopos para asegurarse de que los planetas estaban alineados favorablemente».

El presidente pedía su opinión prácticamente para todo. Incluso se dice que fue ella quien convenció a Reagan de propiciar un acercamiento a Gorbachov (que se produjo en Islandia en 1986), tras consultar el horóscopo del mandatario soviético. De esta forma, Quigley pudo haber contribuido en gran medida al final de la Guerra Fría, porque aquel encuentro supuso el comienzo del desarme nuclear. La astróloga convenció a Reagan de que con el Mercurio que Gorbachov tenía en Acuario, debía de ser un hombre abierto a nuevas ideas, y podrían entenderse.

Aunque Ronald Reagan dio a entender que la aficionada a la astrología era su mujer y no él, lo cierto es que en 1965 (antes de ser gobernador de California) publicó *Where's the Rest of Me?*, un libro donde hablaba sin tapujos de su amistad con la astróloga Carroll Righter (1900-1988) y de cómo a él y a Nancy les gustaba leer su horóscopo. Conocida como la «astróloga de las estrellas», porque hacía cartas astrales para actores y actrices de Hollywood, escribió para más de ciento sesenta y seis periódicos de todo el mundo y pertenecía al signo de Acuario, como Reagan, lo que contribuyó a que se cayeran bien mutuamente. Es más, siendo ya gobernador de California, firmó una ley (capítulo 583, sección 50027) por la que borraba a los astrólogos de la categoría de adivinos o videntes, permitiendo así que pudieran cobrar por sus servicios, en una muestra de sus simpatías por el mundo de lo oculto.

Junto a Quigley, otra de las videntes consultadas por los Reagan fue Joyce Allison (1945-2004), que era la astróloga oficial de los Twentieth Century Fox Studios. A ella se le pidió que escogiera a uno de los seis candidatos a vicepresidente para Reagan con el fin de acompañarlo a un viaje a México.

Joan Quigley se tenía a sí misma por una de las grandes astrólogas de la centuria. Aprovechando el revuelo causado por las revelaciones de las memorias de Ronald Reagan, Joan decidió publicar las suyas propias en 1990, *¿Qué dice Joan?*, que según ella era la frase que el presidente Reagan repetía una y otra vez cuando tenía que tomar una decisión de calado.

Esta faceta de un Reagan hipersensible a los dictados de una astróloga era completamente desconocida hasta entonces. Según algunos testimonios, Quigley y el propio Reagan exageraron el papel jugado por la vidente en el gobierno del líder republicano. Ella, sin embargo, no dudaba en afirmar: «Nunca desde el tiempo de los emperadores de Roma, y desde luego nunca antes en la historia de Estados Unidos, jugó un astrólogo un papel tan decisivo en los asuntos de Estado». Distanciada de Nancy, Joan falleció en octubre de 2014.

Su humor casi provoca una guerra mundial

Centrémonos un poco en la vida de Ronald Reagan antes de convertirse en el máximo mandatario del país de las barras y estrellas. Protagonizó casi medio centenar de películas entre 1937 y 1964, antes de convertirse en gobernador de California (1966-1974). Nunca consiguió un Óscar ni buenas críticas, pero se convirtió en el segundo presidente, tras Roosevelt, en participar en una ceremonia de entrega de estos premios.

Se trataba de una persona con un particular sentido del humor, que estuvo cerca de provocar una guerra mundial. En agosto de 1984, durante la grabación de un programa de radio, anunció en una prueba de sonido que atacaría a la Unión Soviética: «Compatriotas, me complace anunciaros que hoy firmé una ley que proscribirá a Rusia para siempre. Comenzaremos a bombardearla en cinco minutos». La prueba se emitió por error y provocó un conflicto diplomático con la URSS y que el mundo contuviera la respiración.

Tras su muerte el 5 de junio de 2004, enfermo de Alzheimer, se generó en algunos sectores del Partido Republicano todo un culto a su persona de tintes casi mesiánicos y fetichistas. Un congresista ultraconservador y su mujer revelaron que se habían casado en la fecha del cumpleaños de Reagan, y que celebraban sus aniversarios de boda como «fiestas temáticas» dedicadas al expresidente: comiendo sus platos preferidos, rodeados de fotografías y parafernalia relacionada con él...

Jeane L. Dixon: profecías mediáticas y JFK

Predijo, entre otras cosas, la muerte de los Kennedy, de John Lennon y Marilyn Monroe. En su libro *Mi vida y mis profecías,* publicado en 1969, Jeane L. Dixon anticipa en forma de verso y sin nombre propio, como hizo el famoso Nostradamus, acontecimientos por venir. Entre ellos, algunos observan detenidamente unos párrafos que describen el liderazgo de un grupo económico proveniente de la ciudad de Nueva York que llega al poder.

Muchas de las características que da sobre esa presidencia se asocian con elementos del gobierno de Donald Trump. Esta vidente, confesamente cristiana, también cuenta en su haber con profecías fallidas, pero sus libros se continúan vendiendo, despierta curiosidad e inquietud y aún arrastra a fervientes seguidores.

Jeane L. Dixon (1904-1997) fue la astróloga de cabecera de la alta sociedad estadounidense durante muchos años, aunque su fama se debe, sobre todo, a la más espectacular y mediática de todas sus predicciones. Nacida en Medford (Wisconsin) en el seno de una familia de inmigrantes alemanes, nuestra protagonista se crio en California, donde, según su propio testimonio, una gitana predijo que aquella niña se convertiría en una astróloga muy célebre que asesoraría a algunas de las personas más poderosas del mundo.

Contrajo matrimonio en 1939 con un empresario del mundo del automóvil, con quien trabajó durante muchos años mientras, poco a poco, se forjaba una reputación como psíquica leyendo el futuro a políticos y autoridades varias durante la Segunda Guerra Mundial.

Siempre según su testimonio, Dixon visitó la Casa Blanca en dos ocasiones a petición de Franklin Delano Roosevelt para «asesorarle». En 1956, concedió una entrevista a *Parade Magazine* en la que auguraba que un presidente demócrata llegaría a la Casa Blanca en 1960 y que moriría durante su mandato.

Según Dixon, aclaró al entrevistador que moriría asesinado, pero el periodista decidió no publicar ese dato. El magnicidio de John Fitzgerald Kennedy en 1963 le brindó una enorme popularidad y propició la publicación de un libro escrito por la reportera Ruth Montgomery, titulado *La bola de cristal. La fenomenal Jeane Dixon*, en el que se recogían muchas de las presuntas profecías acertadas que, según Dixon y la citada periodista, se habían hecho realidad. El libro vendió hasta tres millones de copias y convirtió a Dixon en una auténtica celebridad. Entretanto, en los ratos libres que su dedicación al negocio inmobiliario le otorgaba, escribía el horóscopo para una publicación de tirada nacional, logrando cada vez más y más lectores.

No fue esta la única de sus profecías que se confirmó: hubo otras muy menores, relativas a la vida privada de celebridades como Alec Baldwin, Sissy Spacek o Ellen DeGeneres, entre otras. También predijo que el Muro de Berlín sería desmantelado y vendido en pequeños trozos como *souvenirs* turísticos, aunque en contrapartida también llegó a asegurar que la Tercera Guerra Mundial estallaría en 1958 en China y que los soviéticos lograrían hollar la Luna antes que nadie.

A pesar de sus sombras, tuvo seguidores tan ilustres como Richard Nixon y los Reagan, muy especialmente Nancy, una entusiasta de lo esotérico, que acabó decantándose por las profecías de Dixon en detrimento de las de Joan Quigley, su otra astróloga de cabecera, que quedaría relegada al final a un segundo plano.

Escribió libros de toda índole, convertidos en *best sellers*, desde un horóscopo para perros hasta un volumen de recetas astrológicas, pasando naturalmente por su exitosa autobiografía. Jeane L. Dixon falleció víctima de un infarto en Washington.

Dixon se convirtió en la inspiración del matemático John Allen Paulos, de la Temple University (Filadelfia) para formular un principio científico. Lo bautizó «Efecto Jeane Dixon», y es la tendencia, muy común entre adivinos y parapsicólogos, a dar mayor relevancia a las profecías supuestamente verídicas de un astrólogo con el fin de tapar por completo sus patinazos, mucho mayores y abundantes en número.

El «anuncio» de la muerte de Kennedy fue sin duda el mejor aval de los presuntos poderes psíquicos de Dixon, pero la realidad es que, al igual que todos los profetas que en el mundo han sido, el número de augurios incumplidos fue, en su caso, sensiblemente mayor que el de los que sí se cumplieron. Con todo, Dixon está considerada como una de las grandes adivinas del siglo XX, al menos a juzgar por la excepcional dimensión mediática del personaje.

LA CARTA ASTRAL DE ROOSEVELT

El mandatario que presidió los Estados Unidos de 1901 a 1909, Theodore Roosevelt Jr., revisaba constantemente la carta astral del día de su nacimiento (27 de octubre de 1858), que había pegado en la cara posterior del tablero de ajedrez que tenía en el Despacho Oval de la Casa Blanca. Él mismo confesó que prestaba especial atención a su Luna en casa siete en oposición a Marte.

El horóscopo es una representación esquemática del estado del cielo, en un lugar y un momento dados, según se ve desde la Tierra (o mejor dicho, según se vería, incluyendo los cuerpos celestes, si no fuese por la luz solar). A lo largo del año, el Sol recorre un camino circular llamado eclíptica, en el que va pasando por las distintas constelaciones zodiacales (grupos de estrellas que dan lugar a los signos: Aries, Tauro, Cáncer...). Tarda un mes en atravesar cada una.

El signo astrológico de una persona viene determinado por la constelación en la que se encontraba el Sol, dentro de ese teórico recorrido, el día del nacimiento. El ascendente, que según los astrólogos tiene una enorme influencia, lo marca la constelación que aparece por el este en el momento exacto del nacimiento (señalado con hora y minutos). Debido a la rotación de la Tierra, en un plazo de veinticuatro horas pasan por un sitio concreto todas las constelaciones (a razón de dos horas cada una).

Además de marcar la posición del Sol, en la carta astral también se señala dónde se encuentra la Luna, los distintos planetas y algún objeto celeste de menor importancia. La posición de todos estos cuerpos determina la influencia que ejercen, ya que cada uno tiene sus características específicas y su poder.

El zodiaco se divide en doce casas distintas, como si fueran gajos, con ángulos de treinta grados. Cada casa representa un área de la vida (salud, familia...). Por eso, el hecho de que un astro se encuentre en una determinada casa produce unos efectos concretos.

Una astróloga compartida por W. Wilson y W. Harding

No solamente los Reagan, sino también anteriores presidentes americanos y sus primeras damas han tenido una gran afición por la astrología y han confiado en ella. Edith Wilson y Florence Harding, esposas respectivas de los mandatarios Woodrow Wilson (1913-1921) y Warren Harding (1921-1923), consultaban a la misma astróloga en Washington, Madame Marcia Champney.

La primera se convirtió en la segunda esposa de Woodrow Wilson. Fue Champney quien auguró que en 1909 Edith terminaría en la Casa Blanca. Cuando el presidente padeció un derrame cerebral en 1919, ella se ocupó de todos los asuntos de Estado hasta 1921.

Más tarde, Champney predijo en 1920 que Harding ganaría las elecciones y se convertiría en presidente de los Estados Unidos, pero que le costaría la vida. Y así fue, murió tres años más tarde víctima de un paro cardíaco. A pesar de este ominoso pronóstico, Florence prometió que si su marido ganaba, convertiría a Madame Champney en la astróloga oficial de la Casa Blanca.

«Quizás ninguna primera dama era más experta en toda la gama de lo oculto y creía más profundamente en los misteriosos poderes del mundo sobrenatural que Florence Harding», se recoge en la Biblioteca Nacional de las Primeras Damas. De hecho, en la víspera de la defunción de su marido, se fue por la noche a la cama con una sensación confusa. Se despertó con los repartidores de periódicos que difundían la noticia de la muerte del presidente.

Muchas otras primeras damas mostraron un inusitado interés por el espiritismo y los fenómenos paranormales. Jane Pierce, esposa de Franklin Pierce (1853-1857), y Mary Todd Lincoln, mujer de Abraham Lincoln, realizaron sesiones para contactar con el más allá con la finalidad de comunicarse con sus hijos muertos. Y también se dice que hace pocos años, Hillary Clinton (1947) llegó a comunicarse con Eleanor Roosevelt, muerta hace mucho tiempo. En el libro de 1996 *The Choice: How Bill Clinton Won*, el autor Bob Woodward escribió que la ex primera dama contactó además con Mahatma Gandhi durante el mandato de su esposo (1993-2001).

Esta lista también podría incluir a Grace Coolidge (esposa de Calvin Coolidge, 1923-1929) o Lady Bird Johnson (esposa de Lyndon B. Johnson, 1963-1969), quienes afirmaron haber visto el fantasma de Lincoln o sentido su presencia durante sus años en la Casa Blanca, aunque no llevaban incorporados de serie astrólogos ni médiums.

El caso de Julia Tyler resulta curioso. Treinta años menor que John Tyler, dio el sí quiero al décimo presidente de los Estados Unidos en 1844. Más allá de las reuniones sociales y la política, Julia afirmaba estar dotada de una percepción extrasensorial, y se hizo amiga de los médiums locales. Era conocida por hacer levitar objetos y convocar espíritus. En 1862 tuvo una visión de su esposo ahogándose y muriendo. Dos días después, el mandatario que rigió el país de 1841 a 1845 falleció de la forma que había imaginado.

Por su parte, el vicepresidente Henry Wallace durante el mandato de Franklin Delano Roosevelt entre 1941 y 1945 era astrólogo aficionado. Se le conocía en la prensa por ser un seguidor acérrimo de los horóscopos. En la década de 1940, un artículo del periódico *Washington Post* señaló que Wallace se mostraba como un «observador de estrellas de muchos cultos».

Precisamente, es sabido que Eleanor Roosevelt (esposa de este último presidente) consultaba a la famosa lectora de manos de Indianápolis Nellie Meier. Y que Jacqueline Kennedy Onassis (John Fitzgerald Kennedy, 1961-1963), era aficionada a las lecturas con runas celtas y con el *I Ching*, el *Gran libro de las mutaciones*. Por su parte, Mamie Eisenhower (mujer de Dwight D. Eisenhower, 1953-1961) leía las hojas de té cuando vivía en Manila (Filipinas), prediciendo que su esposo alcanzaría la gloria. Mientras, la esposa del presidente William McKinley (1897-1901) era una ferviente lectora de las revistas astrológicas de su época.

Algunos atribuyen tanto interés por la astrología a un menor nivel cultural medio de los ocupantes de la Casa Blanca respecto a otros mandatarios internacionales, lo que les lleva a creer más en esta paraciencia.

Ya en los orígenes de Estados Unidos como nación, dos de sus padres fundadores, Thomas Jefferson y John Adams, contaron con el apoyo y asesoramiento de otro compañero del cónclave, el político, inventor, científico y astrólogo Benjamin Franklin (1706-1790), quien influyó, entre otros acontecimientos de primordial importancia, en la Declaración de Independencia.

Desde 1732 hasta 1758 escribió y publicó, bajo seudónimo, *Poor Richard's Almanac*, un anuario que contenía consejos de todo tipo, pero con un gran contenido sobre astrología. En él decía: «Oh, el maravilloso conocimiento que se puede encontrar en las estrellas. Incluso la más pequeña de las cosas está escrita en ellas… si tienes la suficiente habilidad para leerlas».

Dolley Madison, esposa de James Madison, el cuarto presidente de los Estados Unidos (1809-1817), era una ferviente admiradora de las lecturas psíquicas. El 1 de agosto de 1833 escribió una carta a su sobrina Mary Cutts que decía: «Que tu fortuna, querida Mary, sea incluso mejor que las predicciones de la sibila. Sin embargo, hay un secreto que no te contó, y es el poder que todos tenemos para formar nuestros propios destinos».

Owney, el perrito de la suerte

No siempre los augures en Estados Unidos han tenido forma humana. Más que un vidente, Owney fue un perro amuleto: tenía el don de alejar la mala fortuna, y parece que por eso ninguno de los trenes en los que viajó durante una década sufrió accidentes o atracos, algo que resultaba relativamente frecuente a finales del siglo xix.

Se cree que su dueño era un empleado de Correos de Albany que dejaba que lo acompañara en sus tareas cotidianas. Cuando este se mudó, sus compañeros lo adoptaron como mascota no oficial de dicha oficina de Correos. Fue allí donde comenzó la afición de Owney a subirse a los trenes siguiendo a las sacas de correos, atraído por el olor de las mismas.

Desde 1888, viajó en decenas de vagones ferroviarios de la oficina, primero a través del estado y luego por todo el país, regresando siempre a Albany sin que él ni el tren en el que viajaba sufrieran percances.

Los empleados de la oficina de Correos de Albany habían cogido tal cariño a su particular amuleto de la suerte, que cuando Owney murió de una herida de bala en Toledo (Illinois), adonde había viajado acompañando unas sacas de correos en tren, recaudaron fondos para traerlo de vuelta a casa y disecarlo.

Sus fieles amigos lo entregaron a la sede del Departamento de Correos en Washington y unos años después, en 1911, el departamento transfirió a Owney al Instituto Smithsonian. Ahora, el famoso perro que atraía la buena suerte puede verse en el Museo Postal. Lleva el arnés que le regaló el director general de Correos a finales del xix, John Wanamaker, y varias medallas colgando, una por cada viaje que realizó con éxito.

PHIL Y EL DÍA DE LA MARMOTA

Es todo un acontecimiento multitudinario que traspasa fronteras. Alrededor de cuarenta mil personas acuden cada año a Punxsutawney, en Pensilvania, para seguir con atención los movimientos de una marmota la mañana del 2 de febrero, cuando despierta de su hibernación. Si hay nubes, la marmota, a la que llaman Phil, se sentirá cómoda para salir a disfrutar del aire libre, lo que presagia una pronta primavera. Por el contrario, si luce el sol y el animal se topa con su sombra, regresará a su madriguera para seguir hibernando, lo que indica que el invierno durará seis semanas más.

La tradición que tiene como protagonista a la marmota experta en predicciones meteorológicas se remonta a hace más de un siglo. La referencia escrita más antigua sobre ella aparece en 1840, aunque realmente Phil no ofreció su primer pronóstico a los habitantes de Punxsutawney hasta 1887. Desde entonces, ha realizado más de ciento treinta predicciones, que han servido de orientación a cientos de miles de estadounidenses para saber cuándo sacar de sus armarios la ropa de invierno y cambiarla por la de primavera.

A pesar de que la marmota Phil ha sido en realidad decenas de marmotas a las que han bautizado con el mismo nombre, ya que la vida de este mamífero no suele prolongarse más de ocho años, sus dotes adivinatorias no parecen haberse visto afectadas. Un estudio publicado en 2001 en *The College Mathematics Journal*, la revista de la Asociación Matemática de Estados Unidos, concluyó que las predicciones de Phil habían sido acertadas en un 70 % de los casos en los cincuenta años estudiados. Todo un récord, del que los habitantes del ahora famoso pueblo de Punxsutawney se sienten más que orgullosos.

BIBLIOGRAFÍA

ALONSO, J. J. *Los Estados Unidos de América: historia y cultura*. Ediciones Colegio de Salamanca, 1996.

ASIMOV, Isaac. *Los Estados Unidos desde 1816 hasta la Guerra Civil*. Alianza Universal, Madrid, 1975.

BELL, John C. R. *Eso no estaba en mi libro de historia de los Estados Unidos de América*. Almuzara, Córdoba, 2021.

BIGELOW, John, Jr. *Los Estados Unidos de América en 1865*. Rubio, Grilo y Vitturi, Madrid, 1868.

BOSCH, Aurora. *Historia de Estados Unidos. 1776-1945*. Crítica, Madrid, 2005.

CALLEJO, Jesús. *Grandes misterios de la arqueología*. La Esfera de los Libros, Madrid, 2017.

CEBRIÁN, Juan Antonio. *La aventura de los conquistadores*. La Esfera de los Libros, Madrid, 2007.

COSTA KNUFINKE, Joana y MARTIN, Jan. *Made in USA. 44 presidentes*. Océano Ambar, Barcelona, 1999.

DE LA GUARDIA HERRERO, Carmen. *Historia de Estados Unidos*. Sílex Ediciones, Madrid, 2017.

DE SEBASTIÁN, Luis. *Pies de barro: la decadencia de los Estados Unidos de América*. Península, Madrid, 2004.

DEGLER, Carl N. *Historia de los Estados Unidos. La formación de una potencia. 1600-1860*. Ariel, Barcelona, 1986.

DEULONDER, Xavier. *Norton I emperador de Estados Unidos*. Ediciones de la Tempestad, Barcelona, 2017.

DOCTOROW, E. L. *La gran marcha*. Roca Bolsillo, Barcelona, 2008.

ELBOROUGH, Travis. *Atlas de lugares en desaparición. Los mundos perdidos como eran y como son hoy*. Ed. Librero, 2020.

FERGUSON, Niall. *Coloso. Auge y decadencia del imperio norteamericano*. Debate, Barcelona, 2011.

Fernández Barbadillo, Pedro. *Los césares del imperio americano. De George Washington a Donald Trump.* Homo Legens, Madrid, 2020.

González Ochoa, José María. *Breve historia de los conquistadores.* Nowtilus, Madrid, 2014.

Grant, Susan-Mary. *Historia de los Estados Unidos.* Akal, Madrid, 2014.

Hall, Manly P. *Las enseñanzas secretas de todos los tiempos.* Martínez Roca, Madrid, 2011.

Hernández Garvi, José Luis. *Magnicidio.* Luciérnaga, Barcelona, 2018.

Jenkins, Philip. *Breve historia de Estados Unidos.* Alianza Editorial, Madrid, 2019.

Johnson, Paul. *Estados Unidos. La historia.* Ediciones B, 2001.

Keegan, John. *Secesión: la guerra civil americana.* Ed. Turner, Madrid, 2021.

Lachman, Garry. *El ocultismo en la política. Historia secreta de la búsqueda del poder.* Luciérnaga, Barcelona, 2017.

Lesta, José y Pedrero, Miguel. *Claves ocultas del poder mundial.* EDAF, Madrid, 2009.

Martínez Láinez, Fernando y Canales Torres, Carlos. *Banderas lejanas. La exploración, conquista y defensa por España del territorio de los actuales Estados Unidos.* EDAF, Madrid, 2009.

Morison, Samuel Eliot. *Breve historia de los Estados Unidos.* Fondo de Cultura Económica de España, México, 2017.

Nevins, Allan. *Breve historia de los Estados Unidos.* Fondo de Cultura Económica, México D. F., 1994.

Pani, Erika. *Historia mínima de los Estados Unidos.* Turner Publicaciones, Madrid, 2016.

Redondo Rodelas, Javier. *Presidentes de Estados Unidos.* La Esfera de los Libros, Madrid, 2015.

Stone, Oliver y Tariq, Ali. *La historia oculta de los Estados Unidos.* Pasado y Presente, Barcelona, 2017.

Tocqueville, Alexis. *La democracia en América.* Alianza Editorial, Madrid, 2005.

Vázquez Hoys, Ana María. *Y los sueños, sueños son, ¿o no?.* Anaya Multimedia, Madrid, 2020.

VV. AA. *Historia americana: una guía fascinante de la historia de Estados Unidos, la Revolución americana, la Guerra Civil, Chicago, los años veinte, la Gran Depresión, Pearl Harbor y la guerra del Golfo.* Captivating History, 2020.

VV. AA. *Los Estados Unidos de América: un pueblo en el ejercicio de su soberanía.* Casa Americana, Embajada de Estados Unidos de América, Madrid, 1962.

Wallace, John. *Historia no oficial de los Estados Unidos de América: el libro negro del imperio.* Ediciones de la Tempestad, Barcelona, 2005.

Zinn, Howard. *La otra historia de los Estados Unidos. Desde 1492 hasta hoy.* Siete Cuentos Editorial, Nueva York, 1980.